O PROCESSO ORÇAMENTÁRIO e a vitalidade das ORGANIZAÇÕES GOVERNAMENTAIS

O PROCESSO ORÇAMENTÁRIO e a vitalidade das ORGANIZAÇÕES GOVERNAMENTAIS

A face oculta da reforma esquecida

ORGANIZAÇÃO

Armando S. Moreira da Cunha

CONTRIBUIÇÕES DE

Fernando Rezende

André Carlos Busanelli de Aquino

Ricardo Lopes Cardoso

Roberto Bevilacqua Otero

FGV

Direitos desta edição reservados à
Editora FGV
Rua Jornalista Orlando Dantas, 37
22231-010 | Rio de Janeiro, RJ | Brasil
Tels.: 0800-021-7777 | 21-3799-4427
Fax: 21-3799-4430
editora@fgv.br | pedidoseditora@fgv.br
www.fgv.br/editora

Impresso no Brasil | Printed in Brazil

1ª edição - 2019

COORDENAÇÃO EDITORIAL E COPIDESQUE:
Ronald Polito

REVISÃO:
Marco Antonio Corrêa e Sandro Gomes dos Santos

CAPA, PROJETO GRÁFICO E DIAGRAMAÇÃO:
Ilustrarte Design e Produção Editorial

Ficha catalográfica elaborada pela
Biblioteca Mario Henrique Simonsen/FGV

O processo orçamentário e a vitalidade das organizações governamentais : a face oculta da reforma esquecida / Organizador Armando S. Moreira da Cunha; contribuições de Fernando Rezende...[et al.]. - Rio de Janeiro : FGV Editora, 2019.
324 p.

Inclui bibliografia.
ISBN: 978-85-225-2180-7

1. Orçamento – Brasil. 2. Despesa pública – Brasil. 3. Reforma administrativa – Brasil. 4. Contabilidade pública – Brasil. I. Cunha, Armando, 1947- . II. Rezende, Fernando. III. Fundação Getulio Vargas.

CDD – 353.00722

Sumário

Apresentação

As marcantes transformações em curso no contexto brasileiro desde os anos1980 ampliaram as discussões sobre o papel do Estado no processo de desenvolvimento econômico e social, sobre os impactos das mudanças na governança da nação e, apenas de forma muito tímida, sobre a gestão pública, isto é, o conjunto de funções e arranjos estruturais que viabilizam a formulação e implementação das políticas públicas, bem como a provisão dos serviços públicos no âmbito das três esferas de governo.

Os enormes problemas que o país precisa resolver neste final da segunda década dos anos 2000 têm raízes mais recentes nos desafios que se apresentavam já no início dos anos 1990, tais como: lidar com a inflação; considerar os fatores determinantes para o comércio internacional; aumentar a eficiência; alta taxa de incerteza no cenário econômico em razão do momento político; o problema fiscal como impeditivo à estabilidade econômica; insegurança da classe política e falta de confiança no regime representativo; pouca clareza quanto à montagem de estruturas e sistemas institucionais para garantir governabilidade.

Numa ótica internacional, um significativo evento que mobilizou corações e mentes para os novos desafios ao papel do Estado, à governança e à gestão pública foi, sem dúvida, a crise de 2008. A partir de suas causas prováveis, e de suas consequências, intensificaram-se os debates sobre a efetividade de reformas baseadas meramente em novos arranjos institucionais sem levar em conta as especificidades de diferentes contextos políticos, econômicos e sociais.

Ênfase vem sendo dada à capacidade estratégica do Estado, para além da provisão dos serviços públicos. Novas apostas surgiram: a dimensão ética da governança e a transparência; redes de organizações dentro e fora do governo; inovação em sistemas (arranjos estruturais) e em processos (recursos humanos, *e-government*, compras, auditoria e avaliação do desempenho quanto a produtos e a resultados). Por outro lado, retomaram-se, de alguma forma, as preocupações com planejamento de longo prazo, regras fiscais, controle de gastos, orçamentos de médio prazo e comissões fiscais autônomas, entre outras.

Os anos à frente deverão ser particularmente difíceis para a dinâmica orçamentária no âmbito do governo federal e dos governos estaduais e municipais. Nas linhas introdutórias de seu trabalho sobre a história financeira e orçamentária do Império, Castro Carreira (1889:5) afirmava que:

> A história financeira de um país compreende a sua vida econômica e a administrativa, as quais se acham tão ligadas entre si, que a prosperidade de uma dá a medida do bem-estar e da excelente organização da outra; daí o grande princípio ou axioma administrativo — boas finanças, boa política.

A afirmação do autor pode ensejar diferentes leituras, interesses e questões. Como as receitas públicas, as despesas e os eventuais empréstimos tomados poderão contribuir para direcionar para o crescimento e a estabilidade econômica? Como o processo orçamentário viabiliza o sistema político e conforma as relações de poder? Como garantir a vitalidade do orçamento público como expressão legal, em face do seu papel para a sustentação do desenvolvimento econômico e social? Como fortalecer o orçamento em sua perspectiva de instrumento de gestão, seja no nível macro da ação governamental, seja no âmbito das organizações que implementam as políticas públicas?

A partir de 2000, iniciaram-se, no âmbito do programa de estudos fiscais da Escola Brasileira de Administração Pública e de Empresas (Ebape), esforços de pesquisa aplicada com especial ênfase nas diferentes dimensões do processo orçamentário no setor público brasileiro, em linha com a missão da FGV como importante *think tank*, assim reconhecida nos cenários brasileiro e internacional. Em 2002, um primeiro trabalho foi publicado, cujo propósito era o de "contribuir para que o orçamento federal e suas consequências sejam mais transparentes e mobilizar a sociedade brasileira para que dê maior atenção aos custos e benefícios associados com as escolhas orçamentárias" (Rezende e Cunha, 2002:7).

Entre 2003 e 2017, vários outros trabalhos derivados dos referidos esforços de pesquisa foram publicados, sempre com o objetivo mais amplo de favorecer a melhor compreensão da dinâmica macro-orçamentária, das relações entre o orçamento e a alternância do poder político, e das diferentes facetas e sentidos de direção da reforma orçamentária — a "Reforma Esquecida" — imprescindível ao desenvolvimento econômico e social do país.

Na mobilização e enfrentamento da crise fiscal, devido ao que Castro Carreira (1889:6) denomina de "desordem representada pelo déficit", tem prevalecido a preocupação com o macro-orçamento no contexto brasileiro. Isso é compreensível, em face da gravidade do desequilíbrio macroeconômico e da imperiosa necessidade de se oferecer maior atenção à distribuição mais equânime da riqueza gerada, ainda que insuficiente ante as demandas. Mas o autor já recomendava, há mais de 110 anos, que no caso de o desequilíbrio orçamentário se tornar crônico ou recalcitrante é preciso lidar com todas as suas diferentes causas.

Para isso, no caso brasileiro, revestem-se de especial importância dois desafios inter-relacionados: melhorar, dramaticamente, a qualidade dos gastos públicos; e perfeiçoar o processo orçamentário no nível das organizações que integram a administração pública, de forma que as funções do macro-orçamento em apoio ao desenvolvimento econômico e social possam ser cumpridas.

Assim, na sequência dos contínuos estudos sobre o processo orçamentário no setor público nesses quase 20 anos, o presente trabalho agrega o foco no micro-orçamento.

Nessa direção, o estudo está ancorado em três premissas: primeiro, o alcance de maior qualidade do gasto no setor público, em todas as suas esferas, é um dos principais requisitos para sustentar o desenvolvimento econômico e se obter maior equidade na distribuição de seus frutos; segundo, a maior vitalidade das organizações governamentais, nas quais são alocados os recursos orçamentários, anualmente, é de fundamental importância para a qualidade do gasto no setor público; e, terceiro, o novo cenário altera profundamente o ambiente para a atuação de dirigentes, gestores e profissionais na administração pública, em distintos contextos políticos, econômicos e culturais.

Reforçar a qualidade do processo orçamentário no nível das organizações governamentais (o micro-orçamento) de forma a se buscar maior eficiência e eficácia na implementação das políticas públicas e provisão dos serviços públicos servirá, também, de contraponto aos inexoráveis esforços de redução das despesas visando o equilíbrio das contas públicas no país.

Carlos Ivan Simonsen Leal
Presidente da FGV

Referências

CASTRO CARREIRA, Liberato de. *História financeira e orçamentária do Império do Brasil*. Rio de Janeiro: Imprensa Nacional,1889.

REZENDE, Fernando; CUNHA, Armando. *Contribuintes e cidadãos*. Compreendendo o orçamento federal. Rio de Janeiro: FGV Editora, 2002.

Introdução

Armando S. Moreira da Cunha

Como tem sido enfatizado por vários estudiosos do campo,[1] se por um lado a administração pública nunca foi tão importante para o processo civilizatório, por outro impõem-se, na atualidade, pelo menos duas capacidades interligadas para viabilizar a ação governamental: (1) gerar novas e boas ideias sobre gestão pública; e (2) assegurar competência operacional para desenvolver e implementar programas e projetos, cada vez mais complexos, nas diferentes áreas de políticas públicas.

O orçamento público tem, potencialmente, extraordinário papel na indução das reformas requeridas pela governança na atualidade brasileira, desde que alcance as "qualidades" necessárias para tal. Contribuir para o equilíbrio macroeconômico e para a mais equânime distribuição dos frutos do progresso na sociedade, e contribuir, igualmente, para a vitalidade democrática, oferecendo oportunidades para que os cidadãos participem livremente das decisões políticas que lhes afetam a vida individual e coletiva, são "qualidades" do orçamento público que estão fortemente associadas à melhoria dos padrões de eficiência e eficácia das ações governamentais. Para isso, deverão ser criadas as condições que tornem possível a mensuração da relação custo/benefício na utilização do dinheiro público, permitindo

[1] Kettl (2000), Dror (1999), Barzelay (2001), Fukuyama (2004).

que a sociedade tenha informações para cobrar desempenho e responsabilidade aos governantes (Rezende e Cunha, 2013).

A gestão pública no país, logo no início dos anos 2000, foi marcada pelo advento da Lei nº 101, de 4/5/2000, a Lei de Responsabilidade Fiscal (LRF). O estabelecimento de limites para as despesas com pessoal, de restrições ao endividamento público e de metas fiscais para o controle das receitas e despesas, entre outros condicionamentos impostos a todos os poderes da República e a todos os níveis de governo da Federação brasileira, constituiu-se em propósitos da LRF.

Ao se tomar em conta os mais de 15 anos de experiência desde que entrou em vigência, a LRF é fonte de inspiração para duas classes de consideração: primeiro, o significado e os desafios que se apresentam à lei como um instrumento de gestão no setor público, a partir de seu propósito original de instituir novo padrão de gestão fiscal de curto, médio e longo prazos; e, segundo, considerando seu largo alcance para o processo orçamentário, a LRF ressalta o enorme potencial do orçamento público como alavanca para a transformação qualitativa da gestão pública no país.

Numa perspectiva mais ampla da ação governamental, as reformas orçamentárias que precisam ser feitas vão ao encontro da percepção crescente da sociedade de que os recursos que lhe são extraídos por meio dos impostos — federais, estaduais e municipais — não são devolvidos com os níveis de desempenho e qualidade de serviços que satisfaçam as demandas. Não obstante, a carga tributária continuou crescendo ao longo dos anos 2000. Para além desse crescimento, destaque-se a deterioração da qualidade do sistema tributário brasileiro, decorrente do peso dos impostos cumulativos na composição da receita federal, como chamam a atenção especialistas no assunto.

Por outro lado, o orçamento tem crítica importância para um mais vigoroso exercício da cidadania em relação às diferentes faces do problema fiscal, envolvendo não somente a tributação e o gasto público, mas também a descentralização das atribuições públicas e os desequilíbrios federativos. Nesse sentido, o orçamento poderá desempenhar papel da maior relevância a fim de propiciar as necessárias mudanças associadas à diminuição do peso excessivo dos impostos, visando ampliar a eficiência, eficácia e efetividade das ações governamentais, favorecendo, ainda, maior transparência nas relações Estado/sociedade.

A compreensão sobre o orçamento público na atualidade brasileira requer focalizá-lo em sua perspectiva como "expressão legal e de relações de poder". Para isso, entre outras questões, cabe discutir: (a) a consistência entre os instrumentos legais que definem os planos plurianuais, as diretrizes orçamentárias e os orçamentos anuais, em todas as esferas de governo; (b) a consolidação e revitalização das normas sobre a responsabilidade fiscal e sobre a nova lei básica de finanças públicas, em substituição à Lei nº 4.320, de 1964; (c) o papel do Poder Legislativo em relação ao orçamento e em suas relações com o Poder Executivo; e (d) o federalismo brasileiro e seus desafios, para a promoção do adequado nível de descentralização fiscal como uma das trilhas para as reformas orçamentárias necessárias.

O orçamento público como "processo de escolhas" é uma segunda perspectiva para sua apropriada compreensão. Nessa ótica, algumas questões dominam o cenário brasileiro, com importantíssimas repercussões para os anos à frente. Entre tais questões, sobressai o alto grau de rigidez orçamentária, diminuindo drasticamente a discricionariedade na alocação anual de recursos. Demandam atenção, também, as formas por meio das quais as escolhas orçamentárias são feitas e que "atores" delas participam. Nesse sentido, aspectos como o poder do Legislativo e o poder dentro do Legislativo quanto ao processo orçamentário, de um lado, e, de outro, a crescente judicialização dos processos político e administrativo no país assumem grande relevância. As interdependências na gestão pública e as relações entre o setor público e o setor privado visando o desenvolvimento econômico e social são, igualmente, aspectos importantes no âmbito dessa segunda perspectiva.

A compreensão sobre o orçamento público requer, ainda, como ilustra a figura a seguir, foco numa terceira perspectiva, que não tem sido objeto de maior atenção, seja por parte dos estudiosos do orçamento público, seja por parte da imprensa e, menos ainda, por parte da sociedade: o orçamento como "instrumento de gestão nas organizações governamentais".

Figura 1. As diferentes perspectivas para a compreensão do orçamento público

Fonte: O autor.

A imersão nessa perspectiva mais negligenciada entre as três necessárias à compreensão do orçamento público poderá se beneficiar de reflexão inicial sobre os desafios da gestão pública no contexto brasileiro.

Nessa direção, ficarão mais nítidas as relações entre a obtenção de maior qualidade do gasto no nível das organizações governamentais e os esforços de reformas da gestão pública, por meio dos quais poderão ser criadas condições favoráveis ao surgimento de boas ideias sobre gestão e do desenvolvimento de capacidade operacional para implementá-las, como anteriormente mencionado.

O processo orçamentário, entendido aqui como a dinâmica que envolve uma sequência de decisões tomadas nos contextos institucional e organizacional do setor público, compreende quatro fases distintas: a elaboração da proposta orçamentária anual; a aprovação da proposta, em diferentes níveis institucionais; a execução do orçamento aprovado; e o controle, nos níveis estratégico e tático, dos recursos postos à disposição das organizações.

Trata-se de complexo ciclo de decisões e ações, que abrange os poderes da República e os entes federativos, promovendo constante interação entre componentes nos níveis macro e micro da estrutura do setor público.

No nível do macro-orçamento, o processo compreende, fundamentalmente, a alocação de recursos à luz das políticas públicas adotadas, a definição dos programas de ação governamental e o estabelecimento das prioridades. Nesse nível, prevalecem, assim, as vertentes macroeconômica, política e federativa da dinâmica orçamentária no setor público.

Já o processo no nível do micro-orçamento abrange a dinâmica orçamentária no âmbito de cada uma das organizações do setor público, com suas marcantes diferenças quanto à personalidade jurídica, dimensão, áreas de atuação e autonomia administrativa e financeira. Em última instância, é nesse nível que ocorre a implementação das políticas públicas e a provisão dos serviços públicos.

Não obstante sua importância para o efetivo atendimento das expectativas e demandas da sociedade, e, portanto, para a conformação da imagem do poder público, o desempenho das organizações governamentais não tem sido alvo de mobilização política e social. Talvez, os crescentes casos de corrupção e malversação do dinheiro público, a par de desperdício, ineficiência e ineficácia na aplicação dos recursos, venham a estimular o interesse de cidadãos — eleitores — contribuintes sobre como as decisões orçamentárias são tomadas nas organizações, e de que maneira são implementadas.

Os processos orçamentários nos níveis macro e micro ocorrem sob intensos transbordamentos de influências, próprios da ação governamental, conforme sugerido pelas áreas sombreadas da figura anterior.

O ressurgimento da necessidade de se promoverem fortes ajustes fiscais no país oferece grande oportunidade para se fugir às velhas soluções do tipo "mais do mesmo", que acabam por reduzir os já insatisfatórios níveis de eficiência e eficácia das organizações do setor público, contribuindo fortemente para o declínio da confiança e crédito da sociedade em relação às instituições governamentais e ao sistema político.

Para além do simples corte de gastos, de "choques de gestão", da ênfase no curto prazo e da excessiva concentração de medidas no nível macro, impõe-se pensar e agir na direção das inovações necessárias na gestão pública, não como um punhado de medidas esparsas e frequentemente contraditórias, mas que se constituam em política de gestão pública consistente e que sirvam, nos momentos de crise, como ora se enfrenta no contexto brasileiro, de contraponto às imprescindíveis medidas voltadas para a austeridade fiscal.

Numa sociedade democrática, que ainda se consolida, dificilmente seria viável promover muitas reformas ao mesmo tempo. O desafio, então, é o de se canalizarem esforços de mudanças na gestão pública de forma seletiva, buscando-se concentrar naquelas que apresentem maior capacidade de alavancagem. Nessa ótica, o processo orçamentário é, sem dúvida, uma "grande escolha". O orçamento público: conecta a economia, a política e a gestão pública; perpassa a Federação; viabiliza o sistema político; mobiliza significativa parte da renda nacional; tem a ver com planejamento e com controle; contribui para as reformas da gestão pública; e tem a ver com os níveis macro e micro da ação governamental.

Tentativas de promover reformas orçamentárias enfrentam o desafio não trivial de conciliar as agendas macroeconômica, política, social e de qualidade da gestão pública.

De tudo isso, emerge como propósito maior do presente texto o de estimular cidadãos/eleitores/contribuintes e dirigentes/gestores/profissionais na administração pública para a compreensão, reflexão e ação direcionadas para o aperfeiçoamento do processo orçamentário no nível micro da ação governamental: as organizações.

Estudos anteriores no âmbito do Programa de Estudos Fiscais da Escola Brasileira de Administração Pública da Fundação Getulio Vargas (FGV/Ebape) foram consolidados em dois textos que, em seus títulos, partilham a expressão "A reforma esquecida". No primeiro (Rezende e Cunha, 2013), tratou-se de relacionar o orçamento, a gestão pública e o desenvolvimento. No segundo (Rezende e Cunha, 2014), foram explorados obstáculos e caminhos inerentes à reforma do processo orçamentário. Estão, assim, voltados fundamentalmente para o macro-orçamento no setor público.

Como tem sido ressaltado pelo professor Fernando Rezende, no Brasil foram discutidas várias reformas institucionais nos últimos anos, embora nenhuma delas tenha sido implementada. A reforma orçamentária sequer foi lembrada.

O tema do presente texto, o processo orçamentário nas organizações do setor público (o micro-orçamento), é, então, o "lado oculto da reforma esquecida". Impõe-se torná-lo visível.

Quaisquer esforços de reformas deverão colocar em congruência as dimensões macro e micro do orçamento público, a par de se buscar o sequenciamento apropriado às mudanças e inovações necessárias.

Com essa perspectiva, a seguir, apresenta-se um conjunto de seis capítulos, divididos em duas partes. Na parte I, o propósito é o de alinhar uma sequência de ideias que sirvam como balizamento ao foco central deste texto:

o orçamento como instrumento de planejamento e controle, alavancando a qualidade da gestão nas organizações governamentais.

Para isso, no capítulo 1, Fernando Rezende e Armando Cunha, numa ótica voltada para o macro-orçamento no contexto brasileiro, argumentam sobre a importância e a oportunidade de incluir a reforma orçamentária em lugar de destaque na "agenda das reformas institucionais necessárias para sustentar um modelo de crescimento com mais equânime distribuição na sociedade dos frutos do progresso".

No capítulo 2 propõe-se ao leitor uma imersão na dinâmica orçamentária das organizações do setor público, isto é, no universo do micro-orçamento. Trata-se de breve maratona pelos dois "hemisférios" do ciclo orçamentário, como sequência de decisões que buscam colocar em congruência aspectos econômicos, políticos, legais e administrativos que condicionam a elaboração, aprovação, execução e controle do orçamento.

Ricardo Lopes Cardoso e André Carlos Busanelli de Aquino, no capítulo 3, com o objetivo de irem "além do óbvio", oferecem abordagem sobre a "nova contabilidade pública", esmiuçando técnicas inerentes ao regime de competência e critérios de mensuração de ativos e passivos, além de explorarem os usos da informação contábil a fim de subsidiar decisões e ações nos níveis do macro e, sobretudo, do micro-orçamento.

Na parte II, em linha com as motivações originais associadas ao desenvolvimento do presente estudo, Armando S. Moreira da Cunha e Roberto Bevilacqua Otero sugerem um quadro de referência visando o reforço da qualidade do processo orçamentário no nível das organizações governamentais (o micro-orçamento) de forma a se buscar maior eficiência e eficácia na implementação das políticas públicas e na provisão dos serviços públicos. Para isso, no capítulo 4, apresentam subsídios extraídos da literatura sobre gestão pública, nos contextos brasileiro e internacional, sobre o tema. No capítulo 5, buscam responder à seguinte indagação: quais são as funções que idealmente o processo orçamentário deveria desempenhar na gestão organizacional, a fim de servir de balizamento para as inovações requeridas?

Finalmente, no capítulo 6, a partir do referencial apresentado no capítulo 2, os autores relatam os resultados da pesquisa teste-piloto desenvolvida no âmbito da administração pública estadual, a partir de 2015. Analisam interpretações de "atores" experientes em órgãos dos executivos e dos judiciários estaduais, assim como a ótica de "atores" experientes em órgãos centrais de planejamento e orçamento e em tribunais de contas, possibilitando uma aproximação da realidade estudada por meio da visão comparada de diferentes "atores" (executores e controladores) sobre o mesmo fenômeno: o processo orçamentário nas organizações do setor público estadual.

Nas pesquisas de campo que subsidiaram as ideias apresentadas na parte II não se formularam hipóteses de partida para testá-las, sob os parâmetros mais canônicos do modelo hipotético-dedutivo. No sentido oposto, buscou-se conhecer a realidade a partir da visão dos próprios gestores e profissionais que vivenciam o dia a dia das organizações, bem como também a partir da interpretação de outros atores importantes do processo orçamentário, como os gestores e analistas dos órgãos centrais de planejamento e orçamento e de órgãos de controle externo.

Os resultados obtidos com os inquéritos, concebidos como experiências teste-piloto, constituem-se em estímulo à ampliação de pesquisas sobre o tema nas diversas esferas da administração pública brasileira. Entende-se que o conhecimento dessa realidade, diversa e complexa, é indispensável para a identificação de novos conceitos, métodos e práticas que promovam a reinvenção do processo orçamentário nas organizações do setor público.

Referências

BARZELAY, Michael. *The new public management*. Improving research and policy dialogue. Berkeley: University of California Press; Russel Sage Foundation, 2001.

DROR, Yehezkel. *A capacidade para governar:* informe ao Clube de Roma. São Paulo: Fundap, 1999.

FUKUYAMA, Francis. *A construção de Estados*. Governo e organização no século XXI. Rio de Janeiro: Rocco, 2004.

KETTL, Donald F. *The global public management revolution*. A report on the transformation of governance. Washington, DC: The Brookings Institution Press, 2000.

REZENDE, Fernando; CUNHA, Armando (Org.). *A reforma esquecida*. Orçamento, gestão pública e desenvolvimento. Rio de Janeiro: Editora FGV, 2013.

____; ____. *A reforma esquecida II*. Obstáculos e caminhos para a reforma do processo orçamentário. Rio de Janeiro: Editora FGV, 2014.

SHERWOOD, Frank P. *The management approach to budgeting*. Bruxelas: International Institute of Administrative Sciences, 1954.

PARTE I

O orçamento como instrumento de planejamento e controle nas organizações governamentais: busca da inovação

1. Breves reflexões sobre o macro-orçamento no contexto brasileiro

Fernando Rezende
Armando S. Moreira da Cunha

A sustentação do modelo de crescimento com inclusão social que se impõe ao Brasil enfrenta novos e maiores desafios. Entre esses desafios, um se destaca pela sua importância para a preservação do modelo: a necessidade de geração de empregos para os milhões de jovens que ingressarão no mercado de trabalho nesta e na próxima década. O enfrentamento desses desafios requer medidas para aumentar o investimento, tanto o público quanto o privado. No tocante aos investimentos públicos, há que dar prioridade à ampliação e modernização da infraestrutura, tendo em vista a competitividade da economia brasileira. A modernização da infraestrutura também contribui para estimular o investimento privado, que requer, ainda, melhorias na qualidade do financiamento desses investimentos e na eficiência dos gastos em educação.

A reforma do processo orçamentário é essencial para abrir espaço fiscal à ampliação do investimento público e para atender aos propósitos de melhoria na eficiência dos serviços públicos e na qualidade de seu financiamento. Daí a necessidade de essa reforma assumir prioridade na agenda nacional.

Nos últimos anos o Brasil deu alguns passos importantes. Contrariando todas as expectativas, derrubou antigas crenças de que não seria capaz de abandonar um passado marcado pela convivência com taxas elevadas de inflação e abriu caminho para a instauração de um novo modelo de crescimento pautado pela redução das desigualdades de renda e a inclusão social.

Marco relevante desse período foi a aprovação da Lei de Responsabilidade Fiscal (LRF). Mais importante ainda do que a aprovação da LRF foi a afirmação de uma nova cultura baseada no firme compromisso das lideranças políticas com o equilíbrio das contas públicas e na adoção das medidas necessárias para preservar a estabilidade da economia. Nesse processo, derrubaram-se antigas crenças de que, no país, leis que contrariam hábitos há muito arraigados são como vacinas mal fabricadas, não pegam.

Os desafios que se apresentam ao desenvolvimento brasileiro neste terceiro milênio impõem repensar o Estado de várias perspectivas: nas suas relações com a sociedade, na escolha das estratégias requeridas, na reorganização de estruturas e processos, e na necessidade de ter em conta o rico mosaico cultural do país, buscando garantir a harmonia entre as distintas dimensões do desenvolvimento. Nessa tarefa, há que contemplar a importância de dotar o país de condições para acompanhar o ritmo acelerado da inovação tecnológica no terreno da informação, da produção e da capacidade gerencial.

No calor das mudanças provocadas por tais transformações avulta a necessidade de se definir a estratégia a ser adotada para sustentar o modelo de crescimento com inclusão social que, em anos recentes, promoveu inegáveis avanços nos campos da redução da pobreza e das desigualdades sociais. A urgência da definição dessa estratégia cresce com a incerteza que ronda os desdobramentos da crise econômica internacional, como também em face das incertezas internas associadas ao crescimento econômico, à crise fiscal enfrentada em todos os níveis federativos e ao ambiente político nacional.

Aspecto central na definição dessa estratégia é a necessidade de se avançar rapidamente na modernização da infraestrutura. A abertura da economia brasileira e a globalização dos mercados, em um contexto em que as transações comerciais requerem eficiência e velocidade no intercâmbio de mercadorias e serviços, atribuem à qualidade da infraestrutura papel fundamental para a competitividade do país. Deficiências na malha viária e no sistema aeroportuário encarecem os custos de movimentação e de deslocamento de produtos, retirando competitividade nas relações comerciais, mesmo no caso de setores em que a produção nacional é altamente eficiente. No campo da energia e das comunicações, deficiências na oferta e custos elevados para o produtor também constituem barreiras importantes que precisam ser superadas. Nesses dois setores, a pesada carga tributária que suportam é motivo adicional de preocupação, tendo em vista o ônus que representa para a atividade industrial. Apesar de o custo da energia elétrica gerada no Brasil ser um dos mais baixos do mundo, os elevados impostos que sobrecarregam o setor fazem com que o preço para o consumidor dessa energia comprometa a competitividade de boa parte do parque industrial brasileiro.

A definição da estratégia necessária para lidar com as transformações em tela precisa ser acompanhada dos instrumentos requeridos para sua implementação. Por isso, nos debates a respeito dessas questões ressurge o tema do papel do Estado como agente importante na promoção das medidas necessárias para evitar, ou atenuar, os impactos negativos das mudanças estruturais em curso e da presente conjuntura internacional, assim como para promover iniciativas importantes para aproveitar as oportunidades que elas oferecem aos países para fortalecerem suas economias e suas posições no cenário internacional.

No plano internacional, a intervenção do governo norte-americano para controlar a crise financeira provocada pelo estouro da bolha imobiliária, a busca incessante das autoridades europeias de solução para a crise do euro, e os novos ventos que sopram da Ásia, com destaque para o ressurgimento da China como potência econômica, são exemplos de uma nova atitude com respeito a situações em que a ação do Estado se torna necessária para corrigir os rumos da economia, ou para estabelecer os requisitos essenciais à promoção do desenvolvimento. A esse respeito, o recente desempenho dos países emergentes tem contribuído para que a expressão "capitalismo de estado" ganhe espaço na mídia especializada.

No Brasil, o governo tem estado atento para essas questões como demonstram as iniciativas adotadas nos campos da política industrial, do apoio das instituições financeiras governamentais ao investimento na infraestrutura e dos esforços para melhorar a eficiência da política educacional. Mas a eficácia dessas medidas é limitada, em face das restrições fiscais que impedem maior ousadia na desoneração de investimentos e de exportações, e dos cuidados para evitar que o repasse de recursos a bancos oficiais implique riscos para o controle sobre o endividamento do governo.

Não obstante a atenção mencionada, outra iniciativa de importância estratégica para a sustentação do modelo de crescimento do país não tem merecido a devida atenção. Essa outra frente de ação é o orçamento público. Por vários motivos, o processo orçamentário brasileiro foi acumulando problemas que impedem o uso, pelo Estado, de um instrumento de fundamental importância para a eficácia das políticas públicas e para aliviar as restrições fiscais à ampliação das medidas que visam promover a competitividade do parque produtivo brasileiro; em suma, para o desenvolvimento do país. Importa, pois, adotar iniciativas para melhorar a qualidade do processo orçamentário e associar essas iniciativas à proposta de promover ampla reforma da gestão pública no país, a exemplo do que se verifica em algumas experiências internacionais nessa área.

Bônus demográfico, a demanda de empregos e a armadilha do baixo crescimento

O Brasil vem enfrentando o desafio de gerar milhões de empregos de qualidade para os jovens que entram no mercado de trabalho em decorrência da transição demográfica em curso, além de alguns milhares que emigraram no passado e agora retornam ao país em busca de melhores oportunidades do que as atualmente oferecidas nos lugares em que estão vivendo. O retorno dos emigrantes tem merecido atenção do Itamaraty.

As projeções demográficas indicam que no futuro próximo a população em idade economicamente ativa (PIA) deverá crescer a taxas ainda elevadas, apesar da queda na taxa de fecundidade, adicionando pressões sobre o mercado de trabalho. Estimativas indicam que a participação da PIA no total da população brasileira deverá atingir o pico no início da década de 2020, quando cerca de 2/3 da população deverão se encontrar nessa situação. Esse índice irá recuar lentamente nas décadas seguintes, mas apenas na década de 2040 espera-se que caia abaixo de 60%.

O crescimento da força de trabalho aumenta o potencial de crescimento econômico, mas o aproveitamento desse bônus demográfico depende de o Brasil conseguir ampliar os investimentos e melhorar a qualidade da formulação e implementação de políticas públicas, como a educação e a saúde, também importantes para o crescimento da economia.

Isso não seria problema se a economia fosse capaz de sustentar taxas médias de crescimento semelhantes às registradas a partir de 2005, mas para isso é necessário remover as barreiras fiscais que impedem a sustentação dos investimentos. Apenas para evitar maiores dificuldades à preservação da disciplina fiscal, estima-se que a economia precisa crescer a um ritmo anual de 4%, índice esse que corresponde às expectativas de crescimento dos gastos com o pagamento dos programas de transferência de renda. Tendo em conta as demais pressões para o crescimento de despesas correntes, em especial nos setores de educação e saúde, a expectativa de ampliação de espaço para um significativo incremento dos investimentos é remota.

Quase toda a busca por empregos ocorrerá nas cidades. Ao longo dos últimos 40 anos, o Brasil assistiu a uma das mais rápidas experiências de urbanização do século passado. Nesse período, a proporção da população residente em áreas urbanas saltou de 56% para 84% do total (um crescimento de 1,5 vez) e o ritmo de concentração dessa população não encontra paralelo entre os parceiros do Brics. Em 2010, a população vivendo em aglomerações urbanas com mais de 1 milhão de habitantes já era bem maior do que toda a população rural do país. As taxas de incremento da população que vive em cidades com mais de 250 mil habitantes foram as mais altas de todas. A essa mudança correspondem crescentes pressões sobre as elites locais para atender à demanda por empregos, o que teria contribuído para ampliar a competição fiscal por atração de investimentos capazes de gerar ocupações rentáveis para essa nova classe de trabalhadores urbanos.

A revolução tecnológica que propiciou a notável expansão de um agronegócio altamente competitivo no vasto cerrado brasileiro, fruto de estratégia conduzida pelo Estado de criação das condições necessárias à ocupação econômica dessa parte da região, e que teve papel fundamental no tocante ao desempenho da economia nos últimos anos, não irá contribuir para que o desafio da geração de empregos seja enfrentado. É na atividade industrial e na prestação de serviços que os empregos necessários precisarão ser gerados.

Mas é exatamente nesses setores que as limitações ao investimento cobram seu preço em termos de perda de competitividade. Afora o já decantado problema que a carga tributária gera para a competitividade da indústria brasileira, nos miniciclos de crescimento propiciados por uma conjuntura externa altamente favorável à exportação de *commodities* minerais e agrícolas, como o que ocorreu nos últimos anos, a competitividade sofre ainda o efeito do aumento dos salários nas áreas urbanas e da carência de mão de obra qualificada, ameaçando a sobrevivência de boa parte do parque industrial brasileiro, principalmente daqueles intensivos em trabalho. Em decorrência, na reversão do ciclo, a capacidade de a indústria e dos serviços modernos atenderem à demanda por empregos de qualidade fica ainda mais reduzida.

Nas últimas décadas, as limitações ao aumento dos investimentos mantiveram o crescimento econômico aprisionado em uma armadilha fiscal. O equilíbrio macroeconômico apoiou-se no aumento da carga tributária (que inibiu investimentos privados) e na redução do espaço fiscal para a ampliação do investimento público. Mesmo numa conjuntura internacional favorável a receita cresce, mas as despesas de difícil contenção, inclusive as necessárias para melhorar as condições sociais, também crescem, não abrindo espaço fiscal para o aumento dos investimentos. A insuficiência dos investimentos impõe barreiras à expansão da capacidade produtiva e alimenta pressões inflacionárias, que exigem medidas de contenção e abortam o crescimento.

Entre 2003 e 2010, a economia cresceu a uma taxa média anual de 4,1%, mas, apesar dos esforços, a taxa de investimento do setor público cresceu apenas 0,3 ponto percentual, visto que o crescimento dos gastos correntes não permitiu que a expansão das receitas se traduzisse em maior espaço fiscal para o aumento dos investimentos. O problema fica mais grave à medida que crescem as limitações a novos aumentos na carga tributária e que o incremento vegetativo dos gastos com programas de transferência de renda é elevado.

As medidas adotadas para contornar as limitações que a rigidez do orçamento criou para a ampliação do investimento público, como o crescimento dos Restos a Pagar e o aporte de recursos do Tesouro ao BNDES, contribuíram para pequeno aumento nos investimentos públicos, mas têm fôlego curto. No primeiro caso, o acúmulo de compromissos do passado aumenta a dificuldade de conciliar a execução do orçamento vigente com as pressões para liberar os gastos represados de orçamentos passados. No segundo, contribui para o aumento da dívida pública e repercute no orçamento sob a forma de subsídios para cobrir a diferença entre o custo de captação dos recursos e as taxas cobradas dos beneficiários dos empréstimos concedidos pelo BNDES.

Adicionalmente, a ineficiência na gestão do gasto compromete a eficácia das políticas sociais, o que, além de criar outras barreiras ao crescimento econômico, gera desperdício no uso dos recursos públicos e menor espaço para o aumento dos investimentos. Medidas emergenciais, a exemplo do aperfeiçoamento de rotinas administrativas e melhor controle sobre a liberação dos recursos, são necessárias para a qualidade da gestão pública. Mas avanços mais eficazes e duradouros requerem a remoção dos problemas estruturais que se acumularam ao longo de mais de uma década em decorrência da desorganização do processo orçamentário.

O *déficit* gerencial do setor público não se resume às consequências perversas que acarreta para a eficiência e a eficácia na condução dos programas, projetos e ações executados pelo próprio governo. Repercute sob a forma de obstáculos ao desempenho do setor privado e de organizações não governamentais, que se expressam mediante condições econômicas e institucionais pouco propícias à competitividade da economia brasileira. A correção desse déficit gerencial requer a identificação e implementação de novas medidas, tendo em conta a questão das interdependências e a crescente complexidade que caracteriza a atuação dos diversos tipos de organizações que integram o setor público. Tais medidas devem estar direcionadas para promover a eficiência e a eficácia, tanto no nível macro da ação governamental quanto no nível das organizações setoriais.

A principal consequência dos fatos anteriormente apontados é a limitação que o Brasil enfrenta para determinar seu futuro. O tamanho e a má qualidade da carga tributária retiram competitividade da indústria e inviabilizam a expansão de um terciário moderno, assentado na produção de serviços de alto valor agregado. O parque industrial sofre a competição de produtos oriundos de países em que impostos e infraestrutura agregam competitividade à produção, inviabilizando a geração de bons empregos no país e exportando empregos para o exterior. A pesada carga tributária incidente sobre insumos estratégicos para o terciário moderno, como energia e telecomunicações, condena o Brasil a expandir atividades de baixo valor agregado, como a prestação de serviços pessoais e o comércio varejista, que não contribuem para o objetivo de gerar empregos de qualidade.

No curto prazo, a melhoria das condições externas permite pequenos avanços que são, todavia, rapidamente abortados quando a ameaça de reversão do quadro internacional alimenta pressões derrotistas e adia as pretensões de construir uma sociedade desenvolvida com contínuas melhorias na redução das diferenças sociais. No miniciclo expansivo propiciado por uma conjuntura internacional benigna, o aquecimento do mercado de trabalho estimula o aumento dos salários e amplia as barreiras à competitividade, gerando um círculo vicioso no qual a capacidade de o Brasil competir no mercado global não melhora quando a situação é favorável, e ainda piora quando as condições se tornam adversas.

Uma das principais manifestações desse problema é o aumento do desequilíbrio externo. As grandes vantagens naturais do Brasil permitem que as exportações de *commodities* agrícolas e minerais superem as deficiências de infraestrutura, o câmbio sobrevalorizado e a pesada carga tributária, e se beneficiem do aumento da demanda mundial e da melhoria dos preços desses produtos, mas a exportação de produtos manufaturados é severamente afetada. O *déficit* comercial amplia o desequilíbrio nas transações correntes e o financiamento externo desse desequilíbrio contribui para manter a apreciação do real, agravando as dificuldades que o parque industrial brasileiro enfrenta para preservar seu espaço na economia nacional. Câmbio favorável e impostos proibitivos estimulam importações, que ampliam o déficit comercial e criam crescentes dificuldades para a indústria nacional.

Nesse contexto, novos desafios precisam ser enfrentados para que o modelo de crescimento com inclusão social, que tem despertado a atenção de políticos e estudiosos de todo o mundo, seja reforçado.

O processo orçamentário, as limitações ao investimento e o financiamento da infraestrutura

Ao longo das últimas décadas, o processo orçamentário foi acumulando distorções que contribuíram para limitar as possibilidades de ampliação dos investimentos públicos, tanto em decorrência da rigidez do gasto quanto das opções adotadas para contorná-la. Portanto, a abertura de maior espaço fiscal para ampliar os investimentos depende da recomposição do processo orçamentário.

A ampliação do espaço fiscal para o crescimento e sustentação dos investimentos depende, como tem sido enfatizado por vários analistas, da contenção dos gastos correntes. No entanto, as sugestões que têm sido apresentadas para isso, embora sejam tecnicamente corretas, ignoram as limitações que enfrentam para serem viáveis e, por isso mesmo, não prosperam. A sociedade reconhece que o desperdício no uso dos recursos públicos é grande, mas debita a conta desse fato a desvios de conduta ou à falta de competência dos gestores públicos, que assim precisariam assimilar os modernos métodos de gestão adotados no setor privado.

A tese esposada neste texto é diferente. As raízes do desperdício são mais profundas. Elas remontam à época em que o país convivia com taxas elevadas de inflação, que também afetavam a qualidade do orçamento, mas cresceram e ficaram mais fortes a partir da necessidade de promover o ajuste fiscal para consolidar a estabilidade monetária, ganhando novas ramificações à medida que a macroeconomia fiscal e o projeto de inclusão social foram se entrelaçando. A acomodação do processo orçamentário a essa circunstância adicionou novas barreiras ao combate a esses desperdícios, cuja remoção depende de enfrentar a difícil tarefa de reformar o processo orçamentário.

Não é só para a ampliação do investimento público que a realização de esforços para melhorar a qualidade do processo orçamentário é relevante. A atuação do setor privado na infraestrutura também é prejudicada pelos altos custos tributários, que reduzem a rentabilidade desses investimentos e exigem a cobrança de tarifas elevadas dos usuários.

Sem uma reforma que recomponha a qualidade do processo orçamentário, os esforços voltados para a melhoria da gestão pública e a contenção de desperdícios darão pouco resultado, mantendo a economia brasileira aprisionada em uma armadilha fiscal de baixo crescimento.

Alternativas para lidar com as limitações que a realidade orçamentária cria para investimentos na melhoria da infraestrutura, como a concessão ao setor privado do direito de exploração de segmentos importantes dessas atividades, são importantes, mas não substituem a necessidade de ampliar a ação direta do governo nessa área. Dados o vulto das carências acumuladas e a velocidade com que os concorrentes agem para ganhar vantagens competitivas em escala global, a necessidade de abrir espaço no orçamento para os investimentos estatais não pode ser menosprezada. De uma forma ou de outra, o Estado precisa intervir para que os investimentos ocorram e que os usuários não sejam prejudicados, o que às vezes implica até a concessão de subsídios governamentais.

A abertura de espaço fiscal para ampliação do investimento adquire grande complexidade no caso brasileiro em razão da necessidade de preservar despesas que tiveram papel importante na construção de um modelo de crescimento com inclusão social. As reiteradas críticas aos problemas gerados pelo rápido crescimento das despesas correntes do governo ignoram que o grosso desses gastos se refere a programas que tiveram papel estratégico na construção desse modelo, como os programas de transferência de renda e o volume de recursos aplicados nas áreas de educação e saúde. Portanto, grande parte do esforço para conter o crescimento desses gastos depende de medidas voltadas para reduzir desperdícios e aumentar a eficiência e a eficácia da administração pública, de modo a reduzir a rigidez do orçamento.

Ao longo dos últimos anos, o fenômeno da rigidez orçamentária vem se constituindo em uma das maiores preocupações dos governantes brasileiros.

Premidos pela necessidade de atender a compromissos acumulados e garantir os direitos legalmente instituídos, governantes e políticos encontram grandes dificuldades para satisfazer demandas de seus eleitores. Na medida em que a rigidez orçamentária não guarda relação com o calendário político — ao contrário, pode até aumentar em momentos de transição do poder —, as expectativas criadas em decorrência da alternância do poder político, como as que se formaram no Brasil ultimamente, podem ser rapidamente frustradas se não for possível abrir espaço no orçamento público para a realização de mudanças.

A rigidez orçamentária é o resultado do acúmulo de pressões sobre o orçamento, que se originam: de compromissos financeiros acumulados no passado; de direitos assegurados em lei; de regras que estabelecem os mecanismos de transferência de recursos fiscais na Federação; e de garantias instituídas com respeito ao financiamento de determinados programas governamentais — as vinculações de receita (Rezende e Cunha, 2003).

A rigor, os fatores que determinam o grau de rigidez orçamentária não são mutuamente excludentes. Em boa medida, a proteção aos direitos assegurados em lei se faz mediante o recurso a vinculações de receita orçamentária, de forma a garantir os recursos necessários para financiá-los. Por seu turno, as regras aplicáveis à transferência de recursos federais a estados e municípios podem entrar em choque com a vinculação de componentes da receita a determinadas categorias de gasto, provocando distorções que interferem na condução da política orçamentária. A par disso, o acúmulo de compromissos financeiros também demanda garantias de que eles serão respeitados, o que conduz à busca de meios para atenuar as vinculações para que seja possível conciliar as pressões sobre o gasto com os limites econômicos e políticos à tributação. Manifestação concreta desse fato foi a instituição da Desvinculação da Receita da União (DRU), que sucedeu o Fundo Social de Emergência e cujo prazo de vigência vem sendo sucessivamente prorrogado.

As distorções que o processo orçamentário foi acumulando ao longo de mais de uma década repercutem negativamente no objetivo de melhorar a eficiência e a eficácia da gestão pública. Questões tais como o desequilíbrio na repartição dos recursos, a irregularidade na execução orçamentária, a prevalência de uma visão setorial na gestão das políticas públicas, a má qualidade dos projetos e a ausência de garantias de continuidade dos investimentos impedem que o gestor governamental possa administrar com competência seus programas e projetos.

Não se trata de falta de conhecimento sobre o que precisa ser feito, e sim de ausência de condições efetivas para uma eficiente gestão.

O encurtamento da perspectiva temporal da política orçamentária é outro aspecto que merece ser destacado. O predomínio do curto prazo passou a ser conveniente, pois qualquer tentativa de racionalizar as escolhas orçamentárias, planejar a despesa pública e regularizar a execução orçamentária tira graus de liberdade do Executivo para controlar a realização da despesa e poder de barganha do Legislativo para negociar as questões de seu interesse.

Um primeiro aspecto que emerge desse diagnóstico é que a diversidade dos problemas acumulados recomenda inserir a reforma do processo orçamentário no marco de uma ampla revisão da política de gestão pública, que trate de forma integrada os vários componentes dessa política, como o planejamento e a gestão financeira, a gestão de pessoal, as normas e procedimentos referentes às compras de bens e serviços, as estruturas e métodos de trabalho adotados, e a auditoria e formas de avaliação do desempenho do setor público (Barzelay, 2001).

Demais requisitos importantes para a qualidade do processo orçamentário incluem a existência de um regime de financiamento que forneça previsibilidade aos gestores públicos, com respeito à disponibilidade de recursos no prazo necessário para a conclusão das obras e à operação dos serviços, bem como assegure a sincronia entre os cronogramas físicos e financeiros, de modo a evitar atrasos e paralisações que inviabilizam a conclusão dos investimentos no prazo previsto e aumentam os custos em razão de um descompasso nesses cronogramas.

Previsibilidade e estabilidade financeira são necessárias, mas não são suficientes. É preciso, ainda, que a execução dos projetos disponha de um sistema de controle que permita a adequada compreensão de outros motivos que possam comprometer a ocorrência de atrasos na execução desses cronogramas, de modo a que os administradores públicos possam intervir preventivamente para evitar que isso ocorra, ou atuar com rapidez para corrigir o problema.

Ademais, as informações geradas por este sistema de controle devem atender aos requisitos de visibilidade e transparência, a fim de que os demais poderes da República e a sociedade possam atuar supletivamente com vistas ao objetivo de garantir a eficiência no uso dos recursos e a eficácia dos investimentos realizados.

Sobre as distorções acumuladas pelo processo orçamentário impõe-se transitar da etapa de construção e consolidação do diagnóstico para a identificação de sugestões de mudanças amparadas no exame de experiências internacionais relevantes e em um amplo debate sobre essas questões, de modo a apreciar os caminhos que poderiam ser adotados para lidar com os problemas identificados e com as barreiras que precisam ser ultrapassadas para superá-los. O momento é propício para a inclusão desse tema na agenda das reformas institucionais que o Brasil precisa realizar para consolidar seu modelo de crescimento.

A reforma do processo orçamentário

A acomodação experimentada pelo processo orçamentário a uma nova realidade gerada pela redemocratização do país teria, segundo a visão de alguns estudiosos da ciência política, repercutido positivamente no relacionamento dos poderes Executivo e Legislativo, contribuindo para a formação do que veio a ser chamado de um Presidencialismo de Coalizão. Vários estudos que exploraram essa tese comprovaram a funcionalidade desse regime para a governabilidade democrática, mas sua prorrogação contribuiu para que o foco da política da despesa pública se distanciasse de um debate estratégico sobre as prioridades de alocação dos recursos públicos para se concentrar no processo de execução orçamentária e não nas etapas de elaboração e aprovação do orçamento.

Em parte, a funcionalidade do arranjo que foi construído reflete a acomodação a uma realidade decorrente de decisões derivadas dos trabalhos da Constituinte de 1988, que tinham em mira reforçar os pilares da democracia mediante a recomposição do equilíbrio entre os poderes da República e o fortalecimento da Federação, para reduzir a excessiva concentração de poderes e de recursos na União promovida pelo regime militar. Adicionalmente, a liberalização das regras que regulam a formação de partidos políticos objetivava ampliar as possibilidades de representação da diversidade de situações que marca a sociedade brasileira.

Até 1998, o impacto das novas leis que regulamentaram dispositivos da Constituição Federal de 1988 na despesa do governo federal, especialmente os abrangidos pela seguridade social e o novo estatuto jurídico do funcionalismo, foi parcialmente absorvido pelo aumento da carga tributária propiciado pela ampliação das contribuições sociais e por receitas extraordinárias (privatizações e concessões). Não obstante o aumento da carga tributária, o desequilíbrio orçamentário cresceu, mas as elevadas taxas de juros praticadas nesse período garantiam o financiamento das contas externas e ajudavam a conter as pressões inflacionárias, contribuindo para preservar a estabilidade do real. Aumentavam, entretanto, a vulnerabilidade do país a crises externas.

O crescimento das despesas financeiras do governo, alimentado pela política de juros altos, juntamente com a operação de uma política fiscal frouxa durante o primeiro mandato do presidente Fernando Henrique Cardoso, também adicionou novas fontes de desequilíbrio orçamentário em um momento em que as receitas tributárias sofriam os efeitos de uma conjuntura econômica desfavorável. A crise financeira de 1998 forçou uma mudança de direção.

A partir de 1999, a exigência de ajuste das contas públicas provocou grande impacto no processo orçamentário. Para serem atingidas, as metas do *superávit* primário demandavam sucessivos incrementos na carga tributária, uma vez que a contenção de despesas esbarrava na forte rigidez de seus principais componentes. Ao mesmo tempo, por se apoiar no aumento das contribuições sociais, o crescimento da carga tributária engendrava novos aumentos do gasto, contribuindo para a formação de um "efeito cremalheira".

O impacto no processo orçamentário se transmitiu à área política à medida que o Executivo se valeu do processo orçamentário para negociar com o Legislativo a aprovação de medidas de seu interesse. As regras do processo orçamentário se adaptaram a essa nova situação. A proposta orçamentária enviada pelo Executivo passa por substancial revisão das estimativas de receita efetuada pelo Congresso para acomodar emendas ao orçamento, o que, por seu turno, conduz a um posterior contingenciamento de despesas promovido pelo Executivo. E é a administração desse contingenciamento que constitui um dos principais pilares da funcionalidade do regime orçamentário que sustenta o chamado Presidencialismo de Coalizão.

A funcionalidade desse regime foi sendo prorrogada com a adoção de novos expedientes, como a acumulação de Restos a Pagar. Com isso, o Presidencialismo de Coalizão ganhou vida nova, pois o processo de negociação de emendas parlamentares passou a alcançar vários anos passados, além do corrente. Mas o peso do passado sufocou o presente e ofuscou o futuro. A política da despesa pública se distanciou de uma visão estratégica das prioridades nacionais para se concentrar no processo de execução orçamentária. O ritual de elaboração e aprovação do orçamento e dos planos plurianuais tornou-se mera formalidade, sendo substituído por regimes especiais de execução orçamentária para projetos considerados prioritários pelo Executivo.

A consequência disso foi a perda de qualidade do processo orçamentário. A disputa entre os poderes se estendeu ao controle sobre a mesa diretora da Câmara e do Senado, tendo em vista o poder do presidente das duas casas para decidir o que é posto em votação no plenário, alcançando também a escolha de presidentes e relatores das comissões mais importantes. No âmbito do Executivo, a necessidade de acomodar a diversidade de interesses das diversas facções que compõem sua base no Congresso levou à multiplicação do número de ministérios e à politização dos principais cargos diretivos em todas as organizações da administração pública.

A acumulação de todos esses fatos repercutiu intensamente no processo orçamentário, cabendo assinalar, entre outras implicações, o encurtamento da perspectiva temporal da política orçamentária. Qualquer tentativa de racionalizar as escolhas orçamentárias, planejar a despesa pública e regularizar a execução do orçamento esbarra em dificuldades para o Executivo controlar a realização da despesa e retira poder de barganha do Legislativo para negociar as questões de seu interesse.

Outra implicação importante foi a crescente intervenção do Judiciário na despesa, motivada pela demanda de segmentos da população com forte poder de mobilização para obter na Justiça o direito de fazer valer alguns preceitos constitucionais. Sobre isso, cabe destaque para a distribuição gratuita de medicamentos, que representa uma conta importante dos gastos em saúde. Na área da assistência social essa questão também vem ganhando importância.

O aprisionamento do orçamento pela agenda macroeconômica e pelos setores politicamente organizados da sociedade expulsou do espaço orçamentário os demais direitos sociais, como os relacionados com a qualidade da vida urbana, e amarrou as decisões de alocação de recursos ao passado. É necessário que tudo isso seja levado a um amplo debate nacional que permita mudar essa situação.

Com o passar do tempo, as distorções acumuladas pelo orçamento e pela política da despesa pública foram aumentando. O vulto dos gastos represados e as medidas adotadas para contornar as limitações orçamentárias à realização de investimentos (subsídios a bancos oficiais) acumulam novos problemas e agregam dificuldades à sustentação do modelo orçamentário consubstanciado na tese do Presidencialismo de Coalizão.

Do ponto de vista econômico, as crescentes dificuldades enfrentadas para sustentar esse modelo geraram consequências severas, que se manifestam na baixa eficiência do gasto e da qualidade da gestão pública, comprometendo investimentos e contribuindo para manter a economia brasileira aprisionada em uma armadilha fiscal de baixo crescimento. Do lado político, a necessidade de acomodar as demandas dos partidos que compõem a base de sustentação do governo comprometeu a profissionalização da administração pública, com as consequências conhecidas.

Na atualidade, as crescentes tensões que rondam as relações entre o Executivo e o Legislativo indicam que a funcionalidade do modelo, com respeito ao equilíbrio nas relações do Executivo com o Legislativo, começa a exibir fissuras decorrentes do aumento de conflitos gerados pelo represamento de emendas parlamentares e pela dificuldade de lidar com negociações que envolvem compromissos assumidos em vários anos passados, além do ano corrente. À medida que o modelo atual dá sinais de esgotamento, a oportunidade de discutir mudanças no processo orçamentário, concebidas em bases realistas, merece ser bem avaliada.

Os sinais de esgotamento desse modelo podem ser encontrados em pelo menos duas frentes: na dificuldade em continuar expandindo os Restos a Pagar; e nos problemas que o Executivo enfrenta para evitar a aprovação de medidas que ameaçam a preservação do compromisso com a responsabilidade fiscal.

A questão dos Restos a Pagar merece destaque especial em virtude da importância que adquiriu para o funcionamento do Presidencialismo de Coalizão. Ao longo dos últimos anos, o acúmulo de Restos a Pagar assumiu a dupla face de um instrumento útil para a economia e para a política. No tocante à economia, passou a ser a forma de contornar as limitações que a inexistência de poupança pública impõe ao investimento do governo federal. Do lado político, contribuiu para a governabilidade democrática, com o controle do Executivo sobre a liberação das emendas parlamentares ao orçamento, lubrificando as engrenagens que articulam as relações deste com o Legislativo, de modo a viabilizar a aprovação de medidas de interesse do primeiro.

No entanto, à medida que o volume de recursos acumulados nessa rubrica assume valores extremamente elevados, a dupla utilidade desse instrumento encontra sérias dificuldades para ser renovada. Do lado da economia, os investimentos feitos com base no orçamento aprovado para o exercício corrente já são inferiores aos investimentos que resultam da liberação de Restos a Pagar de anos anteriores, indicando que a possibilidade de sustentar a recuperação do investimento público por esse caminho está se esgotando. Na seara política, a dificuldade para administrar a liberação de despesas de anos anteriores inscritas nessa rubrica aumenta a tensão no relacionamento entre os poderes e se reflete na resistência que o governo enfrenta para cancelar Restos a Pagar de anos anteriores.

A contrapartida do aperto sobre a liberação de emendas parlamentares é a iniciativa do Legislativo de encaminhar projetos de lei com fortes impactos fiscais, contrariando interesses do Executivo nessa matéria, a exemplo da votação da lei que regulamenta a Emenda Constitucional nº 29, da PEC dos policiais militares e da negociação em torno do salário mínimo. Ao agir desse modo, o Legislativo abre nova frente de pressão para defender interesses de seus membros, aumentando o custo de preservação do Presidencialismo de Coalizão. O controle sobre a pauta de votação no plenário passa a ser foco de intensa disputa, pois dele depende a capacidade de o Executivo evitar a aprovação de medidas que ameaçam o equilíbrio fiscal e de o Legislativo aumentar seu poder de barganha na disputa por liberação dos recursos represados.

Os fatos assinalados repercutem negativamente sobre duas questões de alta prioridade para o crescimento do país. Uma refere-se à desorganização na execução dos investimentos, pois o ritmo de execução de investimentos prioritários para a modernização da infraestrutura, como os inseridos no PAC, é afetado pela necessidade de conciliar a liberação de recursos para esses projetos com a liberação de emendas parlamentares represadas. Outra tem a ver com a eficiência na gestão das demais políticas públicas, pois contamina também a regularidade na execução financeira de despesas correntes importantes para a gestão dessas políticas. O aumento recente de despesas correntes inscritas em Restos a Pagar é evidência desse fato.

A preocupação com a qualidade do orçamento tem merecido a atenção de vários países, tendo conduzido a reformas importantes nessa área que podem servir de exemplo para a discussão do caso brasileiro. As principais vertentes das reformas orçamentárias promovidas em alguns países nas últimas décadas convergiram para um modelo orçamentário caracterizado pela incorporação de uma visão estratégica nas decisões sobre a alocação de recursos públicos e pela ênfase em mudanças que contribuam para melhorar a qualidade do gasto público, introduzir compromissos com o resultado da ação governamental e ampliar o grau de *acccountability* de governantes, gestores e profissionais da administração pública.

Na contramão dessa tendência, o Brasil seguiu caminho oposto: a relação do orçamento com o planejamento estratégico foi perdida; o horizonte das decisões foi encurtado ao máximo; o controle formal afogou a preocupação com resultados; e a falta de interesse e de transparência do orçamento impedem a sociedade de cobrar o exercício de uma ação responsável de seus governantes. Cabe assinalar a edição recente de leis que buscam promover a transparência das ações governamentais para facilitar o acesso a informações sobre a execução orçamentária. Não obstante a importância dessa iniciativa, a dificuldade que o público não especializado enfrenta para compreender as informações divulgadas na internet demanda esforços adicionais para que a transparência desejada seja de fato alcançada.

A adoção de uma visão estratégica requer perfeita sintonia entre o planejamento e o orçamento. Tal sintonia depende do estabelecimento de uma sequência de procedimentos que se inicia com a identificação das prioridades estratégicas nacionais, a tradução dessas prioridades em objetivos a serem perseguidos em um dado horizonte de tempo, a definição do que precisa ser feito para alcançar esses objetivos, o estabelecimento de etapas e das respectivas metas a serem atingidas para esse fim, e a seleção de indicadores a serem utilizados para monitorar os resultados obtidos e propor os ajustes devidos, quando necessário.

A identificação das prioridades estratégicas nacionais não deve se limitar ao horizonte temporal de um mandato político. No sentido oposto, deve refletir preocupações de longo prazo com o futuro do país e o bem-estar de seus cidadãos, sendo objeto de planos cujo horizonte temporal não deveria ser inferior a uma década. Cada governante poderia modificar a ênfase atribuída a essas prioridades, e isso se refletiria no peso que objetivos e metas relacionados com essas prioridades estratégicas assumiriam em determinado plano de governo.

Como ensina a experiência internacional, o processo de elaboração de um plano estratégico deve ter início nos setores. Para tanto, é preciso dotar os órgãos setoriais da capacidade requerida para elaborar seus planos estratégicos, identificar as ações necessárias para que essas estratégias sejam implementadas, estabelecer as metas a serem alcançadas em um dado prazo e identificar os recursos necessários para cumpri-las. A análise das propostas encaminhadas pelos organismos setoriais permitiria avaliar as escolhas possíveis à luz das prioridades nacionais e definir como os recursos disponíveis deveriam ser distribuídos entre elas para obter melhores resultados com respeito à alocação dos recursos públicos.

A tradução das escolhas a que se refere o parágrafo anterior em um orçamento plurianual forneceria o instrumento necessário para orientar a execução dos programas contemplados no plano estratégico. Experiências nessa linha adotadas no passado podem servir de referência para a reativação desse instrumento, com as devidas adaptações à realidade vigente. Nessa adaptação, é importante ter em conta que a eficácia desse instrumento requer que ele contenha número reduzido de programas, associados aos objetivos estratégicos do plano, e busque assegurar a continuidade na sua execução mediante o estabelecimento dos recursos necessários para isso durante o período de referência.

Um complemento importante da proposta de adoção de uma visão estratégica nas escolhas sobre a alocação de recursos orçamentários é a seleção de indicadores que permitam monitorar o desempenho de cada programa e avaliar seus resultados. Dadas as conhecidas dificuldades para aferir os resultados associados à implementação de determinado programa, em face da multiplicidade de causas intervenientes, é importante que essa atividade não fique restrita a um exercício de avaliação conduzido pelo órgão central de planejamento e orçamento. A avaliação deve contemplar também a exigência de que os órgãos setoriais estejam equipados para exercer essa função e que os métodos aplicados à realização dessa tarefa contemplem procedimentos alternativos, a exemplo do levantamento de informações junto aos beneficiários, ou usuários, das atividades contempladas em cada programa.

A substituição da forma habitual de concentrar a atenção no modo como os recursos atribuídos a cada órgão ou setor são utilizados, isto é, nos meios aplicados à gestão orçamentária, por uma preocupação predominante com o resultado da atuação dos distintos organismos que compõem a estrutura administrativa do governo, requer mudanças radicais em hábitos e comportamentos profundamente arraigados.

O foco nos resultados demanda mudança nos instrumentos aplicados ao controle da execução orçamentária. Nessa mudança, os gestores responsáveis pela execução dos programas contemplados no orçamento precisam dispor de maior liberdade para utilizar os recursos que estão sob sua responsabilidade, ao invés de estarem amarrados a um rígido detalhamento que estipula em que e como esses recursos podem ser utilizados. A contrapartida dessa liberdade é a responsabilidade que passam a ter com os resultados de sua atuação e a certeza de que serão cobrados por seu desempenho. O alcance dessa liberdade varia, mas uma condição adotada em algumas experiências internacionais é a limitação de usar recursos destinados a investimentos para financiar gastos correntes.

O foco nos resultados demanda, também, a necessidade de recuperar o caráter do orçamento como um instrumento importante, não apenas para a gestão governamental, mas também para o exercício do controle social sobre o Estado. Isso significa que o orçamento precisa ser transparente, isto é, que as informações nele contidas possam ser traduzidas em linguagem acessível a distintos segmentos da sociedade, que seus resultados adquiram credibilidade e que a população se interesse em participar do processo de elaboração e em acompanhar sua execução.

Afortunadamente, os requisitos que precisam ser atendidos para a qualidade do processo orçamentário coincidem com as exigências de um regime de financiamento da infraestrutura. Em razão da sua natureza, a previsibilidade com respeito ao fluxo de recursos financeiros para cumprir o cronograma físico das obras é condição indispensável para a boa gestão dos investimentos nessa área, pois evita o aumento de custos que resulta de atrasos e paralisações. Um eficiente sistema de controle, que permita antecipar a ocorrência de problemas de outra natureza e ofereça informações que facilitem a tarefa de fiscalização dos projetos, por órgãos públicos e pela sociedade, também adquire especial relevância nesse caso.

Outro aspecto importante para a obtenção de resultados satisfatórios no tocante a um programa de investimentos na infraestrutura é a qualidade do seu financiamento. Além dos requisitos enunciados nos parágrafos anteriores, a qualidade do financiamento dos investimentos públicos depende da origem dos recursos que integram o orçamento governamental, isto é, da composição das receitas orçamentárias.

Tributos de má qualidade, assim entendidos aqueles que geram ineficiência econômica, oneram em demasia insumos estratégicos, recaem em maior proporção sobre parcelas da população de menores poderes aquisitivos, e repercutem negativamente nos objetivos de estimular o investimento privado e de ampliar os ganhos sociais. Sob tais condições, o tamanho da carga tributária e sua composição oneram, ou inviabilizam, investimentos em setores em que a competitividade da produção nacional é altamente sensível a diferenças do peso dos impostos no preço das mercadorias e serviços aqui produzidos. Ademais, parcela dos benefícios que a população de baixa renda aufere dos programas de transferência de renda e da provisão de serviços sociais é cancelada se uma parte expressiva do ônus do financiamento recai sobre esses mesmos cidadãos. Em suma, a qualidade do financiamento também precisa estar contemplada na construção de um eficiente regime de financiamento dos investimentos na infraestrutura.

A afinidade entre os requisitos de um bom regime de financiamento de investimentos na infraestrutura e de um eficiente processo orçamentário reforça a tese de que a reforma do processo orçamentário é um caminho promissor no esforço que o Brasil precisa fazer para enfrentar os desafios de sustentação do desenvolvimento econômico e social.

O objetivo da reforma do processo orçamentário é reforçar sua qualidade mediante a eficiência e a eficácia do gasto, a ampliação do horizonte temporal das políticas públicas, a redução de incertezas na execução orçamentária, a melhoria da qualidade do financiamento e o avanço na transparência das ações governamentais.

Os cuidados a serem observados na condução das reformas orçamentárias

Na revisão do processo orçamentário o Brasil enfrenta três espécies de limitações: econômicas, políticas e sociais. Portanto, não dá para pensar em mudanças radicais. O processo da reforma tem que ser construído com os necessários cuidados para evitar resistências e reações que impeçam seu avanço e possam, até mesmo, criar maiores dificuldades à frente.

As limitações econômicas referem-se à importância de preservar o compromisso com a responsabilidade fiscal. Conforme mencionado anteriormente, o modelo de crescimento que o Brasil precisa preservar e consolidar foi construído em cima de um alicerce sucessivamente reforçado pela renovação desse compromisso e amparado nas regras instituídas pela Lei de Responsabilidade Fiscal. Qualquer abalo nesse alicerce pode pôr em risco o objetivo que se pretende alcançar.

Limitações políticas remontam à tese da funcionalidade do regime vigente para a governabilidade democrática. É certo que a acomodação do processo orçamentário às características da vida política nacional teve o mérito de contribuir para atenuar os ruídos gerados pela fragmentação político-partidária nas relações entre os poderes Executivo e Legislativo, mas cabe questionar se a funcionalidade gerada por essa acomodação não estaria se esgotando, em face do acúmulo de tensões e de problemas nessa área. Por isso, na condução da reforma do processo orçamentário todo o cuidado é necessário para evitar rupturas nas relações entre os poderes da República que possam comprometer a governabilidade.

No tocante às limitações sociais, há que atentar para a necessidade de evitar retrocessos com respeito aos avanços alcançados na redução das desigualdades e da pobreza. Por isso o foco da reforma não deve se concentrar no debate sobre a necessidade de limitar os direitos instituídos pela Constituição e sim na identificação de aspectos que não se justificam à luz da apreciação do seu mérito, na caça a ineficiências e desperdícios na gestão de recursos, e na transparência da execução orçamentária para que a sociedade disponha de elementos que reforcem sua capacidade de contribuir para superar eventuais resistências à redução de despesas mal feitas, que não se justificam do ponto de vista dos interesses nacionais.

A revisão do processo orçamentário requer a implantação de estratégia gradual de mudanças. Alguns cuidados a serem observados na definição da estratégia podem ajudar a superar as limitações apontadas. As mudanças não devem se limitar a aspectos que demandem alteração na legislação.

Os primeiros passos devem abrir brechas nas limitações anteriormente apontadas mediante revisão dos procedimentos aplicados à elaboração e execução do orçamento, ao relacionamento entre os poderes e à identificação de iniquidades e desperdícios. O detalhamento desses passos deve se apoiar em debate que reúna ideias e soluções e identifique resistências à sua adoção, de modo a alcançar o acordo necessário para o início da caminhada.

Por isso, mais importante do que o desenho da reforma é a construção do seu processo. Isso requer o estabelecimento de etapas que deveriam ser cumpridas até que um novo modelo orçamentário seja plenamente implantado. O prazo requerido para a conclusão desse processo não pode ser definido de antemão, pois depende do ritmo que for possível imprimir com respeito à realização das mudanças necessárias para alcançar os objetivos da reforma.

Tampouco é conveniente estabelecer em detalhes o conteúdo de cada etapa. O processo da reforma deve ir sendo construído à medida que alguns ganhos forem sendo obtidos e que for aumentando a percepção de sua importância para o país. A primeira etapa deveria se concentrar em mudanças em comportamentos e, se possível, na alteração de alguns processos que não enfrentem grande dificuldade para serem aperfeiçoados.

Nessa linha, cabe atentar para os problemas gerados pela não confiabilidade das estimativas de receita. Da confiança nas estimativas de receita dependem uma melhor programação do gasto e a aferição do espaço fiscal para a tomada de decisões que irão repercutir nos anos seguintes. Sem isso, é impossível alargar de fato o horizonte das decisões orçamentárias e dar estabilidade a uma programação orçamentária de médio prazo.

A confiança nas estimativas quanto à disponibilidade de recursos precisa também levar em conta os efeitos do ciclo econômico e de fatores atípicos que podem, em determinados momentos, gerar recursos adicionais que têm um caráter transitório. Portanto, não deveriam ser utilizados para criar novos compromissos permanentes que irão comprometer a estabilidade da programação orçamentária.

Providências voltadas para promover a confiabilidade das estimativas de receitas orçamentárias poderiam contribuir também para que um diálogo construtivo com o Legislativo seja estabelecido. Nessa direção, atenção seria dada ao estabelecimento de mecanismos informais de consulta entre o Executivo e o Legislativo para limitar as divergências em torno dos parâmetros adotados nessas estimativas.

Estimativas de receitas mais confiáveis contribuem para reduzir o peso que a situação vigente descarrega nas costas dos responsáveis pela guarda dos compromissos com a responsabilidade fiscal e para atenuar a imposição de alguns controles que prejudicam a estabilidade da programação e impedem o alargamento do horizonte da gestão orçamentária. Por seu turno, maior fluidez na execução orçamentária concorre para reduzir o conflito em torno das estimativas de arrecadação e para evitar a transposição de compromissos para exercícios seguintes, o que amplia o impacto dessas mudanças do ponto de vista da melhoria da estabilidade da execução orçamentária e da criação de melhores condições para a transição rumo a um modelo de médio prazo. A soma desses efeitos também concorre para diminuir as dificuldades enfrentadas para sustentar o ritmo de execução de uma carteira de investimentos prioritários, reforçando os argumentos em prol das vantagens da reforma.

Menores conflitos em torno das estimativas de arrecadação contribuiriam também para ajustar o cronograma de liberação de recursos à sazonalidade dos gastos contemplados no orçamento. Isso poderia, também, limitar o acúmulo de Restos a Pagar que decorre da prática vigente de concentrar parcela expressiva das liberações nos meses finais do exercício financeiro.

Um dos principais problemas ocasionados pela ausência de uma perspectiva de médio prazo na gestão orçamentária é a falta de continuidade dos investimentos públicos e as consequências que isso acarreta para o desenvolvimento socioeconômico. Na situação vigente, em que os gestores públicos operam em regime de alta insegurança e sob forte restrição fiscal, os investimentos costumam ser a categoria de gastos mais prejudicada. Na impossibilidade de promover mudanças, a opção encontrada tem sido a criação de regimes especiais para evitar que a implementação de projetos prioritários enfrente dificuldades criadas pela não liberação tempestiva das verbas a eles atribuídas. No entanto, seja por deficiências de capacidade de gestão, seja por excessos de controles formais, nem a criação desses regimes especiais tem sido capaz de dar conta da necessidade de acelerar o ritmo de execução dos projetos abrangidos por tais regimes.

Como parece demonstrar a experiência com a criação de regimes especiais, a execução dos investimentos não decorre apenas de dificuldades financeiras, mas também de outras variáveis que interferem na ação dos gestores responsáveis pela sua implementação. Essas outras variáveis incluem os riscos decorrentes de questionamentos gerados por motivos ligados a questões ambientais, ou a direitos específicos de algumas categorias, e também os problemas criados por um clima de denúncias e de medo que inibe a atuação dos responsáveis pela autorização de despesas, mesmo as mais triviais. Isso ressalta a importância de se adotarem medidas adicionais para fazer com que uma avaliação criteriosa dos riscos ambientais e sociais preceda a seleção da carteira de investimentos prioritários, e que uma revisão de procedimentos internos contribua para reverter o clima de insegurança que inibe a atuação dos gestores e retarda a execução dos investimentos.

Providência adicional para a remoção dos obstáculos à ampliação dos investimentos é a correção dos problemas criados pelo acúmulo e a sucessiva prorrogação dos Restos a Pagar. Dado o tamanho que assumiu, a remoção desse obstáculo não poderá ser feita de uma só vez, mas é necessário estabelecer prazo para que isso aconteça. A reserva de parcela de receitas extraordinárias ou a inclusão de provisão de recursos no orçamento corrente para atender a tais compromissos são medidas que poderiam ser adotadas para a remoção dessa barreira, simultaneamente com providências para interromper o acúmulo de novos compromissos.

Comentários finais

Os anos à frente deverão ser particularmente difíceis para a dinâmica orçamentária. De acordo com as expectativas da maioria dos analistas, o crescimento da economia sofrerá as consequências da mudança no cenário externo, de forma que não é razoável esperar surpresas no campo da arrecadação de impostos para aliviar restrições à ampliação dos investimentos públicos. De outra parte, numa conjuntura econômica adversa, as dificuldades fiscais ampliam as tensões políticas, que se traduzem em maiores dificuldades para aprovar medidas de interesse do governo e para evitar a aprovação de outras que podem agravar ainda mais o problema.

É pouco provável, portanto, que os necessários investimentos públicos se concretizem no curto prazo como seria desejável, a exemplo do que ocorreu em exercícios anteriores, quando os investimentos efetivamente realizados se situaram aquém das previsões. Ademais, além de limitar os investimentos públicos, as restrições fiscais repercutem na capacidade de expansão do investimento privado, visto que restringem possibilidades da ampliação do alcance das medidas de desoneração tributária voltadas para esse propósito. Nesse cenário, é razoável esperar que a armadilha fiscal do baixo crescimento ganhará novo reforço.

A possibilidade de contornar essas limitações mediante recurso aos expedientes adotados nos últimos anos, como a acumulação de Restos a Pagar e o aporte de recursos do Tesouro a bancos oficiais para financiar o investimento privado, também enfrentará problemas, visto que os riscos fiscais relacionados com a contínua expansão dessas práticas despertam a atenção dos mercados e alimentam tensões políticas.

Os sinais emitidos por esses fatos indicam que chegou a hora de pôr a reforma orçamentária no topo da agenda das reformas institucionais necessárias para sustentar um modelo de crescimento com mais equânime distribuição na sociedade dos frutos do progresso. No momento em que a prorrogação das práticas vigentes no processo orçamentário deixa de servir às exigências do desenvolvimento econômico e de atenuar os conflitos políticos, a oportunidade de empreender essa reforma não deve ser perdida.

Referências

BARZELAY, Michael. *The new public management*. Improving research and policy dialogue. Berkeley: University of California Press; Russel Sage Foundation, 2001.

FIGUEIREDO, Argelina Cheibub; LIMONGI, Fernando de Magalhães P. *Política orçamentária no Presidencialismo de Coalizão*. Rio de Janeiro: Editora FGV; Fundação Adenauer, 2008.

FUKUYAMA, Francis. *A construção de Estados*. Governo e organização no século XXI. Rio de Janeiro: Rocco, 2004.

MENIFIELD, Charles E. (Ed.). *Comparative public budgeting*. A global perspective. Burlington, MA: Jones & Bartlett Learning, 2011.

OECD. *Modern budgeting*. Paris: OECD, 1997.

REZENDE, Fernando. *O federalismo brasileiro em seu labirinto*. Rio de Janeiro: Editora FGV, 2013.

____; CUNHA, Armando. *A reforma esquecida*. Orçamento, gestão pública e desenvolvimento. Rio de Janeiro: Editora FGV, 2013.

____; ____. *A reforma esquecida II*. Obstáculos e caminhos para a reforma do processo orçamentário. Rio de Janeiro: Editora FGV, 2014.

____; ____. (Org.). *Disciplina fiscal e qualidade do gasto público*: fundamentos da reforma orçamentária. Rio de Janeiro: Editora FGV, 2005.

____; ____. (Org.). *O orçamento público e a transição do poder*. Rio de Janeiro: Editora FGV, 2003.

WORLD BANK. *Beyond the annual budget*. Global experience with medium term expenditure frameworks. Directions in development. Public sector governance. Washington, DC: The World Bank, 2013.

2. O ciclo orçamentário como sequência de decisões tomadas nos níveis institucional e organizacional do setor público

Armando S. Moreira da Cunha

O propósito deste capítulo é o de favorecer a compreensão e a reflexão sobre conceitos, ideias, métodos e procedimentos associados às diferentes fases do ciclo orçamentário nas organizações governamentais. Referências são feitas a aspectos econômicos, políticos, legais, técnicos e comportamentais que afetam a dinâmica orçamentária. Concentra-se atenção na busca do aperfeiçoamento da elaboração do orçamento, com especial foco nos desafios à integração entre decisões estratégicas e decisões orçamentárias, e na implementação de práticas que aperfeiçoem a execução e o controle do orçamento organizacional.

1. A dinâmica orçamentária nos níveis macro e micro da ação governamental: ideias introdutórias

O ciclo orçamentário constitui-se em ininterrupta dinâmica que tem o ano fiscal como referência formal, mas que se prolonga por um período maior, cuja duração pode variar em função de fatores políticos, econômicos, contábeis e administrativos, gerando concomitância entre diferentes ciclos. Disso derivam consequências de distintas naturezas que afetam a eficiência, a eficácia e a capacidade de o poder público gerar impactos socialmente desejáveis por meio da utilização dos recursos extraídos da sociedade.

Ao se focalizar a ação governamental, em qualquer dos níveis federativos, uma primeira imagem relevante a respeito do ciclo orçamentário é sugerida pela figura 1, relacionando e indicando tensões e simbioses entre os movimentos orçamentários nos níveis do macro-orçamento e do micro-orçamento.

Figura 1
O processo orçamentário no setor público

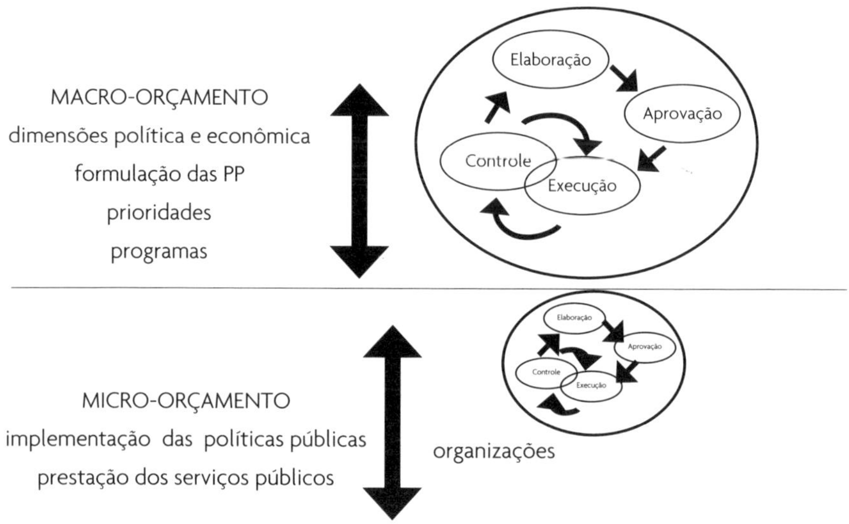

Fonte: O autor.

O ciclo orçamentário ocorre sob pressões e esferas de influência provenientes dos dois níveis de decisão e ação representados na figura 1: no nível do macro-orçamento, por meio do direcionamento das políticas públicas, da definição de prioridades e dos programas de ação que as implementem; e, no nível do micro-orçamento, a partir das demandas mais fragmentadas das organizações que, com suas diferentes dimensões, estruturas, personalidades jurídicas e graus de autonomia administrativa e financeira, viabilizam a implementação das políticas públicas e a provisão dos serviços públicos.

A compreensão da dinâmica orçamentária nas organizações do setor público (o micro-orçamento) requer, assim, considerar os fatores que influenciam as decisões no contexto institucional mais amplo do ciclo orçamentário, no qual preponderam as dimensões política, econômica e legal do orçamento público.

A conjuntura política, o papel do Poder Legislativo na dinâmica do orçamento, as relações federativas, as implicações do Presidencialismo de Coalizão, o grau de envolvimento da sociedade, os efeitos da alta "rigidez orçamentária", o baixo nível do investimento público, a qualidade das previsões das receitas e das despesas, o grau de congruência na arquitetura legal que condiciona o processo orçamentário, já a partir dos três principais instrumentos de macrogestão (PPA, LDO e LOA), ilustram os fatores que influenciam as decisões no nível do macro-orçamento.

No que tange à governança do macro-orçamento, destacam-se, na atualidade brasileira: as fragilidades organizacionais na administração pública, por exemplo, a forma como os objetivos organizacionais são definidos (Fukuyama, 2004); o reduzido horizonte temporal das previsões orçamentárias; as dificuldades de gerir as interdependências na ação governamental; os desafios de conciliar objetivos dos planos e as decisões sobre alocação de recursos; o inadequado grau de especificidade dos programas e projetos; a separação entre programas finalísticos e de apoio administrativo; a insubsistente institucionalização das informações sobre os custos das ações; e o papel anacrônico dos órgãos centrais dos sistemas orçamentários, entre outros fatores.

Se, por um lado, os aspectos anteriormente alinhados têm enorme importância para as decisões orçamentárias ao longo das fases do ciclo orçamentário nas organizações do setor público, são os aspectos mais diretamente associados ao contexto dessas organizações (o micro-orçamento) que serão um pouco mais esmiuçados a seguir, em linha com os propósitos do presente texto.

1.1 A dinâmica orçamentária no contexto organizacional

Deixando-se de lado quaisquer pretensões de aqui tratar o ciclo orçamentário na administração pública sob a ótica dos procedimentos e regras estabelecidas nos instrumentos legais, ou dos roteiros normativos dos órgãos centrais, objetiva-se tão somente sugerir um quadro de referência que contribua para a compreensão da natureza e dos desafios que caracterizam a realidade do ciclo orçamentário e do seu potencial de contribuir para a maior vitalidade das organizações governamentais.

Na perspectiva organizacional, as decisões orçamentárias e sua implementação desenvolvem-se ao longo de uma dinâmica caracterizada por dois espaços, aqui denominados, respectivamente, "hemisfério imaginativo" e o "hemisfério ativo", conforme ilustrado na figura 2. A natureza diferenciada desses "hemisférios" será detalhada mais adiante.

O tempo consumido nos dois "hemisférios" inerentes ao ciclo orçamentário anual dura bem mais do que um ano. Teoricamente, as fases do "hemisfério imaginativo" devem estar concluídas antes do início do exercício fiscal a que se referem. Nem sempre, entretanto, isso ocorre; as razões para tal, todavia, estão sempre no âmbito do macro-orçamento e são razões, preponderantemente, políticas.

A qualidade do ciclo orçamentário, ou dizendo de outra forma, a capacidade orçamentária de uma organização é uma conquista coletiva, institucional. Nesse sentido, impõe-se desenvolver o que é aqui denominado de "Inteligência Orçamentária Institucional Sustentada" (Iois) (Rezende e Cunha, 2013:247).

A Iois é entendida como componente da "Inteligência Administrativa Institucional Sustentada" (Iais). Nessas expressões está subjacente a ideia de que o desenvolvimento da capacidade administrativa ou, em particular, da capacidade orçamentária de uma organização depende da disseminação sistemática de conhecimentos, competências técnicas e valores, na calibragem adequada, de forma que a administração e o orçamento sejam "escravizados" pelos gestores e profissionais em favor do alcance da missão institucional das organizações do setor público, implementando as políticas públicas e prestando os serviços de sua alçada à sociedade. Nesse sentido, trata-se de reverter a ideia surrada e maltrapilha de que o desenvolvimento dessas capacidades, ou "inteligências", depende fundamentalmente da ampliação do número de competentes especialistas nessas áreas.

Figura 2
O ciclo orçamentário nas organizações governamentais

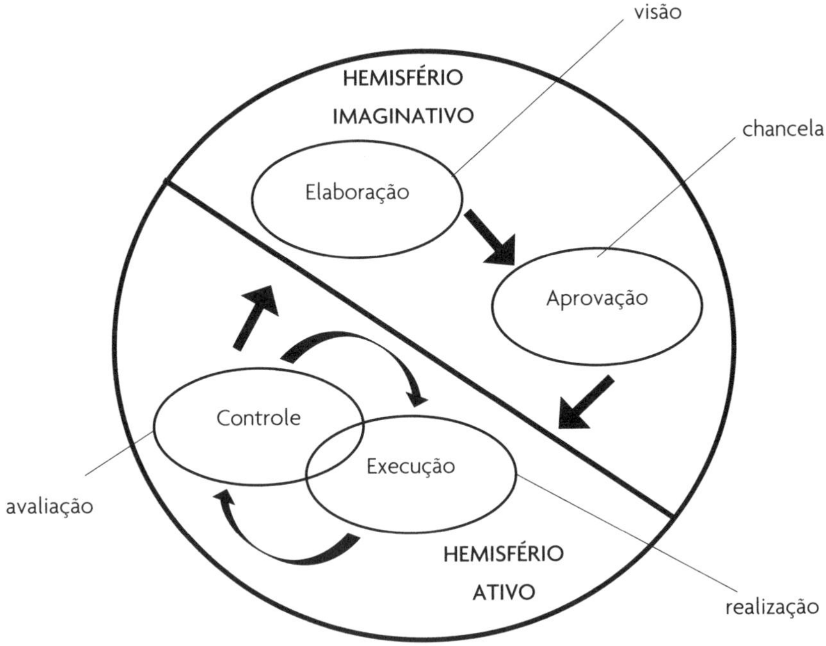

Fonte: O autor.

A conquista da Iais e, por consequência, da Iois está relacionada com algumas ideias, a seguir explicitadas, que agregam valor tanto pelo que significam individualmente quanto pelo seu conjunto.

A primeira dessas ideias é a de que, não obstante estímulos possam até vir do ambiente externo às organizações, as soluções e mudanças emergem, fundamentalmente, da experiência e da visão prospectiva de gestores e profissionais das próprias organizações.

Uma segunda ideia é a aposta na "teoria do mesmo barco". Alcançar alto envolvimento nos processos administrativos é garantir que cada um (gestores e profissionais) se sinta responsável pelo sucesso dos demais.

A terceira tem a ver com a recalcitrante separação entre meios e fins nas estruturas e processos administrativos. A separação é absurda e impede a interação. A inovação está exatamente no sentido oposto.

O "processo é tão importante quanto o produto". Esta quarta ideia sustenta afirmações tais como: o objetivo do processo de planejamento é bem mais amplo do que simplesmente fixar objetivos e metas.

A quinta ideia diz respeito à premissa de que a gestão deve ser tratada como política organizacional, a par das regras estabelecidas pelo sistema maior no qual a organização está inserida. Isso implica colocar em congruência diferentes componentes: o planejamento estratégico e operacional; o orçamento e a administração financeira; a administração da força de trabalho; a aquisição de bens e serviços; os métodos e processos de trabalho; e a mensuração e avaliação do desempenho. Trata-se de um conjunto de regras e práticas organizacionais de caráter administrativo que impactam a organização em sua totalidade (Barzelay, 2001). Tais regras e práticas devem necessariamente estar alinhadas com as regras e práticas estabelecidas na legislação e eventuais normas emitidas pelo governo, mais amplamente. Nessa perspectiva, as regras e práticas que conformam a política de gestão organizacional complementam as regras do sistema maior e vão ao encontro das especificidades de cada organização em face de sua natureza e missão.

1.2 Interdependências na gestão pública

As interdependências na gestão pública que repercutem, ou são afetadas, pela dinâmica orçamentária organizacional, nos "hemisférios" imaginativo e ativo, estão associadas, preponderantemente, a dois grandes desafios enfrentados na ação governamental no país: (1) a reinvenção do federalismo fiscal brasileiro, num contexto de consolidação democrática, para atender aos ditames do metadesenvolvimento; e (2) o direcionamento da gestão para o alcance de resultados socialmente relevantes, criando "valor público" (Moore, 1995).

Se, por um lado, as transformações em curso na sociedade brasileira desde os anos 1980 evidenciam o fenômeno de crescente poder político e administrativo por parte de estados e municípios, como entes federativos, por outro, a concentração de arrecadação de receitas no nível central de governo e a necessidade de enfrentar os grandes entraves ao desenvolvimento econômico e social impõem a necessidade de maior articulação intergovernamental.

Ao mesmo tempo, observa-se a intensificação dos esforços de disseminação das ideias associadas ao denominado "orçamento para resultados" (*budgeting for results*), desde meados da década de 1990, em linha com os movimentos de reforma da gestão pública e das tentativas de sua implementação na dinâmica orçamentária do setor público. Em decorrência, novos e complexos desafios se apresentam para que o processo orçamentário organizacional esteja alinhado aos conceitos sobre a doutrina administrativa e o estilo de organização associados ao "foco em resultados".

Os dois movimentos referidos exigem de dirigentes, gestores e profissionais nas organizações governamentais a concepção e implementação de uma dinâmica orçamentária externamente orientada, buscando conexões, sob diferentes formatos, como alianças estratégicas, e o estabelecimento de parcerias e redes. Trata-se do fenômeno da horizontalização: "*public administration, in short, has gotten flatter*" (Kettl, 2015:33).

O foco em resultados como orientador da dinâmica orçamentária requer radical reversão no sentido da elaboração orçamentária nas organizações governamentais, como ilustrado na figura 3.

Figura 3
Orçamento por produtos e por resultados

Fonte: O autor.

2. O "hemisfério imaginativo" do ciclo orçamentário: a construção da visão e a chancela

No espaço denominado "hemisfério imaginativo" do ciclo (figura 2), desenvolvem-se as fases da elaboração da proposta orçamentária e sua aprovação em diferentes níveis de decisão. Trata-se de construir a "visão" sobre a utilização dos recursos que serão pleiteados para o próximo ano fiscal e, em seguida, obter as necessárias chancelas para isso. O "hemisfério imaginativo" caracteriza-se pelo esforço prospectivo, pela conjectura, no qual imperam o conhecimento tácito e a intuição de especialistas e gestores; é o momento da dinâmica orçamentária no qual se identificam possibilidades e probabilidades. As fases da formulação da "visão" e de sua "chancela" são permeadas, assim, por certo grau de incerteza inerente ao mundo do *futuro*, isto é, desenvolvimentos e eventos prospectivos (Jouvenel, 1967).

Os desafios associados ao "hemisfério imaginativo" iniciam-se com a busca da imprescindível congruência entre visão estratégica organizacional e a alocação de recursos no âmbito dos esforços de preparação da proposta orçamentária anual.

2.1 A conexão entre a visão estratégica e as escolhas orçamentárias

A ênfase na capacidade de pensar e agir estrategicamente nas organizações vai ao encontro de uma das mais críticas fragilidades observáveis na administração pública: as formas por meio das quais são estabelecidos os objetivos e metas organizacionais (Fukuyama, 2004).

Moore (1995:28; tradução deste autor) afirma que "o propósito da gestão no setor público é criar valor público, da mesma forma que o propósito da gestão no setor privado é criar valor privado". O autor chama a atenção de que, enquanto nas empresas privadas o significado de "criar valor" é razoavelmente claro — conceber e fazer produtos que gerem lucros de forma contínua no tempo —, nas organizações governamentais o propósito da ação dos gestores para criar "valor público" parece muito menos claro.

Das ideias de Moore (1995), interessa extrair três afirmações doutrinárias, sintetizadas na figura 4: o propósito da gestão é criar valor; uma organização pode explorar oportunidades para criar valor por meio da gestão estratégica; e estratégias devem alinhar valor substantivo, suporte político e capacidade operacional. O argumento do autor é o de que o desenvolvimento de estratégias organizacionais se refere ao contínuo desafio de colocar em congruência: 1) ideias inovadoras, com valor substantivo; 2) o apoio das fontes de suporte e legitimação; e 3) a capacidade de fazer as coisas acontecerem com adequada base organizacional e operacional.

Figura 4
Gestão estratégica nas organizações governamentais

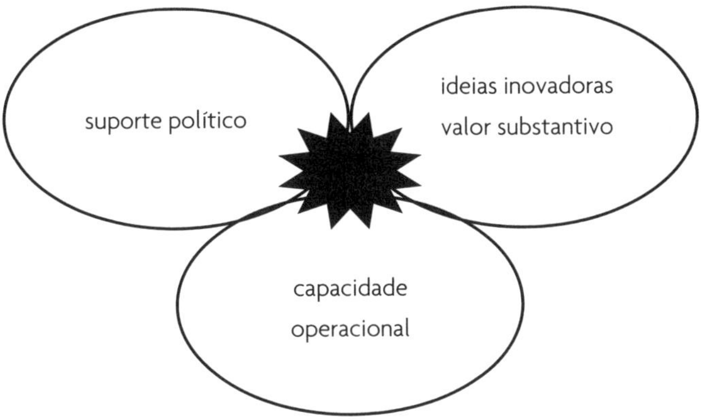

Fonte: Adaptado de Moore (1995).

Ao se referir ao "desenvolvimento de estratégias", Barzelay (2007) afirma que tal conceito diz respeito aos esforços de se lidar com os desafios com que se defrontam os líderes das organizações. Um desses desafios é a necessidade de posicionar as organizações de forma a garantir seu sucesso no futuro. Para isso, segundo ele, são necessárias determinadas atividades para sustentar o desenvolvimento de estratégias, como a realização de pesquisas e análises, o compartilhamento do aprendizado, a preparação e a tomada de decisões, e a comunicação sobre o que é decidido. Como resultado dessas atividades, incluem-se as mudanças no *status* ou conteúdo de estratégias, mudanças na forma pela qual os participantes das atividades pensam e se relacionam, e o aumento da capacidade dos líderes em agir em face de futuras ameaças e oportunidades. Nessa linha, a modelagem do processo de desenvolvimento de estratégias inclui a definição sobre quem participa, qual é a agenda, a clarificação das ideias sobre o que é estratégia, a identificação de modelos ou construtos disponíveis, como as ideias e as questões estratégicas serão geradas e quando e como se supõe que uma escolha acontecerá.

Fica, assim, evidenciado o crítico papel da liderança nesse processo, seja pela força da argumentação e ação, seja pela capacidade de improviso nos estágios iniciais do processo, seja pelo comando intelectual das questões críticas, seja por assegurar a continuidade do processo, seja por garantir a aceitação do processo e suas conclusões, seja, finalmente, por dar continuidade às decisões estratégicas.

Aquele autor ressalta, ainda, duas questões sob uma ótica essencialmente prática. Primeiro, o pressuposto de que o desenvolvimento de estratégias deve se dar de forma compatível com o contexto interno da organização, especialmente com relação à sua estrutura e cultura. E, segundo, o pressuposto de que a forma por meio da qual o desenvolvimento de estratégias ocorre depende da situação num dado momento e, sobretudo, deve ser compatível com o estilo de liderança e as questões correntes e oportunidades futuras, tanto dentro quanto fora das organizações.

Assim, para que o orçamento se constitua em efetivo instrumento de planejamento organizacional e contribua para a criação de valor público (Moore, 1995), impõe-se a formulação e execução de programas, projetos e ações lastreados em inovação técnica e administrativa, capacidade operacional e recursos suficientes. A inovação requer, entre outras coisas, estratégias desenvolvidas, com base em pensamento estratégico, um processo coerente e liderança adequada (Barzelay, 2007).

Schick (1996) afirma que o desenvolvimento da capacidade de se pensar e agir estrategicamente nas organizações tem, pelo menos, duas virtudes: como contraponto à tendência ao foco no curto prazo do planejamento orçamentário no nível do macro-orçamento; e como barreira ao caráter arbitrário das decisões orçamentárias nas organizações do setor público.

Mais ainda, parece haver forte consenso entre teóricos e experientes gestores públicos de que a necessária ampliação do horizonte temporal das políticas públicas tem como um dos seus principais requisitos, exatamente, a capacidade de planejamento nas organizações governamentais, acelerando-se a transição de um modelo tecnocrático para um modelo mais alinhado a uma gestão pública estratégica.

A história sobre as modernas ideias de planejamento no setor público evidencia trajetória de ajustes em face dos desafios ao Estado, à governança e à própria gestão pública. Motta (2002:88) ressalta que desde os anos 1970 a gestão estratégica passou a ser entendida como um movimento "contínuo, sistemático e contingencial, aceitando-o mais como um processo emergente de um conjunto de decisões e ações que levem ao alcance de objetivos organizacionais do que algo antecedente ao processo de implementação".

O planejamento é um processo intelectual, fruto de um aprendizado constante, que se transforma numa conquista das organizações. Para isso, requer construção de capacidades no nível organizacional (coletivo) e individual.

Os desafios ao desenvolvimento nos anos à frente, sobretudo em face da busca da austeridade fiscal, exigirão grande esforço no desenvolvimento e reinvenção do processo de planejamento nas organizações do setor público brasileiro.

Nessa perspectiva, a literatura sobre o tema tem ressaltado que a principal função do planejamento e do desenvolvimento de estratégias para garantir o desempenho futuro e o sucesso das organizações é influenciar transformação e metas futuras. Para isso, deverão ser promovidas as necessárias conexões com outras funções organizacionais relevantes, tais como o processo de inovação, a formulação de programas e projetos, e, como não poderia ser diferente, com o processo orçamentário.

A observação das realidades bastante diferenciadas das organizações governamentais no contexto brasileiro indica que são insatisfatórios, ou mesmo inexistes, em muitos casos, esforços sistematizados de planejamento. Por outro lado, vem se ampliando o número de organizações nas quais se observa algum grau de desenvolvimento de estratégias organizacionais.

> [...] assim, enquanto as proposições mais direcionadas para o nível do macro-orçamento remetem para a arquitetura legal, sobretudo em relação aos instrumentos para o planejamento governamental, e também para a adoção de normas *ad hoc*, as iniciativas voltadas para o micro-orçamento concentram-se na busca de racionalização para as decisões orçamentárias. As preocupações com a ampliação dos controles sociais refletem um dos mais importantes elementos para se pensar as reformas orçamentárias na atualidade brasileira e nos anos à frente: a consolidação da democracia no país. Na atualidade do setor público brasileiro, já se observa um crescente número de iniciativas voltadas para a incorporação do planejamento estratégico, como método para o desenvolvimento de estratégias, e a explicitação de metas de desempenho de médio prazo (4 a 5 anos) na gestão das organizações. Tais iniciativas pretendem, aparentemente, alterar a dinâmica por meio da qual os objetivos e metas são atualmente fixados e constantemente revisa-

dos, o que é considerado por muitos estudiosos e gestores experientes como uma das mais críticas fragilidades na administração pública no país. [Cunha apud Rezende e Cunha, 2014: 90-91]

O problema central que se apresenta, então, é o de como fazer a ligação adequada entre estratégias e decisões orçamentárias, sejam anuais, sejam plurianuais.

Tal problema, que se não for apropriadamente resolvido tende a se constituir em forte desestímulo à ideia e à prática de planejamento organizacional, continua sendo objeto de atenção de estudiosos, de gestores e de profissionais da administração pública em diversos países em face de sua persistência, conforme indicado por Barzelay e Campbell (2003:232; tradução deste autor):

> O processo por meio do qual os planos e prioridades corporativas de uma organização governamental afetam a alocação dos recursos permanece sendo campo de grande dúvida. Usualmente, apenas alguns poucos "atores" internos, perspicazes e bem posicionados, podem arriscar, se tanto, observações sobre como comprometimentos estratégicos se transformam em programação de recursos em organizações burocráticas complexas.

Ao analisarem as relações entre o planejamento estratégico e a elaboração orçamentária em organizações militares (OM) no âmbito da Marinha do Brasil (MB), Souza e Cunha (2016:122)[1] concluem que "poucos fatores atuam de maneira relativamente homogênea, sendo comuns a todas as OM estudadas. Entre esses, cabe ressaltar: o elevado envolvimento da alta direção, a designação individualizada de responsabilidades e a boa estruturação de carreira". Ao se referirem, também, ao estudo de Barzelay e Campbell (2003), aqueles autores assim se manifestam:

> [...] esses autores constataram que apesar do grande esforço e investimento na implementação do planejamento estratégico na Força Aérea Norte-Americana, não ocorria a integração desse instrumento com a programação orçamentária. Isso só foi possível com o envolvimento da alta administra-

[1] Souza e Cunha (2016) mencionam que vários autores (Flynn e Talbot; Lobato) apontam que, entre as dificuldades para a implementação do planejamento estratégico, a falta de envolvimento da alta administração está entre as mais importantes.

ção, que, por sua vez, reestruturou os processos para viabilizar a integração. Ainda, deve-se levar em consideração a compatibilidade com o contexto interno da organização, especialmente em relação à sua estrutura e cultura. Quanto mais complexas são as estratégias, mais robustas deverão ser as estruturas (Chandler, 1997; Cunha, 2008). Além disso, deve-se considerar a forma como a carreira dos servidores se encontra estruturada. Para Barzelay e Campbell (2003), carreiras bem estruturadas apresentam maior competência estratégica, tendo em vista que servidores dessas carreiras tendem a ter visão mais de longo prazo das necessidades da organização, fato que pôde ser observado no caso da Força Aérea Americana. [Souza e Cunha, 2016:109-110]

2.2 Grau de envolvimento de gestores e profissionais na dinâmica orçamentária

A interação entre gestores e profissionais ao longo das diferentes fases do ciclo orçamentário constitui-se em importante pressuposto para que as organizações do setor público possam alcançar níveis mais elevados de qualidade do gasto.

Ao se analisar experiências de organizações no âmbito dos diferentes entes da Federação e poderes da República, observam-se, de forma mais simplificada, três "modelos" quanto ao grau de envolvimento de gestores e profissionais.

O modelo que se pode denominar "alta concentração" caracteriza-se por baixo grau de interatividade entre gestores e profissionais, e um fluxo de informações com iniciativa unidirecional, do centro de decisão organizacional (CDO) para as unidades orgânicas (UO). Tem caráter eventual, com o propósito de recolher dados que abasteçam o processo de escolhas inerentes às diferentes fases do ciclo, conforme ilustrado pela figura 5.

Figura 5
Modelo "alta concentração" na dinâmica orçamentária

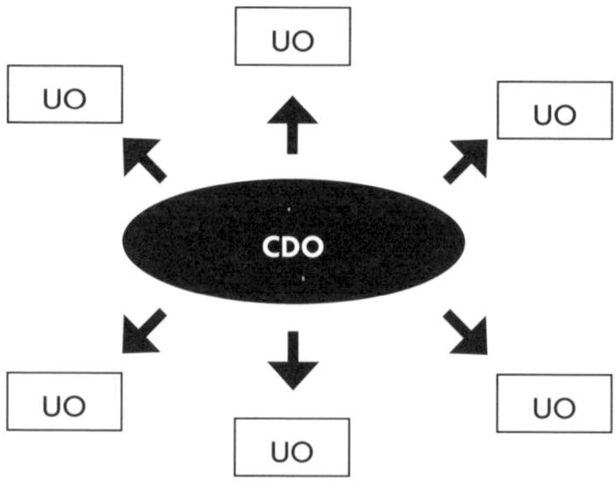

Fonte: O autor.
CDO: centro de decisões orçamentárias
UO: unidade orçamentária

Outra prática observável, aqui denominada "modelo radial", conforme esquematizado na figura 6, caracteriza-se por um maior grau de interatividade, ainda que isso ocorra numa perspectiva bidirecional, reforçando somente as relações/pressões entre o centro de decisões e cada uma das unidades orgânicas.

Figura 6
Modelo "radial" na dinâmica orçamentária

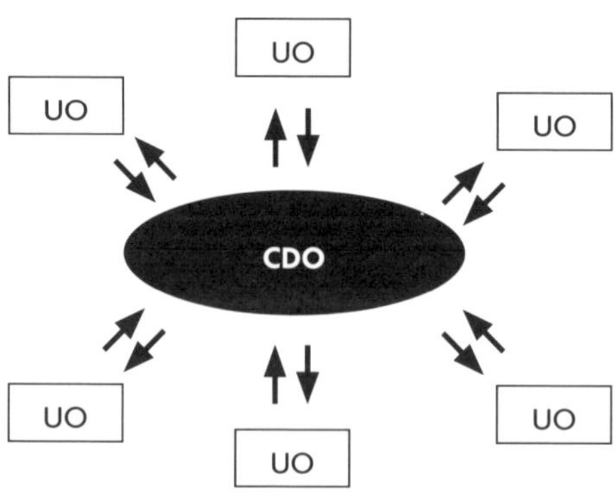

Fonte: O autor.
CDO: centro de decisões orçamentárias
UO: unidade orçamentária

Não obstante as práticas associadas aos dois "modelos" mencionados serem mais frequentes na dinâmica orçamentária, o sentido das mudanças alinhadas aos novos conceitos da doutrina administrativa e estilos de organização pode ser sintetizado por meio do modelo denominado "alto envolvimento", conforme sugerido na figura 7.

Figura 7
O modelo "alto envolvimento" na dinâmica orçamentária

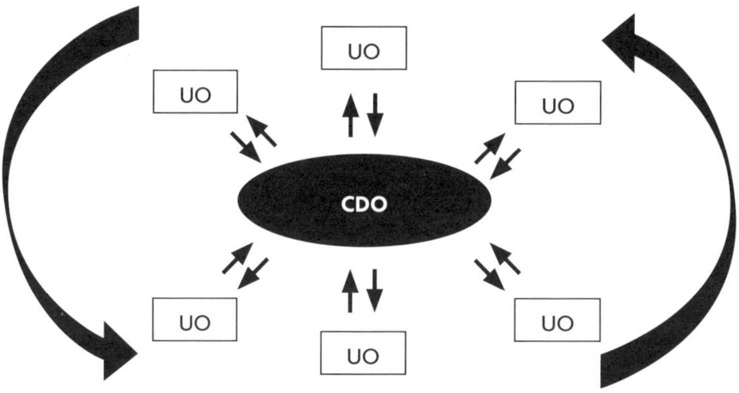

Fonte: O autor.
CDO: centro de decisões orçamentárias
UO: unidade orçamentária

A partir do maior grau de interação entre as unidades orgânicas e o centro de decisões, que configura o modelo "radial", o movimento interativo se expande, intensificando as relações de trocas entre todas as unidades orgânicas, envolvendo gestores e profissionais, indispensável a que o processo orçamentário contribua de forma robusta para obtenção de maior congruência organizacional.

Entre as questões que devem merecer especial atenção no desenvolvimento e sustentação de um modelo de gestão orçamentária caracterizado por "alto envolvimento", cabe ressaltar, inicialmente, a criação de capacidades de gestores e profissionais para tal. Não se trata simplesmente de incorporar mais "especialistas" em orçamento às organizações. O desafio é o de caminhar para uma posição mais inclusiva de gestores e profissionais, com diferentes áreas de formação profissional, nos debates, nas decisões e na implementação das ações orçamentárias. É a aposta no hibridismo profissional-gestor, fazendo com que venham a "colonizar a gestão orçamentária", e não o contrário (Ferlie & Geraghty, 2005).

Os três "modelos" (figuras 5, 6 e 7) que traduzem as diferentes formas de interação entre gestores e profissionais na dinâmica orçamentária das organizações governamentais refletem, por outro lado, os papéis desses "atores" ao longo do processo evolucionário dos esforços de reformas na gestão pública desde o final dos anos 1970, conforme ressaltado por Richards (1994).

O "modelo de alta concentração" reflete mais o que a literatura denomina como "administração pública tradicional" ou "gestão pública clássica", na qual prevalece a premissa de crescimento constante e mudanças incrementais. Os gestores definem as linhas a seguir em consonância com os parâmetros definidos no nível político de decisão; resolvem disputas e definem problemas. Já os profissionais, detentores dos conhecimentos e competências técnicas, exercem influência sobre as políticas públicas e resultados alcançados.

O "modelo radial" está mais associado aos esforços de reformas da gestão pública centrados na busca da eficiência, isto é, alcance de maior produtividade na implementação das políticas públicas e prestação dos serviços públicos, e redução dos gastos. A ideia central é a de evitar que o baixo desempenho de programas e ações governamentais se reflita na economia. Nesse contexto, o papel dos gestores, pressionados pelos políticos, concentra-se em aumentar também a pressão sobre os profissionais.

Já o "modelo de alto envolvimento" alinha-se com as tentativas de reformas da gestão pública, descritas mais intensamente na literatura sobre o tema a partir dos anos 1990, por meio das quais se buscava uma nova cultura administrativa, mais centrada na qualidade dos serviços públicos como objetivo comum. Gestores passam a exercer um papel central na ligação entre os objetivos e expectativas dos políticos, dos profissionais e dos "clientes"/eleitores/cidadãos/contribuintes.

2.3 O roteiro de preparação da proposta orçamentária organizacional

A construção da dinâmica orçamentária na linha do "alto envolvimento" tem como ponto de partida o desenho de um processo que sustente as atividades inerentes ao "hemisfério imaginativo", conforme sugerido pela figura 8.

Figura 8
Roteiro idealizado de preparação da proposta orçamentária no âmbito organizacional

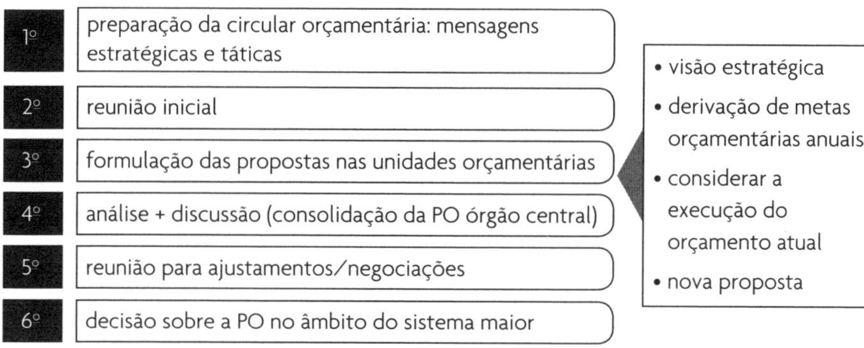

Fonte: O autor.

Trata-se de "roteiro idealizado", servindo, assim, apenas como uma aproximação do que seria desejável para uma organização qualquer do setor público. A definição de um roteiro para uma organização específica deverá levar em conta a natureza da tarefa que realiza, sua dimensão física e financeira, grau de maturidade da gestão, cultura organizacional, capacidade de pensar e agir estrategicamente, pressões políticas e sociais sobre os serviços que entrega, entre outros fatores de influência sobre processo de formulação e definição da proposta orçamentária a ser submetida ao sistema maior (ministério, secretaria estadual ou municipal).

A primeira etapa do roteiro refere-se à definição do instrumento que, usualmente, se utiliza para deflagrar a elaboração da proposta orçamentária organizacional, ou seja, a "circular orçamentária". A circular constitui-se em um conjunto de mensagens estratégicas e táticas que devem inspirar e orientar a formulação das propostas a serem apresentadas pelas diferentes "unidades orçamentárias". Mais ainda, a circular especifica as diferentes etapas inerentes à preparação da proposta orçamentária.

As mensagens estratégicas são extraídas do planejamento estratégico organizacional para um determinado período, e referem-se ao que será prioritário de se ter em consideração para a elaboração da proposta orçamentária do ano considerado. O desafio é o trânsito fiel entre uma perspectiva plurianual, própria do planejamento estratégico, e a perspectiva anual a que se refere a proposta orçamentária. Trata-se, assim, de orientar a identificação de ações (projetos e atividades) que possam melhor assegurar o alcance dos resultados (efeitos, impactos) almejados pelos objetivos estratégicos. O sucesso nesse trânsito significa que o processo orçamentário está contribuindo para a sustentação da dinâmica estratégica organizacional.

Já as mensagens táticas constituem-se, fundamentalmente, em orientações que levem à formulação das ações orçamentárias com adequados padrões de eficiência e eficácia. Assim, frequentemente, observam-se entre as mensagens táticas aquelas que impõem limites ou restrições à utilização de determinados recursos organizacionais, como a força de trabalho, os recursos de telecomunicações e locação de imóveis.

Em princípio, a circular orçamentária deve ser tão sintética quanto possível, visando sua clareza, disseminação e discussão ao longo do roteiro de preparação da proposta orçamentária e sua aprovação no âmbito organizacional.

A segunda etapa do roteiro tem como propósito provocar uma primeira oportunidade de interação entre "atores" envolvidos na construção da proposta orçamentária. Levando-se em conta que a representação de unidades orgânicas não deve ser o único critério, quem seriam esses "atores"? O objetivo primário nesse primeiro momento interativo não deve ser o de se transformar numa arena na qual as unidades orgânicas apresentam suas reivindicações orçamentárias, já instaurando um ambiente de exacerbada competição pelos recursos. Ao contrário, a ideia é utilizar o momento para: (1) discutir as mensagens estratégicas e táticas para, eventualmente, se buscar algum ajuste; e (2) construir consenso sobre os desafios que se apresentam para o próximo ano e como isso deverá estar refletido na proposta orçamentária, privilegiando uma visão da organização como um todo, e não suas partes integrantes (as unidades orgânicas), o que ficará para o momento seguinte.

A terceira etapa é voltada para a formulação das propostas no âmbito de cada uma das unidades orçamentárias (que podem ser órgãos da estrutura organizacional ou não). Importante observar que, não obstante se deva resguardar a privacidade gerencial das diferentes lideranças que respondem pelas unidades orçamentárias, uma dinâmica orçamentária na linha do "alto envolvimento" implica, necessariamente, seu transbordamento para o âmbito das unidades, sob a responsabilidade dessas lideranças. A seguir, são abordadas três entre as questões inerentes a essa etapa.

A primeira diz respeito à definição do "critério de alocação de recursos" (CAR) a ser adotado para a formulação das propostas das unidades.

Os efeitos sobre o teor e sobre a dinâmica de preparação das propostas das unidades serão diferentes caso, por exemplo, o "centro de decisão" da organização estabeleça limites financeiros globais para a proposta de cada unidade, o denominado critério de "teto fixo", ou, ao contrário, estabeleça que as unidades estarão "livres" de limites financeiros para apresentar suas propostas para o próximo ano, o denominado critério de "teto móvel". Sugere-se a reflexão sobre as possíveis implicações decorrentes da adoção desses critérios, ou de outros que se possam definir.

Uma segunda questão importante associada à terceira etapa do roteiro idealizado é a de que, em linha com a premissa do "alto envolvimento", espera-se que a interação na preparação das propostas ocorra não somente no âmbito de cada unidade orçamentária, mas, também, entre as unidades. Nessa perspectiva, o processo orçamentário pode contribuir para o alcance de maior congruência organizacional, como forma de reduzir o caráter aleatório da gestão, desde as discussões iniciais da formulação da proposta orçamentária.

A terceira questão refere-se ao papel a ser exercido pelo órgão central de planejamento e orçamento da organização, seja qual for seu formato, no âmbito dos trabalhos inerentes a essa etapa do "roteiro idealizado". Entre os aspectos que se destacam quanto aos "novos papéis" esperados dos órgãos centrais de planejamento e orçamento nas organizações, cabe ressaltar: (a) a verificação da consistência entre as propostas orçamentárias das unidades e os objetivos estratégicos organizacionais; (b) estímulos à maior participação de gestores e profissionais na elaboração da proposta orçamentária; (c) oferta de modelos de planejamento e orçamento adequados às especificidades das diferentes unidades (natureza da tarefa, dimensão física, maturidade de gestão, entre outros); (d) uso de mecanismos de incentivo ao aprimoramento da transparência e da qualidade das informações orçamentárias; e (e) uso das informações sobre o desempenho (custos, prestação de serviços, resultados e impactos) como base para a negociação dos objetivos e valores na proposta orçamentária.

A quarta etapa do "roteiro idealizado" constitui-se no esforço de consolidação e análise do conjunto das propostas das unidades orçamentárias. Não obstante essa etapa seja tarefa essencialmente exercida no âmbito do centro de decisão orçamentária, buscando-se a avaliação das propostas individuais das unidades e, também, da consistência do conjunto, eventuais consultas às unidades podem se constituir em subsídios importantes para as decisões quanto à consolidação final da proposta orçamentária da organização. Nessa etapa, o papel do órgão central é, igualmente, de significativa importância. Uma das funções críticas do órgão, por exemplo, é evitar a "sedução pelas propostas", isto é, subsidiar as decisões quanto ao que será aprovado pelo centro de decisão de forma a que se leve em conta tanto o valor substantivo das propostas (projetos e atividades) quanto a capacidade operacional das unidades orçamentárias em implementá-las sob padrões desejáveis de eficiência e eficácia.

A quinta etapa do roteiro trata de nova e final interação entre o centro de decisão e uma audiência que represente adequadamente a organização e suas partes. É um momento de grande sensibilidade quanto ao clima organizacional, moldando comportamentos e compromissos futuros com o processo. O papel da liderança nessa etapa é de crucial importância, e compreende a definição de uma apropriada modelagem para a etapa, assegurar a evolução e aceitação do processo intelectual interativo no sentido de uma clara decisão a ser tomada sobre a proposta orçamentária que será submetida ao sistema maior no qual a organização está inserida, e esclarecer os passos seguintes.

Para concluir estas considerações sobre o "hemisfério imaginativo", sugere-se atenção a cinco dilemas associados ao teor dos debates e à sequência de decisões inerentes às diferentes etapas do roteiro adotado para orientar a preparação da proposta orçamentária (ver ilustração na figura 8):

Competição *versus* cooperação: como evitar que a competição pelos recursos disponíveis durante a elaboração da proposta orçamentária, o que pode ser desejável, não leve à diminuição do grau de cooperação entre as unidades, imprescindível tanto para a elaboração quanto, principalmente, para a fase de execução da programação que for aprovada?

Considerar o passado *versus* preponderar o passado: como conciliar uma possível propensão ao incrementalismo orçamentário em decorrência do maior envolvimento de gestores e profissionais na elaboração da proposta orçamentária com a necessidade de se buscar maior ousadia na formulação de projetos e ações, em uma aproximação com o conceito "orçamento de base zero",[2] de forma a garantir o alcance da missão organizacional e a im-

---

[2] "Análise de base zero" (*zero base budgeting*) constituiu-se em um dos componentes da base analítica do Planning, Programming, and Budgeting System (PPBS) (Sistema de Planejamento, Programação e Orçamento). O PPBS foi uma inovadora tentativa de aperfeiçoar o processo decisório orçamentário no setor público norte-americano, implementado experimentalmente no âmbito do Departamento de Defesa (Department of Defense — DoD) no início dos anos 1960. O modelo foi originalmente desenvolvido por uma equipe de pesquisadores da Rand Corporation, liderados por Charles Hitch, concebendo planejamento, programação e orçamento como atividades inter-relacionadas numa sequência circular de

plementação das políticas públicas definidas no âmbito mais abrangente da ação governamental?

Mais recursos *versus* melhor uso dos recursos atuais: a maior disponibilidade de recursos que favoreçam a implementação das políticas públicas e a prestação dos serviços deve derivar, num primeiro momento, da reinvenção de projetos e ações visando a melhor utilização dos recursos existentes, e não da reivindicação pura e simples de recursos adicionais.

Disputas entre unidades orgânicas *versus* disputas entre problemas a resolver: a preparação da proposta orçamentária organizacional deve se constituir em oportunidade cujo foco principal são os problemas a serem resolvidos e o atendimento às demandas mais específicas da sociedade, numa ótica mais estratégica; isso implica evitar que tal dinâmica seja reduzida à mera disputa entre "interesses" de setores da estrutura orgânica, sob uma ótica interna.

O poder sedutor da "visão" orçamentária *versus* viabilidade técnica e operacional para implementar as ações propostas: a fase da "aprovação", fechando a dinâmica orçamentária no "hemisfério imaginativo", tem na dicotomia proposição/capacidade de execução um de seus maiores problemas.

3. O "hemisfério ativo" do ciclo orçamentário: a realização e a avaliação das ações

O espaço do "hemisfério ativo" refere-se ao mundo real do processo orçamentário, isto é, os momentos nos quais a "visão" que foi "chancelada" é posta em prática: decisões para implementação das ações são tomadas; receitas

decisões, e não a simples inserção de novas técnicas analíticas num processo orçamentário já estabelecido (US Government, 1969). Na literatura inicial sobre o tema, Smithies (1965) sugeria que o PPBS serviria como foco de um processo de comparação e coordenação, envolvendo: (1) avaliação e comparação de várias atividades governamentais em termos de suas contribuições para o alcance de objetivos; (2) determinação de como determinados objetivos poderiam ser obtidos com um mínimo volume de recursos; (3) projeção das atividades governamentais em um adequado horizonte temporal; (4) comparação da contribuição relativa de atividades públicas e atividades privadas para o alcance dos objetivos nacionais; e (5) revisão de objetivos, programas e orçamentos à luz da experiência e de mudanças circunstanciais. Ao referir-se a esse fenômeno administrativo, que surgia em um período de grande vigor teórico sobre planejamento (os anos 1950 e 1960), sob a ideia central de assegurar a racionalidade das decisões, Shultze (1968:79; tradução deste autor) afirma que "o PPBS, teoricamente, é orientado para a base-zero. O sistema não aceita o orçamento do ano corrente como sendo o ponto de partida para análise, examinando somente propostas de incremento e/ou de diminuição de gastos para o próximo orçamento". A "análise de base-zero" constitui-se, portanto, no contraponto ao incrementalismo orçamentário, que prepondera.

são arrecadadas, despesas são comprometidas e pagas; compras são feitas; e as reformulações, táticas e estratégicas, são eventualmente realizadas, ou solicitadas, em decorrência do esforço de controle orçamentário na organização, ou em função de decisões tomadas no nível do macro-orçamento.

O "hemisfério ativo", necessariamente, deve ultrapassar o final do ano fiscal a que se refere o orçamento. Teoricamente, a razão dessa ultrapassagem está associada à complementação das ações do controle orçamentário, seja em sua dimensão legal, seja em suas demais dimensões: a política, a administrativa e a contábil-financeira. Não obstante, a observação da realidade orçamentária no setor público brasileiro revela outra forte e crescente razão, nos anos recentes, para que o "hemisfério ativo" de um determinado orçamento anual transborde, com graves implicações, para exercícios fiscais à frente: os denominados "Restos a Pagar". Novamente, a causa principal para a intensificação desse fenômeno está nas decisões do macro-orçamento e são, preponderantemente, por questões políticas e econômicas, ou ambas.

Focalizam-se, a seguir, quatro importantes aspectos associados à execução e ao controle do orçamento no ambiente organizacional: qualidade da gestão; pressões que geram incerteza; integração organizacional e a gestão das interdependências externas; e avaliação do desempenho organizacional.

3.1 Qualidade da gestão: adequação de estruturas e processos

A obtenção de maior qualidade na gestão organizacional tem, entre seus principais desafios, o de melhorar a eficiência e a eficácia na utilização dos recursos disponíveis. Para isso, ganham relevo a adequação de estruturas e o desenvolvimento e a implementação de processos organizacionais em face dos objetivos estratégicos estabelecidos em perspectiva plurianual. A experiência recente no contexto brasileiro, em organizações nos âmbitos dos poderes da República e dos entes da Federação, sinaliza nessa direção.

Em relação à revisão de processos e estruturas como teor dos esforços de reforma da gestão, faz-se aqui referências à contribuição de Weick (1979:89; tradução deste autor) para o estudo das organizações: "a função de organizar se dá por meio de processos; os processos incluem comportamentos individuais que são interconectados entre duas ou mais pessoas".

O autor equaliza o significado de "comportamentos interconectados" ao de "estrutura organizacional". Ao definir "organização" como a montagem de ações interdependentes em andamento por meio de sequências perceptíveis para gerar resultados perceptíveis, oferece duas outras contrastantes definições para melhor clarificar o que propõe (Weick, 1979:3):

1. "Organizações são estruturas de mútuas expectativas, atreladas a papéis que definem o que cada um de seus membros deve esperar dos demais e de si mesmos (Vickers, 1967:109-110)".
2. "Uma organização é uma entidade social identificável, objetivando múltiplos objetivos por meio de atividades coordenadas e relações entre membros e objetos. Tal sistema social é aberto no âmbito da sociedade mais amplamente (Hunt, 1972:4)".

As ideias citadas ressaltam a importância de se distinguir entre estruturas e processos (Anthony, 1965): uma estrutura facilita um processo; é a forma por meio da qual um processo ocorre. Como esse autor chama a atenção, ao contrário do que ocorre na biologia (estruturas determinam processos), nas organizações, dentro de determinados limites, a estrutura deve ser ajustada ao que seja considerado o melhor processo. Assim, um primeiro aspecto crítico a ressaltar é o de que a análise e a compreensão sobre estruturas e sobre processos fazem mais sentido quando realizadas concomitantemente.

Já lá se vão muitos anos desde que Chandler (1962) chamou a atenção para a relação entre as estratégias escolhidas e as estruturas definidas para sua implementação. Essa ideia central está igualmente sintetizada nas palavras de Moore (1995:278; tradução deste autor): "em síntese, estrutura orgânica é feita para servir a propósitos estratégicos, permitindo ao gestor focar o talento gerencial nas tarefas que ele ou ela pensa que são importantes no curto — e médio — prazo para o desenvolvimento da organização".

Vários outros autores têm explorado as relações entre o desenho de estruturas e os esforços dos gestores em constituir suas equipes, com pessoas da própria organização ou trazidas de fora, usando para tal um *mix* de critérios que privilegiam lealdade, confiança e também capacidade técnica, ainda que, para isso, tenham que se valer de oponentes. Assim, as decisões sobre a definição e redefinição de estruturas, frequentemente, estão associadas, também, às pessoas que são recrutadas para compor a equipe de gestão.

Como observa Moore (1995:278), longe de assumirem um caráter perene, as estruturas são definidas para viabilizar os trabalhos a serem feitos para implementar estratégias. Assim, ao contrário do que possam recomendar as contribuições teóricas, é comum o desenho de estruturas que misturam várias lógicas ao mesmo tempo, em vez de refletirem uma "consistente lógica organizacional".

Ao utilizar o recurso metafórico para ilustrar sua visão sobre os processos organizacionais, Weick (1979) caracteriza-os como correntes de materiais, pessoas, dinheiro, tempo, soluções, problemas e escolhas, e ressalta que esses fluxos não podem ser visualizados como algo homogêneo e constante, mas, muito ao contrário, como algo múltiplo, heterogêneo e movendo-se com velocidades diferentes.

Considerando-se os desafios associados com reformas que promovam maior qualidade da gestão pública, tanto no nível mais abrangente da ação governamental — as políticas públicas — como também no nível organizacional, no qual ocorre a prestação dos serviços públicos, fica evidenciado que as reformas têm que necessariamente conectar esses dois níveis em torno de boas ideias sobre gestão pública. Identificar essas boas ideias, obter o suporte político e criar as capacidades para implementá-las (Moore, 1995) é o que se apresenta como tarefa maior aos políticos, dirigentes, gestores e profissionais em todos os níveis da ação governamental. Não obstante a complexidade e os paradoxos associados a essa tarefa, a atualidade brasileira oferece algumas oportunidades para tal.

O governo federal deu início em 2010 à implementação do Sistema de Informação de Custos. Essa é, sem dúvida, uma boa ideia de gestão pública, capaz de alavancar importantes mudanças na qualidade da gestão, tanto no nível macro quanto no âmbito das organizações governamentais. Ao contrário de esforços de modernização administrativa à "moda antiga", trata-se de iniciativa na qual o problema está definido, com claro significado, e com o necessário sentido de urgência. Mais ainda, como estratégia de reforma de gestão pública, deve se enquadrar no sistema de governança do país para que seja bem-sucedida (Kettl, 2000).

Conforme indicam Rezende, Cunha e Otero (2010), somente com o conhecimento dos custos dos serviços públicos será possível saber se o dinheiro do contribuinte é bem utilizado. A informação sobre custos é, assim, indispensável para comparar com os resultados alcançados, aferindo a eficiência e a eficácia do gasto público. Quanto maior a eficiência no uso dos recursos, menor será a necessidade de mais impostos para cobrir desperdícios, como tem sido frequente.

Os autores chamam também a atenção para o fato de que estados e municípios respondem por parcela significativa do gasto público. As disparidades fiscais não levam em conta diferenças de custos. São notáveis as distorções do regime de transferências e de garantias sociais. Os desequilíbrios na federação geram ineficiências e desperdícios — o dinheiro deve estar onde estão os problemas. A qualidade do gasto público requer cooperação, mas conflitos e antagonismos federativos a dificultam.

Schick (2007), ao se referir à "reinvenção orçamentária" lastreada em reformas na contabilidade, chama a atenção de que a adoção da contabilidade de competência (*accrual accounting*) pode se dar de duas maneiras: (a) a informação *accrual* substitui a contabilidade e o orçamento baseados no caixa; ou (b) a informação *accrual* complementa ou "enriquece" os atuais sistemas baseados no caixa.

O que seria mais apropriado no contexto brasileiro na atualidade, considerando-se a capacidade técnica e o suporte político necessários às reformas orçamentárias? A contribuição de Schick (2007) ajuda igualmente à reflexão sobre tal indagação. Segundo o autor, nem todo "instrumento de análise" é apropriado para se tomarem decisões orçamentárias; segundo ele, "instrumentos" ampliam as escolhas, já as "regras" constrangem as escolhas.

Quando se consideram as experiências estrangeiras sobre reformas contábeis voltadas para a melhoria da qualidade da gestão pública, constata-se que o volume e a qualidade da informação disponível são muito variáveis. A maior parte dos insucessos é desprezada pelos estudiosos, como também não fica muito nítida a relação entre as reformas — sucessos e insucessos — e os diferentes contextos em que ocorrem. Ao analisarem a experiência internacional com reformas da contabilidade no setor público, Rezende, Cunha e Otero (2010:962) assim se manifestam sobre a importância das informações sobre custos para a melhoria da qualidade do gasto público:

> Como as informações geradas pela contabilidade usualmente adotada no setor público privilegiam os fluxos de caixa, não fornecendo as informações necessárias para aferir os custos, a ênfase na qualidade do gasto teve que ser acompanhada da introdução de mudanças contábeis que atendessem a essa necessidade.
>
> A contabilidade de competência (*accrual accounting*) é um regime contábil abrangente que tem por finalidade fornecer informações detalhadas sobre as transações realizadas por organizações públicas ou privadas tendo em vista a aferição do desempenho e da saúde financeira dessas organizações. Para tanto, registra não apenas os fluxos de entrada e saída de recur-

> sos no caixa, mas também as operações que implicam em variação do seu patrimônio. As informações são registradas no período em que os fatos que geram receitas e despesas ocorrem e em que obrigações são assumidas e não no momento em que os desembolsos ocorrem. [Rezende, Cunha e Otero, 2010:966]

Os referidos autores indicam, igualmente, que as reformas no processo orçamentário baseadas na maior disponibilidade de informações de custos devem estar ancoradas em esforços a serem feitos tanto no âmbito das organizações e do sistema político (ver o papel do Poder Legislativo na aprovação e no controle do orçamento público) quanto no âmbito mais amplo da sociedade. Somente assim tais reformas levarão à melhor compreensão sobre decisões tomadas na alocação de recursos e sobre o desempenho de organizações, de programas e de gestores na aplicação dos recursos.

Infere-se também da experiência internacional acumulada desde os anos 1980 que o trânsito anteriormente referido na direção de uma contabilidade e orçamento mais lastreados na base de competência tem como requisitos: (a) melhorar a capacidade de gestão nas organizações; (b) reorientar o processo orçamentário para o alcance de resultados; (c) adotar sistemas de mensuração e avaliação do desempenho (da organização, de programas e de gestores); (d) ampliar a discricionariedade dos gestores; e (e) disponibilizar informações sobre custos.

Ainda que se esteja apenas iniciando a implementação do sistema de informação de custos no âmbito federal, e sendo árduo o caminho e complexos os problemas a serem enfrentados ao longo de sua consolidação, entende-se que são de extrema importância as perspectivas de seu impacto para o alcance de maior eficiência na atuação do poder público, na avaliação dos riscos fiscais de longo prazo, na melhoria das decisões sobre alocação de recursos orçamentários e na execução das ações.

A implementação de um sistema de informação de custos como parte dos esforços de reformas contábeis deve estar conectada a outras trilhas (Rubin e Kelly, 2005) direcionadas à reinvenção da dinâmica orçamentária no setor público: orçamento por produtos e resultados (*performance budgeting*); descentralização fiscal; e equilíbrio orçamentário.

Nessa perspectiva, impõe-se: o desenvolvimento da capacidade de gestão nos níveis mais descentralizados da ação governamental; mudanças no papel dos membros do Poder Legislativo; manter os gestores *accountable* por resultados; ampliar a transparência e credibilidade das informações sobre o desempenho; e maior autonomia do gestor e maior flexibilização na gestão dos recursos postos à disposição das organizações.

Focalizando a questão no nível das organizações governamentais, explorar o significado da implantação do sistema de informação de custos implica considerar seu potencial para transformar o orçamento como instrumento de gestão voltado para o alcance da missão das organizações, favorecendo o controle estratégico interativo, a congruência organizacional e o alcance de resultados. A maior disponibilidade e utilização das informações de custos nas organizações tem potencialmente como contrapartida a ampliação do poder discricionário dos gestores, podendo ter como efeitos: (a) aumento da complexidade da gestão orçamentária e financeira; (b) elevação dos padrões de eficiência no uso dos recursos disponíveis; e (c) contribuição para evitar que os gestores considerem as reformas como uma "tecnicalidade" que não vale o esforço.

O trânsito direcionado para uma contabilidade e uma dinâmica orçamentária mais lastreadas no regime de competência (em lugar de um foco essencialmente no regime de caixa) a partir da institucionalização de um sistema de informação de custos colocará em causa as relações de poder entre o nível político e o nível técnico, tanto no ambiente macro quanto no ambiente micro da ação governamental.

Em síntese, a aposta no desenvolvimento de sistemas de informação de custos, como uma boa ideia de gestão pública no contexto brasileiro, poderá se constituir em poderosa alavanca para dar vitalidade aos três processos administrativos básicos (Anthony, 1965): o planejamento estratégico, o controle gerencial e o controle operacional nas organizações governamentais.

Os desenvolvimentos prospectivos decorrentes da implementação de um sistema de informação de custos, como linha de reforma, têm como um de seus desafios cruciais a ampliação da compreensão, por parte do sistema político e da sociedade, sobre as decisões e o desempenho das organizações governamentais.

A proposição anterior ilustra dois aspectos fundamentais associados aos esforços contemporâneos de reforma da gestão pública: as reformas têm a ver com política e com administração (Ketll, 2000); e é preciso promover os necessários transbordamentos e simbioses entre os níveis macro e micro do setor público para o sucesso das reformas.

3.2 Pressões que geram incerteza na execução do orçamento

A geração de incerteza na execução dos orçamentos aprovados para as organizações do setor público se inicia pelo próprio *déficit* gerencial nessas organizações e não se resume às suas consequências sobre a eficiência e a eficácia na implementação de programas, projetos e ações voltadas para a prestação dos serviços públicos:

> Repercute sob a forma de obstáculos ao desempenho do setor privado e de organizações não governamentais, que se expressam mediante condições econômicas e institucionais pouco propícias à competitividade da economia brasileira. A correção desse déficit gerencial requer a identificação e implementação de novas medidas, tendo em conta a questão das interdependências e a crescente complexidade que caracteriza a atuação dos diversos tipos de organizações que integram o setor público. Tais medidas devem estar direcionadas para promover a eficiência e a eficácia, tanto no nível macro da ação governamental quanto no nível das organizações setoriais. [Rezende e Cunha, cap. 1 deste livro]

Episódios recentes na conjuntura brasileira, que ressaltam problemas de governança em organizações governamentais, ilustram

> os efeitos perversos da negligência recalcitrante com a política de gestão pública e da falta de atenção aos novos conceitos e práticas administrativas e estilos de organização. Compreender essa realidade e identificar necessidades de mudanças nas dinâmicas internas e nas relações externas dessas organizações, num contexto de ação governamental que se caracteriza pela transição e pela pluralidade, é desafio fundamental para o aperfeiçoamento do processo orçamentário no setor público. [Cunha e Otero, cap. 4 deste livro]

Pesquisas recentes[3] (ver parte II) junto a organizações da administração pública estadual no contexto brasileiro têm evidenciado que o ambiente de

[3] Programa de Estudos Fiscais da Escola Brasileira de Administração Pública e de Empresas da Fundação Getulio Vargas (Cefis/Ebape) no âmbito do Programa de Pesquisas Aplicadas da FGV com foco no processo orçamentário das organizações do setor público (o micro-orçamento). As pesquisas foram conduzidas por Armando Cunha e Roberto Bevilacqua Otero no período de 2015 a 2017.

incerteza a que está sujeito o processo orçamentário prepondera na maioria das organizações.

O contingenciamento de créditos orçamentários, um dos principais mecanismos para o repasse de incerteza na atualidade, tem efeitos devastadores para parcela significativa das organizações e efeitos razoáveis para outras, mesmo quando há mecanismos para atenuar as dificuldades proporcionadas por tal prática, já corriqueira na ação governamental.

Entre as mudanças institucionais voltadas para a sustentação da estabilidade macroeconômica e para a construção de bases sólidas para a retomada do crescimento da economia brasileira, desde o início dos anos 2000, merece destaque especial a promulgação da Lei de Responsabilidade Fiscal-LRF (Lei Complementar nº 101, de 4/5/2000). As novas regras instituídas pela LRF para sanear as contas públicas e restringir o endividamento, com a fixação de metas fiscais para o controle de receitas e despesas, nos diferentes níveis de governo e poderes da República, deram sustentação a um amplo esforço no âmbito nacional em prol da disciplina fiscal em todo o país, conforme comentam Rezende e Cunha (2005:137-138):

> O contingenciamento equivale a bloquear uma parcela das receitas estimadas para o exercício fiscal para ver se ao longo do ano essas estimativas correspondem à realidade. Assim, quanto maior for o otimismo adotado nas previsões de receitas, maior será a necessidade de contingenciamento. Por outro lado, quanto maior o contingenciamento, maiores são os problemas que ele traz para a gestão das políticas públicas, em face do encurtamento do tempo em que se baseiam decisões que afetam a eficácia e a eficiência dessas políticas.
>
> Há, portanto, uma dupla perspectiva a ser adotada na apreciação dos méritos do contingenciamento. Da perspectiva macroeconômica, ele é indispensável para a preservação das metas fiscais. Da perspectiva microeconômica, ele gera dificuldades para a eficiente gestão das políticas públicas. A conciliação dessas duas perspectivas depende, portanto, do grau de realismo adotado na realização das previsões de receitas orçamentárias para reduzir ao mínimo o tamanho do contingenciamento. Quanto mais incertas forem as previsões, maior será o tamanho do contingenciamento e maiores serão, portanto, seus efeitos colaterais.

No que concerne ao que pode ser feito no âmbito interno às organizações visando à redução do caráter aleatório da gestão orçamentária por meio de adequada reação a fatores externos de incerteza, parece requerer atenção especial a habilidade de intervenção para corrigir comportamentos. Nessa ótica, repensar os mecanismos de informação e os parâmetros para avaliar desempenho de gestores e profissionais, e a estrutura de incentivos, se afiguram como trilhas promissoras.

Mais ainda, o desafio, para além da atenção à "capacidade de reação", é o de garantir, também, outras duas capacidades: a "capacidade de antecipação", tentando entender o comportamento futuro para resolver antecipadamente os problemas; e a "capacidade de integração organizacional", tentando pôr os elementos do sistema organizacional em situação de congruência. O balanceamento e permanente tensão entre essas três capacidades são parte do problema.

3.3 Integração organizacional e gestão das interdependências externas

Em que medida as duas fases do "hemisfério ativo" do ciclo orçamentário — a execução e o controle — reforçam uma perspectiva mais transversal na gestão das organizações, evitando excessiva compartimentalização decorrente da "força" e preponderância dos espaços definidos pela estrutura orgânica?

Essa questão realça a importância que deve ser dada a determinados fatores de influência: a intensidade e a extensibilidade das interações associadas à dinâmica orçamentária; o esforço para socializar conhecimentos e competências em planejamento e orçamento para sustentar tal processo interativo; o grau de autonomia dos gestores na dinâmica orçamentária; e a contribuição do processo orçamentário para a integração dos demais processos administrativos.

A realidade do processo orçamentário em organizações do setor público estadual, observada no período 2014-17 (ver parte II), conforme já mencionado, sob as óticas dos próprios gestores dessas organizações, de "atores" nos órgãos centrais de planejamento e orçamento, ou ainda na perspectiva de "atores" nos órgãos de controle externo (os Tribunais de Contas), evidencia desafios nos anos à frente voltados para:

a) interromper tendências à manutenção do isolamento entre as áreas da organização, superando a tradicional visão funcional e hierárquica como base primária para a implementação e controle do orçamento, em oposição às expectativas em torno da ideia de orçamento por programas e projetos.

b) ampliar o grau de autonomia de áreas e unidades orgânicas nas organizações para a gestão dos recursos orçamentários, investindo na capacitação dos gestores para o desenvolvimento de competências em planejamento e orçamento.

c) reforçar o processo orçamentário de tal forma a que possa cumprir o papel de integrador de outros processos e sistemas administrativos nas organizações.

d) disseminar as informações orçamentárias junto aos gestores e profissionais em todas as áreas da organização, incluindo a transparência sobre as decisões e reformulações do orçamento.

O processo orçamentário, assim, é potencial promotor de integração, tanto entre os processos gerenciais quanto entre as diferentes unidades da organização.

Sugere-se atenção, igualmente, à gestão das interdependências. Em que medida, ao longo do "hemisfério ativo" do ciclo orçamentário, exploram-se oportunidades de integração com programas e ações desenvolvidos por outros órgãos do setor público e do setor privado, buscando iniciativas complementares, ou, ainda, evitando possíveis superposições que possam ser eliminadas em prol do uso racional dos recursos?

Cabe ressaltar, a propósito, que a gestão das interdependências no âmbito do processo orçamentário, idealmente, deve receber adequada atenção ainda na fase da elaboração da proposta orçamentária, no "hemisfério imaginativo". Caso contrário, as dificuldades serão acentuadamente maiores, certamente com menor eficiência e eficácia, se tratadas apenas no momento do "hemisfério ativo" do ciclo.

3.4 Avaliação do desempenho organizacional

Este quarto e último aspecto crítico sobre o "hemisfério ativo" busca ilustrar os desafios inerentes à fase do controle do ciclo orçamentário organizacional. Trata-se de compreender as formas por meio das quais o processo orçamentário pode gerar elementos/evidências a serem utilizadas na avaliação do desempenho organizacional, conforme ilustrado nas questões a seguir exploradas.

Uma primeira ideia a ressaltar refere-se aos indicadores do desempenho da ação organizacional. A existência de indicadores que permitam estabelecer e medir o alcance de metas quanto à geração de recursos, quanto à entrega de "produtos" e quanto ao alcance de resultados (efeitos) associados à dinâmica orçamentária deve constar das agendas para o aprimoramento do controle nas organizações.

Outro desafio que se apresenta é o de avançar na capacidade de utilizar informações de custos nas decisões e nas avaliações sobre a aplicação de recursos, fundamental para o aperfeiçoamento da gestão pública no país, seja sob a ótica da transparência para a sociedade, seja para comparar com resultados e aferir a eficiência e a eficácia do gasto público.

A mensuração e a avaliação da efetividade de programas, projetos e atividades podem ser consideradas um dos focos urgentes e prioritários para sustentar uma gestão orçamentária estratégica. Como dirigentes, gestores e profissionais nas organizações interpretam os principais desafios políticos, de comunicação, de capacidade analítica e de competência de mensuração para monitorar e avaliar os efeitos dos "produtos" postos à disposição da sociedade?

A disseminação de uma cultura de mensuração rotineira de *inputs*, produtos e resultados relacionados com as ações desenvolvidas pelos órgãos governamentais para documentar o desempenho dos programas e projetos, e de aplicação sistemática de métodos analíticos para levantar questões sobre as operações e resultados dessas ações, tem sido ressaltada, na experiência internacional, como fundamental componente dos esforços de reforma da gestão pública desde meados dos anos 1980.

As interpretações quanto ao que seja uma "cultura de mensuração e avaliação do desempenho" incluem diferentes aspectos, tais como: a frequência dessa prática como algo rotineiro nas organizações; sua incorporação ao papel de dirigentes, gestores e profissionais no setor público, por meio de conhecimentos, competências técnicas e valores; como mecanismo para melhor responder às crescentes pressões e demandas da sociedade e à necessária utilização dos "achados" decorrentes da aplicação da mensuração e avaliação do desempenho nas novas decisões sobre a aplicação dos recursos orçamentários; e ainda como instrumento de fortalecimento de transparência pública.

Por ouro lado, o desenvolvimento e consolidação de uma cultura de mensuração e avaliação do desempenho deve considerar, igualmente, as distintas fontes das quais emanam orientações e pressões que moldam efetivamente o que ocorre em termos de controle nas organizações do setor público, conforme ilustrado na figura 9.

Os denominados "controles administrativos" compreendem os dispositivos legais, as normas estabelecidas, as ações institucionais bem como as regras e procedimentos definidos no âmbito do macro-orçamento e das próprias organizações.

Os "controles sociais" emanam de grupos, que podem estar dentro das organizações, como uma associação de servidores. Os grupos podem também ser externos às organizações e ao próprio setor público, como é o caso de um sindicato.

Os "controles individuais" constituem-se nas ações ou influências que emanam de pessoas que, como no caso anterior, podem estar dentro ou fora das organizações.

Essas fontes estão em permanente tensão, com diferentes "pesos" em distintos momentos na trajetória de uma organização, conformando, de fato, o teor e a dinâmica do controle organizacional.

Figura 9
Fontes de controle

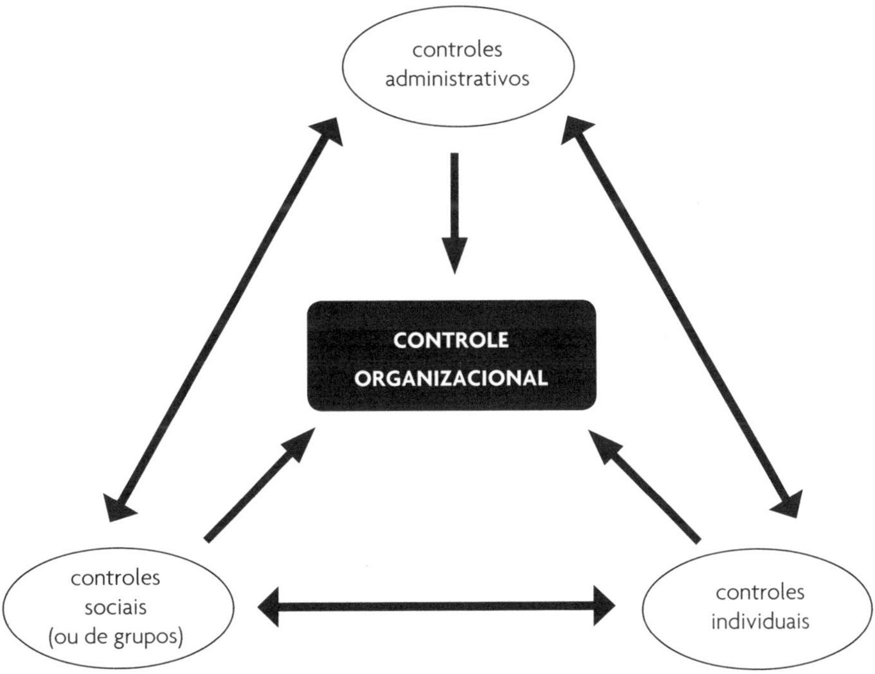

Fonte: Adaptado de Hopwood (1976:22).

No contexto brasileiro, parece ser promissora a ideia de que o processo orçamentário, no nível do micro-orçamento, se constitua numa plataforma para a disseminação da cultura de mensuração e avaliação do desempenho das ações organizacionais. O primeiro passo seria desenvolver esse conceito, construindo uma nova realidade para o controle orçamentário.

O incentivo e a cobrança exercida pelas lideranças políticas para o alcance de metas físicas e financeiras de desempenho como parte do processo de planejamento e orçamento constituem-se, igualmente, em importante questão para o desenvolvimento da capacidade de mensuração e avaliação do desempenho em decorrência da utilização dos recursos orçamentários.

Sob uma ótica prospectiva no contexto brasileiro, torna-se ainda mais importante. A consolidação da democracia no país, em princípio, pressionará o poder público não só a explicitar com mais clareza a aplicação dos recursos extraídos da sociedade, mas, igualmente, o que resulta da aplicação desses recursos e seus custos. Assim, as relações entre o ambiente político e os esforços de mensuração e avaliação nas organizações do setor público devem, também, se constituir em importante foco para investigação futura, ampliando conhecimentos sobre as relações entre o macro-orçamento e o micro-orçamento.

O aperfeiçoamento do processo orçamentário não pode se isolar de outros componentes de uma política de gestão organizacional, como é o caso da gestão de pessoal, que trata, entre outras questões, da estrutura de incentivo ao desempenho de gestores, profissionais e equipes. Estimula-se, assim, a reflexão sobre a realidade das relações entre o desempenho de indivíduos (e de equipes) e o desempenho de programas, projetos e atividades organizacionais.

A transparência das informações sobre o desempenho inclui-se no rol das mudanças necessárias. Nesse sentido, considera-se fundamental a preocupação com o uso de uma linguagem orçamentária acessível à sociedade, fugindo da apresentação de informação com hermetismo técnico.

No desenvolvimento de uma cultura de desempenho nas organizações governamentais, como um fenômeno plural, a qualidade e a utilidade da informação gerada por meio da mensuração e avaliação devem ser questões tratadas conjuntamente. Assim, a sustentação e o desenho de modelos de mensuração e avaliação do desempenho passarão pela conjunção de argumentos administrativos, argumentos associados ao ambiente político e argumentos que contemplem os diferentes usos que os públicos destinatários dos serviços possam fazer da informação produzida e divulgada.

4. Considerações finais

A compreensão da dinâmica orçamentária no setor público requer focalizá-la como sequência de decisões tomadas no contexto institucional mais amplo da ação governamental e no contexto no âmbito mais restrito das diferentes organizações que integram a administração pública.

Ao se explorar a natureza diferenciada dos desafios inerentes às fases do "hemisfério imaginativo" e do "hemisfério ativo" do ciclo orçamentário nas organizações do setor público, emergem os seguintes aspectos de grande importância para orientar o sentido das reformas necessárias ao aperfeiçoamento do processo orçamentário no contexto brasileiro:

- A potencial contribuição do processo orçamentário para a obtenção de maior qualidade da gestão nas organizações;
- As etapas idealizadas para a elaboração da proposta orçamentária no âmbito organizacional;
- O significado do que seja um processo orçamentário de "alto envolvimento";
- Redirecionar o foco orçamentário para que sejam explicitados os "produtos" a serem entregues à sociedade e os resultados (impactos) a serem pretendidos;
- As principais "forças", internas e externas, que pressionam a execução do orçamento; e
- As questões críticas associadas às relações entre o controle do orçamento e o aperfeiçoamento da mensuração e avaliação do desempenho organizacional.

Referências

ANTHONY, Robert. *Planning and control systems*. A framework for analysis. Boston, MA: Harvard University Press, 1965.

BARZELAY, Michael. *Strategy development as useful practical theories*. An expert — practitioner dialogue. 2007. Mimeografado.

____. *The new public management*. Improving research and policy dialogue. Berkeley: University of California Press; Russel Sage Foundation, 2001.
CHANDLER, Alfred D. *Strategy and structure*. Cambridge: MIT Press, 1962.
CUNHA, Armando. Reflexões sobre a adoção do "modelo genérico" de educação em administração: implicações para a formação, para a investigação e para a prática no campo da administração pública. *Revista de Administração e Emprego Público*, n. 2, p. 43-81, dez. 2015.
FERLIE, Ewan; GERAGHTY, Keith J. Professionals in public service organizations: implications for public sector reforming. In: ____; LYNN JR., Lawrence E.; POLLITT, Christopher (Ed.). *The Oxford handbook of public management*. Nova York: Oxford University Press, 2005. p. 422-445.
____; LYNN JR., Lawrence E.; POLLITT, Christopher (Ed.). *The Oxford handbook of public management*. Nova York: Oxford University Press, 2005.
FUKUYAMA, Francis. *A construção de Estados*. Governo e organização no século XXI. Rio de Janeiro: Rocco, 2004.
HITCH, Charles. *Decision making for defense*. H. Rowan Gaither lectures in systems science. Berkeley; Los Angeles, CA: University of California, 1965.
HOPWOOD, Anthony G. *Accounting and human behavior*. Englewood Cliffs, NJ: Prentice Hall, 1976.
JOUVENEL, Bertrand de. *The art of conjecture*. Nova York: Basic Books, 1967.
KETTL, Donald F. From intergovernmental to intersectorial. In: GUY, Mary; RUBIN, Marilyn. *Public administration evolving*. Nova York: Routledge, 2015. p. 18-38.
____. *The global public management revolution*. A report on the transformation of governance. Washington, DC: The Brookings Institution Press, 2000.
MOORE, Mark H. *Creating public value*. Strategic management in government. Cambridge, MA: Harvard University Press, 1995.
MOTTA, Paulo R. *Gestão contemporânea*: a ciência e a arte de ser dirigente. 13. ed. Rio de Janeiro: Record, 2002.
REZENDE, Fernando; CUNHA, Armando. *A reforma esquecida*. Orçamento, gestão pública e desenvolvimento. Rio de Janeiro: Editora FGV, 2013.
____; ____. *A reforma esquecida II*. Obstáculos e caminhos para a reforma do processo orçamentário. Rio de Janeiro: Editora FGV, 2014.
____; ____. *Disciplina fiscal e qualidade do gasto público*. Rio de Janeiro: FGV Editora, 2005.
____; ____; OTERO, Bevilacqua. Informação de custos e qualidade do gasto público: lições da experiência internacional. *Revista de Administração Pública*, Rio de Janeiro, v. 44, n. 4, p. 959-992, jul./ago. 2010.

RICHARDS, Sue. El paradigma del cliente en la gestión pública. *Gestión y Análisis de Políticas Públicas*, Madri, n. 1, p. 5-16, set./dez. 1994.

RUBIN, Irene; KELLY, Joanne. Budget and accounting reforms. In: FERLIE, Ewan; LYNN JR., Lawrence E.; POLLITT, Christopher (Ed.). *The Oxford handbook of public management*. Nova York: Oxford University Press, 2005. p. 563-590.

SCHULTZE, Charles L. *The politics and economics of public spending*. Washington, DC: The Brookings Institution, 1968.

SHICK, Allen. Performance budgeting and accrual budgeting: decision rules or analytic tools? *OECD Journal on Budgeting*, v. 7, n. 2, p. 109-138, 2007.

____. *The spirit of reform*: managing the New Zealand state sector in a time of change. Wellington, New Zealand: State Services Commission and the Treasury, 1996. Disponível em: <www.ssc.govt.nz>.

SMITHIES, Arthur. Conceptual framework for the program budget. In: NOVIK, David (Ed.). *Program budgeting*: program analysis and the federal budget. Boston, MA: Harvard University Press, 1965. p. 24-60.

SOUZA, Flávio R.; CUNHA, Armando. O planejamento estratégico como condicionante do processo de elaboração orçamentária no setor público: o caso das organizações da Marinha do Brasil. In: MOTTA, Paulo R.; SCHMITT, Valentina; VASCONCELLOS, Carlos A. (Ed.). *Desafios gerenciais em defesa.* Rio de Janeiro: FGV Editora, 2016. p. 103-126.

U. S. GOVERNMENT. *The analysis and evaluation of public expenditures*: the ppb system. A compendium of papers submitted to the subcommittee on economy in government of the Joint Economic Committee. Congress of The United States. Washington, DC: U.S. Printing Office, 1969.

UNITED NATIONS. Unlocking the human potential for public sector performance. *World Public Sector Report*. Nova York: United Nations, 2005.

WEICK, Karl E. *The social psychology of organizing*. Nova York: McGraw-Hill, Inc., 1979.

3 Utilidade da contabilidade pública: muito além do óbvio

Ricardo Lopes Cardoso
André Carlos Busanelli de Aquino

1. Introdução

Cada unidade orçamentária no setor público aplica os recursos que lhe são destinados para execução das ações que estão sob sua responsabilidade. O julgamento do desempenho, ou seja, da eficiência e efetividade com que os recursos foram empregados depende, entre outros fatores, do uso da informação produzida pela contabilidade pública. Portanto, nenhum gestor, legislador, jurista ou qualquer interessado na questão consegue emitir opinião fundamentada sobre o desempenho econômico de uma organização[1] sem fazer uso da informação contábil. É nesse contexto que o presente capítulo se propõe a estimular a reflexão sobre a importância da informação contábil como promotora de maior eficácia, eficiência, transparência e *accountability*[2] pública nos níveis macro e micro das ações governamentais.

---

[1] Neste capítulo, consideramos "organização" qualquer unidade na qual há um gestor responsável por recursos públicos que lhe são confiados para a prestação de serviços públicos ou qualquer outra forma de ação do Estado, por exemplo: tribunal de justiça, hospital público, escola pública, penitenciária, quartel do corpo de bombeiros, estação de tratamento d'água, tribunal de contas, tribunal eleitoral etc.

[2] *Accountability* tem sido de difícil tradução para o português (Campos, 1990), mas em resumo é o ato de dar transparência dos atos e recursos empregados, assim como responsabilizar os agentes por tais recursos, cumprimento da função esperada e obtenção do melhor desempenho, também em termos de eficiência e eficácia. Esse conceito, normalmente empregado para organizações públicas, se confunde com o conceito de *stewardship*, normal-

A contabilidade pública viabiliza a operacionalização do orçamento público e é o mecanismo de controle utilizado para monitorar a execução orçamentária e a situação fiscal do ente público. Isso é óbvio!

Algo que talvez não seja tão óbvio, mas que não é nenhuma novidade, é o fato de a contabilidade pública não se restringir à informação orçamentária e fiscal. Há outros ramos da contabilidade também aplicáveis às entidades do setor público, como a contabilidade patrimonial e a informação de custo. Embora seja tudo contabilidade, esses ramos têm algumas especificidades; a mais relevante é o destinatário da informação e o conteúdo informacional disponibilizado em seus relatórios.

A contabilidade orçamentária se dedica à estruturação e materialização do orçamento e ao controle da execução orçamentária. Seus principais relatórios são o orçamento (relação das receitas previstas e das despesas autorizadas), o balanço orçamentário e demais relatórios que comparam receitas previstas com arrecadadas e despesas autorizadas como empenhadas, liquidadas e pagas. Os relatórios fiscais se dedicam a monitorar os indicadores estabelecidos pela Lei de Responsabilidade Fiscal (LRF, Lei Complementar nº 101/2000) — como gastos com pessoal e endividamento; pela Constituição Federal — como gastos com saúde e educação; e demais normas que impõem limites fiscais aos gestores públicos. Já a contabilidade patrimonial tem como foco de estudo o patrimônio da entidade (seus ativos — isto é, os recursos que ela controla; e seus passivos — isto é, as obrigações que a entidade deve a terceiros), sua composição e sua variação ao longo do tempo. Os principais relatórios gerados pela contabilidade patrimonial são as demonstrações contábeis de propósito geral, isto é, relatórios elaborados com o fito de atender a uma ampla gama de usuários (*e.g.*, investidores e credores, potenciais e efetivos) que não têm condições de exigir a elaboração de relatórios para atender suas necessidades específicas de informação. Desse modo, tais relatórios são: balanço patrimonial, demonstração das variações patrimoniais, demonstração dos fluxos de caixa, demonstração das mutações do patrimônio líquido e as notas explicativas.

---

mente empregado no ambiente de contabilidade para organizações com fins lucrativos. *Stewardship* também tem difícil tradução, como citado na estrutura conceitual para elaboração e divulgação de relatório contábil-financeiro — IFRS (Iasb, 2010), mas pode-se dizer que é a ética em relação à conduta do gestor em planejar e gerenciar os recursos conforme esperado pelo principal.

O sistema contábil também pode gerar informações de custos e outras informações para decisões específicas. As informações de custos dos recursos consumidos na produção de bens e prestação de serviços (ou de qualquer outro objeto de custeio) são apresentadas em relatórios não universalmente padronizados, mas que devem atender às necessidades dos gestores interessados nessa informação.

A demanda por informação patrimonial e de custos não é nova no Brasil. A Lei nº 4.320/1964, que regulamenta o direito financeiro no setor público, já exigia

> o desenvolvimento de serviços de contabilidade que permitam o acompanhamento da execução orçamentária, o conhecimento da composição patrimonial, a determinação dos custos dos serviços industriais, o levantamento dos balanços gerais, a análise e a interpretação dos resultados econômicos e financeiros. [art. 85]

Porém esses dois ramos da contabilidade foram "pouco explorados" no setor público durante as quatro primeiras décadas de vigência da Lei nº 4.320, dado que os operadores da lei deram ênfase quase que exclusiva à informação orçamentária. Entretanto, a partir de 2008 o Ministério da Fazenda (MF) capitaneou o processo de reforma da contabilidade pública brasileira, alinhado com o movimento internacional de reforma da contabilidade governamental promovida pelo Fundo Monetário Internacional (FMI) e pelo Banco Mundial (BM) e orquestrada pela International Federation of Accountants (Ifac). O Brasil, diferentemente de alguns países como Portugal que aderiu à reforma como condição imposta pelo FMI, aderiu ao movimento de forma voluntária. Tal movimento no Brasil ficou conhecido como a "nova contabilidade pública". Então não é exagero dizer que a contabilidade patrimonial "ressurge" em 2009, em um novo cenário, apresentando aos gestores públicos da geração pós-LRF um novo conteúdo informacional para ser explorado pelos diversos atores no setor público.

Os autores deste capítulo concordam com Pollitt e Bouckaert (2011:77), quando tratam as mudanças na contabilidade pública como parte dos sistemas de gestão financeira de governos, como um desdobramento de esforços de modernização no setor público, como o New Public Management (ou New Public Financial Management). A reforma contábil não é um fim em si mesmo, mas um meio à reforma da gestão pública, inclusive da reforma orçamentária no âmbito das organizações. Portanto, este capítulo discute a geração e o uso da informação contábil a ser usada desde a preparação da informação de desempenho para ser utilizada pela camada política no macro-orçamento até a prestação de contas em relatórios de propósito geral ou nas recentes versões populares (*popular report*). Tal informação ainda poderia ser utilizada pela gestão interna nas unidades com espaço organizacional mais delimitado, no acompanhamento da execução do orçamento e no julgamento de desempenho das equipes de servidores na execução das políticas públicas, ou seja, no micro-orçamento. Independentemente da política pública escolhida no macro-orçamento, a execução do plano envolve a legalidade e a eficiência operacional; ambas são alvo da atenção do Controle Interno. A eficiência operacional complementa e potencializa a qualidade do gasto público, que *a priori* já foi delineada na decisão de políticas públicas no macro-orçamento. O capítulo ainda esclarece o que é a "nova contabilidade pública" e quais são as principais inovações por ela provocadas na utilidade (potencial ou efetiva) da informação contábil para a gestão e o controle de entidades públicas.

O restante do capítulo está organizado como segue. Na próxima seção apresentamos o que se entende por "nova contabilidade pública", suas características fundamentais e as vantagens e desvantagens da sua adoção. A seção seguinte apresenta alguns detalhes técnicos do regime de competência e de critérios de mensuração de ativos e passivos na contabilidade patrimonial. Finalmente, a última seção apresenta os potenciais usos da informação gerada pela "nova contabilidade pública" para diversos atores que atuam tanto no macro quanto no micro-orçamento, e suas implicações.

2. A reforma contábil: a "nova contabilidade pública"

O que se entende por "nova contabilidade pública" é o movimento de reforma que busca fazer com que o setor público elabore informação patrimonial e de custos, além das informações tradicionalmente elaboradas. O que é operacionalizado por meio da adoção de (i) um novo *plano de contas* padronizado para toda federação, (ii) um novo conjunto de *políticas contábeis*, ambos regulados no Manual de Contabilidade Aplicado ao Setor Público (MCASP), e (iii) pela adoção por parte de todo o governo central de um mesmo algoritmo utilizado para se extrair dados dos sistemas estruturantes e convertê-los em *informação de custos*, regulado pelo Manual de Informações de Custos do Governo Federal. As políticas contábeis propostas compreendem o regime de competência e alteração dos critérios de mensuração de ativos e passivos.

Portanto, as principais diferenças entre a informação patrimonial da "nova contabilidade pública" em relação à de outrora podem ser resumidas em: reconhecimento de mais itens patrimoniais (ativos e passivos), sua mensuração por outros critérios (não somente o custo histórico), implementação do regime de competência e elaboração de mais demonstrações contábeis (demonstração das mutações do patrimônio líquido e demonstração dos fluxos de caixa, além das notas explicativas). Ainda, a "nova contabilidade pública" possibilitaria generalizar a elaboração de informação de custos por todas as entidades do setor público e modificar a essência da informação patrimonial que vem sendo elaborada até mesmo antes da edição da Lei nº 4.320. Além de viabilizar melhoria da consolidação das contas nacionais, relatório conhecido como Balanço do Setor Público Nacional (BSPN), onde os saldos das contas da União, do Distrito Federal, dos 26 estados e dos 5.570 municípios são consolidados.

Origens da nova contabilidade pública: perspectiva internacional e doméstica

As finanças e a contabilidade pública no Brasil são reguladas desde 1964 pela Lei nº 4.320, que continua em vigor. A Nova Contabilidade Pública surgiu independente da alteração da Lei nº 4.320 e da Lei de Responsabilidade Fiscal (LRF, Lei Complementar nº 101/2000). Pois embora a LRF tenha introduzido alterações significativas na disciplina fiscal, ela promoveu poucas inovações na contabilidade pública (praticamente nenhuma na contabilidade patrimonial). A rigor, na questão contábil a LRF apenas reiterou exigências da Lei nº 4.320 que haviam sido ignoradas por quase quatro décadas (quadro 1).

Quadro 1
Exigências da Lei nº 4.320 reforçadas pela LRF

Uma dessas exigências da Lei nº 4.320 é a consolidação das demonstrações contábeis (LRF, art. 51), por esferas de governo e de toda federação. Os esforços desempenhados pela Secretaria do Tesouro Nacional (STN), a contar de 2001, para elaborar tal consolidação (*i.e.*, elaborar o balanço do setor público nacional), contribuíram para se perceber que as práticas contábeis adotadas pela União, pelo Distrito Federal, pelos 26 estados e milhares de municípios só eram razoavelmente comparáveis no que tange à informação orçamentária e financeira, mas sofrível em relação à informação patrimonial. A não comparabilidade prejudicava a relevância da informação contábil, posto que não se podia assegurar que o somatório de saldos apresentados no balanço do setor público nacional representasse a situação patrimonial nem o desempenho econômico-financeiro nacional. Não temos evidências de que a falta de comparabilidade da informação seja causa ou consequência (ou mesmo que esteja associada com), mas é fato que a informação patrimonial historicamente não tem sido percebida por analistas, gestores, reguladores e auditores como relevante.

Outra exigência reiterada pela LRF é a necessidade de a administração pública manter sistema de informação de custos (art. 50, §3º), o que começou a receber atenção sistemática por parte de diversos órgãos do governo central somente após o Tribunal de Contas da União (TCU) ter apresentado ressalva nesse sentido em seu relatório de aprovação das contas da Presidência da República relativas ao exercício de 2004. Ressalte-se que, seguindo a estratégia desenvolvida pelo MF de se elaborar a informação de custos a partir dos dados já registrados nos sistemas de informação preexistentes, a qualidade da informação de custos é significativamente afetada pela qualidade da contabilidade patrimonial implementada pelo órgão. Por exemplo, se a contabilidade patrimonial não reconhecer a depreciação do imobilizado e só reconhecer as despesas com 13º salário e férias quando essas remunerações forem efetivamente pagas aos servidores, a informação de custos dos bens produzidos e serviços prestados pelo ente estará incompleta e distorcida.

Portanto a "nova contabilidade pública" não tem suas origens na LRF, mas, apesar de o movimento ter suas origens no final da década de 1990 (Cardoso et al., 2015; Aquino e Batley, 2016), o marco regulatório é a Portaria MF nº 184/2008, que determinou à STN, órgão central do Sistema de Contabilidade Federal, que promovesse

> a convergência às Normas Internacionais de Contabilidade publicadas pela Ifac e às Normas Brasileiras de Contabilidade aplicadas ao Setor Público (NBCASP) editadas pelo Conselho Federal de Contabilidade (CFC), respeitados os aspectos formais e conceituais estabelecidos na legislação vigente.

Observe que as Normas Internacionais de Contabilidade citadas pela referida portaria são as *international public sector accounting standards* (Ipsas) elaboradas pelo International Public Sector Accounting Standards Board (Ipsasb), uma divisão da Ifac.

Benefícios da nova contabilidade pública

A "nova contabilidade pública" traz diversos efeitos na dinâmica da gestão dos ciclos orçamentários e patrimoniais. Em relação ao plano de contas, as principais vantagens são a consistência ao longo tempo e comparabilidade das informações geradas por todos os entes e por todas as suas organizações. Exceto pela maior atenção necessária à forma como a informação de custos é mensurada e utilizada, seu uso contribui à avaliação de desempenho por eficiência, como será tratado à frente no capítulo. Em contrapartida, a adoção do regime de competência e a mudança de critérios de mensuração trazem vantagens, mas também desvantagens (quadro 2).

Quadro 2
Vantagens e desvantagens do regime de competência
e de novos critérios de mensuração

Vantagens[(A)], possibilita:

(i) a elaboração da informação de custos de serviços e políticas públicas; aumento na ênfase ao controle de custos, à eficiência e produtividade; e consequente acréscimo de *accountability* no uso dos recursos públicos;

(ii) determinação de tarifas para serviços públicos;

(iii) avaliação técnica de escolhas como privatização, empréstimos etc.;

(iv) forçar a previsão de desembolsos para pagar obrigações que vencerão no futuro (passivos contingentes e atuariais);

(v) reconhecer o risco de inadimplência dos créditos tributários;

(vi) gerenciar a necessidade de reposição de equipamento (e demais imobilizados) pelo consumo do ativo.

Em última instância:

(vii) a mensuração do impacto das políticas públicas (além do efeito no orçamento) e demais decisões administrativas na posição patrimonial e financeira da entidade, captando impactos de longo prazo das decisões tomadas; e

(viii) que contribuintes avaliem as políticas públicas e a qualidade da gestão dos recursos públicos confiados aos gestores e, portanto, colabora com a transparência política e *accountability*.

Desvantagens[(B)]:

(i) deve-se ficar atento, pois as Ipsas foram geradas via adaptação de políticas contábeis desenvolvidas para organizações com fins lucrativos (as chamadas International Financial Reporting Standards (IFRS), elaboradas pelo International Accounting Standards Board (Iasb)), e há uma carência teórica nessa adequação, restando potenciais vieses de orientação ao lucro daquelas organizações; afinal, o setor público

▶

não é orientado à obtenção de lucro (superávit), logo, a variação do patrimônio não é um objetivo do setor público e não pode, consequentemente, ser uma medida relevante do desempenho;

(ii) no setor público o confronto de receitas com despesas é muito mais complexo que no setor privado. Posto que o setor privado é caracterizado pela reciprocidade entre bens e serviços recebidos e entregues e pagamentos feitos e recebidos, o *matching principal* é o cerne do regime de competência. No setor público, por sua vez, tal reciprocidade não é evidente; por exemplo, o setor público mantém diversos ativos não geradores de caixa, embora sejam potenciais geradores de serviços à sociedade; e o confronto de receitas e despesas é inviável na prestação de assistências e demais benefícios sociais.

(A) Anessi-Pessina e Steccolini (2007).
(B) Guthrie e Johnston (1994), Lewis (1995), Guhtrie (1998), Christiaens (1999), Monsen (2002).

3. O principal mote da nova contabilidade pública: o regime de competência

Tudo se resume à antecipação de fluxos de caixa futuros!

O objetivo imediato do regime de competência é viabilizar o reconhecimento de atos e fatos independentemente da realização financeira, mas no momento de ocorrência de transações e eventos econômicos. Portanto, podemos afirmar que a grande contribuição informacional do regime de competência é a sinalização dos fluxos futuros de caixa.

Pressupondo que a maior parte dos atores envolvidos na execução e controle da gestão pública no Brasil está familiarizada com o regime misto de arrecadação e empenho utilizado para acompanhamento da realização orçamentária e que também está familiarizada com o regime de caixa puro que eventualmente utiliza para monitorar suas finanças pessoais, a seguir apresentamos a comparação entre o regime de competência e os outros dois regimes mais amplamente difundidos (*i.e.*, caixa e misto).

Regimes de caixa *versus* competência *versus* misto

Pelo regime de caixa, como o nome sugere, as receitas e as despesas são reconhecidas quando ocorre o fluxo de caixa, isto é, a receita é reconhecida quando o dinheiro é recebido e a despesa quando o dinheiro é desembolsado; a rigor, pelo regime de caixa puro o único item patrimonial reconhecido seria o caixa.

Pelo regime de competência, também conhecido pelo termo "regime de competência de períodos", as receitas e despesas devem ser reconhecidas quando ocorre o evento econômico, independentemente do momento de realização financeira (impacto no caixa). Portanto, diversos são os itens patrimoniais reconhecidos além do caixa (p.ex.: créditos tributários, outros créditos a receber, estoque, imobilizado, salários e benefícios a pagar, fornecedores a pagar, outras contas a pagar, empréstimos, financiamentos etc.).

Pelo regime misto de arrecadação e empenho, as receitas são reconhecidas quando a receita orçamentária é arrecadada e a despesa é reconhecida quando da realização do ato administrativo de empenho.

Para ilustrar esses três regimes, considere a seguinte cronologia para identificar o momento de reconhecimento da receita de ISS por parte de uma prefeitura municipal:

- em 5 de janeiro uma oficina mecânica contribuinte do ISS foi contratada por determinado cliente para prestar um serviço: nessa data a prefeitura municipal não deve fazer qualquer registro relativo ao ISS, pois o fato gerador do tributo ainda não ocorreu;
- em 21 de janeiro essa oficina mecânica concluiu o serviço, devolveu o veículo ao cliente e emitiu a nota fiscal eletrônica de prestação de serviços: nessa data ocorreu o fato gerador do ISS e a prefeitura municipal tomou conhecimento desse fato por meio da emissão da nota fiscal eletrônica, logo, a prefeitura — *pelo regime de competência* — deve reconhecer em seu *sistema patrimonial* a receita de ISS;
- em 5 de fevereiro a oficina mecânica recolheu o ISS, mediante pagamento da guia de recolhimento em uma agência bancária, e o banco informou esse fato à administração fazendária do município: nessa data ocorreu a arrecadação do tributo, então — *pelo regime da arrecadação* — a prefeitura municipal deve reconhecer em seu *sistema orçamentário* a receita de ISS;
- em 7 de fevereiro o banco transferiu o montante do ISS arrecadado em 5 de fevereiro à conta única do município: nessa data ocorreu o ingresso de recursos no caixa da prefeitura. Portanto, o ente deve reconhecer

o *fluxo de caixa operacional* a ser apresentado na demonstração dos fluxos de caixa do município.

Em algumas situações percebemos que interlocutores confundem o regime de competência com o método das partidas dobradas, os quais são conceitos distintos (quadro 3).

Interessante observar que, não fosse pelo uso de técnicas "sofisticadas" de mensuração (p.ex.: ajuste a valor presente e a contabilidade a valor justo que veremos ao longo deste capítulo), o resultado apurado com base no regime de competência seria, no longo prazo, idêntico ao resultado apurado com base do regime de caixa. Em outras palavras, no longo prazo, o fluxo de caixa líquido gerado pela entidade se iguala ao fluxo de lucros que a entidade gera durante toda a sua vida (*i.e.*, desde a inauguração da entidade até o encerramento das atividades e liquidação dos ativos), pelo menos teoricamente (Iudícibus, 1998).

Quadro 3
Regime de competência e partidas dobradas

O regime de competência e o método das partidas dobradas são sinônimos?

O regime contábil (quer de caixa, competência ou misto) não se confunde com o método contábil adotado. O método contábil dominante na atualidade é o das partidas dobradas, segundo o qual cada transação ou evento é reconhecido de modo a identificar tanto a aplicação e a origem dos recursos. Portanto, de acordo com o método das partidas dobradas a prefeitura municipal do exemplo registraria os seguintes lançamentos contábeis, nas datas respectivas.

Na ocorrência do fato gerador, isto é, em 21 de janeiro, o município registraria a aplicação de recursos em Créditos Tributários a Receber (ISS) (uma conta de ativo, isto é, um direito do ente, conta 1.1.2.1.x.xx.xx)* e a origem dos recursos em Variação Patrimonial Aumentativa decorrente de Impostos (ISS) (uma conta de resultado, isto é, uma variação patrimonial, conta 4.1.1.x.x.xx.xx).

No momento da arrecadação, isto é, em 5 de fevereiro, o município faria três registros contábeis, sendo um de natureza orçamentária, outro de controle e outro de natureza patrimonial:

▶

- Registro de natureza orçamentária: aplicação correspondente à realização do crédito orçamentário em Receita a Realizar (ISS) (conta 6.2.1.1.x.xx.xx) e a origem da receita orçamentária em Receita Realizada (ISS) (conta 6.2.1.2.x.xx.xx).
- Registro de natureza de controle: aplicação correspondente à realização do crédito orçamentário em Receita a Realizar (ISS) (conta 7.2.1.1.x.xx.xx) e a origem da receita orçamentária em Receita Realizada (ISS) (conta 8.2.1.1.1.xx.xx).
- Registro de natureza patrimonial: aplicação de recursos em Caixa e Equivalentes de Caixa em Moeda Nacional — Receita Orçamentária Arrecadada em Fase de Recolhimento (uma conta de ativo, isto é, um direito do ente, conta 1.1.1.1.x.xx.xx) e a origem dos recursos Créditos Tributários a Receber (ISS) (uma conta de ativo, isto é, um direito do ente, conta 1.1.2.1.x.xx.xx).

Finalmente, no momento do recolhimento, isto é, em 7 de fevereiro, o município registraria o recebimento do numerário em seu saldo de conta-corrente, mediante a aplicação de recursos em Caixa e Equivalentes de Caixa em Moeda Nacional — Disponível (uma conta de ativo, isto é, um bem do ente, conta 1.1.1.1.x.xx.xx) e a origem dos recursos em Caixa e Equivalentes de Caixa em Moeda Nacional — Receita Orçamentária Arrecadada em Fase de Recolhimento (conta 1.1.1.1.x.xx.xx), demonstrando que a partir desse momento os recursos arrecadados em 5 de fevereiro estão efetivamente à disposição do ente público.

Observe que nas três datas o município reconheceu a aplicação e a origem dos recursos, o que os contadores chamam de débito (aplicação) e crédito (origem). Independentemente dos termos utilizados "débito e crédito" ou "aplicação e origem", o importante é que este é o método das partidas dobradas, exigido no Brasil desde 1808, mas efetivamente difundido somente após os esforços da Comissão das Partidas Dobradas de 1914 (Adde et al., 2014). Ressalte-se que o art. 86 da Lei nº 4.320/1964 reitera a exigência de adoção desse método. Portanto, a adoção do método das partidas dobradas não é uma inovação estabelecida pela "nova contabilidade pública", apesar de ser uma técnica por ela mantida.

* As contas apresentadas entre parênteses estão de acordo com o Plano de Contas Aplicado ao Setor Público (PCASP) elaborado pela STN e apresentado como parte integrante da sétima edição do MCASP.

Para simplificar a compreensão, pode-se afirmar que a consequência imediata da implementação do regime de competência diz respeito ao momento de reconhecimento do ativo, passivo, patrimônio líquido, variações patrimoniais aumentativas e variações patrimoniais diminutivas. As definições desses termos são apresentadas no quadro 4.

Quadro 4
Conceitos fundamentais da contabilidade patrimonial

Quais os conceitos de ativo, passivo, patrimônio líquido, variações patrimoniais aumentativas e variações patrimoniais diminutivas?

A seguir apresentamos os conceitos desses termos conforme são definidos na sétima edição do MCASP:

- Ativos são recursos controlados pela entidade como resultado de eventos passados. Recurso é um item com potencial de serviços ou com a capacidade de gerar benefícios econômicos. O controle do recurso envolve a capacidade da entidade em utilizar o recurso (ou controlar o uso por terceiros) de modo que haja a geração do potencial de serviços ou dos benefícios econômicos originados do recurso para o cumprimento dos seus objetivos de prestação de serviços, entre outros. (STN, 2016, parte II, item 2.1.1)
- Passivos são obrigações presentes da entidade, derivadas de eventos passados, cuja extinção deva resultar na saída de recursos da entidade. (STN, 2016, parte II, item 2.2.1)
- O patrimônio líquido é a diferença entre os ativos e os passivos. (STN, 2016, parte II, item 2.3)
- Variações Patrimoniais Aumentativas (VPA): correspondem a aumentos na situação patrimonial líquida da entidade não oriundos de contribuições dos proprietários. (STN, 2016, parte II, item 2.4.1.a)
- Variações Patrimoniais Diminutivas (VPD): correspondem a diminuições na situação patrimonial líquida da entidade não oriundas de distribuições aos proprietários. (STN, 2016, parte II, item 2.4.1.b)

▶

Buscando-se evitar confusão entre o reconhecimento contábil da receita pela contabilidade orçamentária com seu reconhecimento pela contabilidade patrimonial, a STN resolveu denominar a receita para fins da contabilidade patrimonial pelo termo "variação patrimonial aumentativa", e a despesa por "variação patrimonial diminutiva".

Origens do regime de competência na contabilidade pública brasileira

Como já mencionado, o marco legal da "nova contabilidade pública" brasileira é a Portaria MF nº 184/2008. Este não se confunde com o marco legal do regime de competência, que é anterior.

Mesmo internacionalmente o regime de competência não é a única solução recomendada para os países. O Ipsasb desenvolveu dois conjuntos concorrentes de Ipsas, um estruturado com base no regime de caixa e outro no regime de competência (este último é o que a Ifac encoraja ser implementado pelas jurisdições das economias desenvolvidas e em desenvolvimento).

A decisão de convergência às Ipsas pela Portaria MF nº 184/2008 não especifica a qual conjunto de Ipsas se deve convergir. As NBCASP também não são explícitas quanto à necessidade de se adotar o regime de competência na contabilidade pública brasileira, apesar de estar implícito em alguns trechos das normas emitidas pelo CFC. Já o MCASP elaborado pela STN em conjunto com a Secretaria do Orçamento Federal (SOF) não deixa dúvida. Desde a primeira edição do MCASP, composta pelos Manuais de Receita Nacional e de Despesa Nacional (Portaria Conjunta STN e SOF nº 3/2008), decidiu-se que:

> Art. 6º A despesa e a receita serão reconhecidas por critério de competência patrimonial, visando conduzir a contabilidade do setor público brasileiro aos padrões internacionais e ampliar a transparência sobre as contas públicas.
>
> Parágrafo único. São mantidos os procedimentos usuais de reconhecimento e registro da receita e da despesa orçamentárias, de tal forma que a apropriação patrimonial:
>
> I — não modifique os procedimentos legais estabelecidos para o registro das receitas e das despesas orçamentárias;

II — não implique necessariamente modificação dos critérios estabelecidos no âmbito de cada ente da Federação para elaboração das estatísticas fiscais e apuração dos resultados fiscais de que trata a Lei Complementar nº 101, de 2000; e

III — não constitua mecanismo de viabilização de execução de despesa pública para a qual não tenha havido a devida fixação orçamentária.

Esse princípio é reiterado nas edições posteriores do MCASP (atualmente está em vigor a sétima edição, Portaria STN nº 840/2016 e Portaria Conjunta STN e SOF nº 2/2016).

Interessante observar que não foi necessário alterar o conteúdo da Lei nº 4.320/1964 nem da LRF ou de qualquer outra lei para se implementar o regime de competência na contabilidade patrimonial. Bastou-se reinterpretar alguns dispositivos da Lei nº 4.320 (por exemplo: arts. 85, 94, 100, 104 e 105) e atentar para dispositivos da LRF (especificamente o art. 50, inciso II). Afinal, a Lei nº 4.320 exige que o serviço de contabilidade permita conhecer a composição patrimonial do ente, mantenha registros analíticos de todos os seus bens de caráter permanente e mensure as alterações da situação líquida patrimonial (inclusive as variações independentes da execução orçamentária); e a LRF exige que a despesa e a assunção de compromisso sejam registradas segundo o regime de competência.

Sendo o regime de competência o único que permitiria ao ente público reconhecer e apresentar em seu balanço patrimonial e demonstração das variações patrimoniais todos os elementos componentes de seu patrimônio e suas variações, portanto, é este o regime contábil patrimonial implícito na Lei nº 4.320.

Depreciação e perda por irrecuperabilidade

Como já visto, a contabilidade patrimonial trata do patrimônio do ente, e que este não se restringe ao caixa, mas abrange todos os seus ativos, inclusive os ativos não monetários (entre eles, o ativo imobilizado), e passivos. Afinal, além de caixa e equivalentes de caixa e outros ativos monetários, o imobilizado é extremamente significativo na estrutura patrimonial de qualquer ente público (*e.g.*, o imobilizado representava 14% do ativo total da União em 31/12/2013).

O imobilizado é o grupo de ativos que têm as seguintes características: são tangíveis; têm capacidade de gerar benefícios econômicos ou potencial de serviços por mais de um período; e são mantidos para uso na produção ou fornecimento de bens ou serviços, ou para fins administrativos. De acordo com a sétima edição do MCASP (parte II, item 5), o imobilizado deve ser inicialmente mensurado pelo custo de aquisição e subsequentemente a administração da entidade deve escolher entre o modelo do custo e o modelo da reavaliação.

Pelo modelo do custo, a entidade deve manter seu ativo imobilizado mensurado pelo custo histórico de aquisição ou construção (valor da mensuração inicial) menos a depreciação acumulada e a perda por irrecuperabilidade acumulada.

A depreciação pode ser entendida como o consumo do imobilizado, isto é, a alocação do seu custo de aquisição proporcionalmente à geração dos benefícios econômicos que dele se espera ao longo do tempo da sua vida útil. Portanto, para se determinar o valor da depreciação é necessário conhecer cinco variáveis:

- Custo de aquisição ou construção: que corresponde ao valor da mensuração inicial;
- Vida econômica: o total de benefícios econômicos que o imobilizado é capaz de gerar, independentemente de quem seja seu titular;
- Vida útil: parcela da vida econômica durante a qual a entidade pretende utilizar o imobilizado;
- Valor residual: valor pelo qual a entidade espera vender o imobilizado ao final de sua vida útil. Observe que, se a entidade pretender utilizar o imobilizado durante toda sua vida econômica, deve-se considerar o valor residual nulo; afinal, ao final da vida econômica o imobilizado é, por definição, reduzido à sucata, e o valor residual de sucata é imaterial.

Método de depreciação: há diversos métodos de depreciação; os mais comuns são o das cotas constantes e o dos benefícios gerados.

Em um exemplo hipotético, a União recebeu em 1º de janeiro de 2005 um porta-aviões usado de um contrato de aquisição firmado no ano anterior, ao custo de aquisição de R$ 100 milhões. À época, o Ministério da Defesa estimou que a vida econômica da embarcação seria de 80 anos, mas que, de acordo com a experiência, equipamentos como esse demandariam custos de manutenção muito significativos após completarem 50 anos de uso; então o Ministério da Defesa estimou o uso do equipamento pelos próximos 50 anos, quando o valor residual estimado seria de R$ 12 milhões. O método de depreciação por cotas constantes poderia representar razoavelmente o padrão de consumo do porta-aviões, a União deveria reconhecer depreciação anual desse navio em R$ 1.760.000/ano (isto é, R$ 100 milhões de custo de aquisição menos R$ 12 milhões de valor residual, divididos por 50 anos de vida útil). Portanto, em 31 de dezembro de 2005, ao completar seu primeiro ano de uso, esse equipamento deveria ser apresentado no balanço patrimonial da União por R$ 98.240.000 (isto é, R$ 100 milhões de custo menos R$ 1,76 milhão de depreciação acumulada); em contrapartida, a União reconheceria em sua demonstração das variações patrimoniais a depreciação nesse montante reduzindo o resultado do período. Ao completar o segundo ano de vida útil, em 31 de dezembro de 2006, deveria ser mensurado por R$ 96.480.000 (isto é, R$ 100 milhões de custo menos R$ 3,52 milhões de depreciação acumulada), posto que novamente o resultado do período seria diminuído em R$ 1,76 milhão.

Caso em 1º de janeiro de 2007 essa embarcação sofresse um dano físico ou fosse identificado outro indício de perda por irrecuperabilidade, a entidade precisaria apurar seu valor recuperável, que corresponde ao maior valor entre o "valor justo menos os custos para vender" e o "valor em uso".[3] Assim o Ministério da Defesa apuraria nessa data que o valor recuperável do porta-aviões seja R$ 93 milhões, e a União deveria reconhecer em sua demonstração das variações patrimoniais a perda de R$ 3,48 milhões para reduzir o valor contábil do imobilizado de R$ 96,48 milhões para R$ 93 milhões.

A depreciação e a perda por irrecuperabilidade têm em comum o fato de serem variações patrimoniais diminutivas que independem de execução orçamentária. Afinal, a depreciação e a perda não são despesas orçamentárias. Portanto, nenhum lançamento contábil é reconhecido na contabilidade orçamentária em relação a esses ajustes na mensuração subsequente do imobilizado. Entretanto, gastos que se façam necessários para reparar ou manter o imobilizado precisarão ser autorizados pela lei orçamentária e os atos de execução, liquidação e pagamento respectivos serão normalmente reconhecidos pela contabilidade orçamentária.

---

[3] Não vamos aqui entrar em detalhes sobre o cálculo do valor recuperável. Aos interessados no tema sugerimos a leitura do item 7.2 da sétima edição do MCASP e as Ipsas 21 e 26.

O quadro 5 apresenta algumas curiosidades do Balanço Geral da União (BGU) relativas ao ativo imobilizado.

Quadro 5
Curiosidades do BGU — ativo imobilizado

O saldo do imobilizado da União no balanço patrimonial de 31 de dezembro de 2013 totaliza R$ 661,8 bilhões (STN, 2014), montante 17% (119%) maior que o apresentado em 31 de dezembro de 2012 (2011) (CGU, 2013). Esse expressivo crescimento decorre principalmente no reconhecimento das rodovias e estradas que começaram a ser avaliadas pelo Departamento Nacional de Infraestrutura e Transportes a partir de 2012.

A partir de 2011 a STN começou a reconhecer a depreciação dos itens do ativo imobilizado da União de modo sistemático. Nesse ano a depreciação reconhecida na demonstração das variações patrimoniais foi de R$ 1,44 bilhão, montante 88% maior que o reconhecido em 2010. Já em 2013, graças ao reconhecimento de mais itens no ativo imobilizado e à generalização do reconhecimento da depreciação, essa despesa totalizou R$ 8,8 bilhões.

Não identificamos no BGU 2013 o reconhecimento de qualquer perda por irrecuperabilidade relacionada com o ativo imobilizado; pelo menos não há menção a isso nas notas explicativas.

No BGU 2017 (STN, 2018) o ativo imobilizado já somava R$ 1.142,00 bilhões, já líquido das perdas por irrecuperabilidade de R$ 0,2 bilhão e de depreciação acumulada de R$ 21,2 bilhões. Nesse ano a despesa de depreciação totalizou R$ 5,2 bilhões.

Provisões e contingências passivas

As provisões são obrigações com prazo e/ou valor incertos. Pelo regime de competência a entidade deve reconhecer passivos mesmo quando tiver dúvida quanto à data de pagamento e/ou ao montante a ser pago; desde que a obrigação atenda a definição de passivo (*i.e.*, se tratar de uma obrigação no momento presente, ou seja, na data da demonstração contábil; e for esperada a saída de recursos para liquidar a obrigação). O uso do termo "provisão" serve para identificar entre os passivos apresentados no balanço patrimonial aqueles que a entidade tem dúvidas quanto ao prazo e/ou montante daqueles sobre os quais não pesa qualquer dúvida. Quando não houver mais dúvidas quanto ao prazo ou ao valor a ser pago, a entidade deve reclassificar a provisão para uma conta de "obrigações a pagar", ambas apresentadas no passivo.

As contingências passivas, por sua vez, são caracterizadas em três circunstâncias:

(i) Obrigação possível cuja confirmação depende da ocorrência ou não de evento futuro não controlável pela entidade;

(ii) Obrigação presente cuja liquidação não se espera que resulte em saída de recursos da entidade; e

(iii) Obrigação presente para a qual a entidade não consegue estimar o valor a ser pago.

A contabilização das contingências passivas caracterizadas no item (i) anterior como itens do passivo no balanço patrimonial da uma entidade depende da avaliação feita quanto à probabilidade de saída de recursos econômicos para honrar tais obrigações. Caso se estime em *provável* a saída de caixa para honrar tal obrigação, ela deve ser imediatamente reconhecida na demonstração das variações patrimoniais como despesa (variação patrimonial diminutiva) em contrapartida do passivo (no balanço patrimonial). Caso se estime como *possível* a saída de caixa para honrar tal obrigação, ela não deve ser reconhecida contabilmente, mas somente divulgada em notas explicativas. Finalmente, caso seja considerada *remota* a saída de caixa para honrar tal obrigação, ela não deve ser reconhecida contabilmente nem divulgada em notas explicativas.

Alguns exemplos de provisões e contingências passivas destacadas no MCASP são aquelas para riscos trabalhistas, riscos fiscais e riscos cíveis. Todas essas são muito semelhantes às provisões reconhecidas pelas entidades do setor privado, e devem ser reconhecidas mesmo antes de a respectiva decisão judicial ter transitado em julgado; basta que o ente reconheça, com base nas provas e na jurisprudência, que existe obrigação presente (ou possível com alta probabilidade de ser confirmada em decisão judicial) na data do balanço.

O MCASP também realça duas provisões específicas do setor público. A provisão para repartição de créditos tributários, relacionados com os créditos tributários reconhecidos no lançamento por parte do agente arrecadador, a serem repartidos com outros entes da federação; na arrecadação, essa provisão será revertida em conta específica de passivo. E a provisão para riscos decorrentes de contratos de Parcerias Público-Privadas (PPP), ou seja, relacionados com os riscos de demanda, construção, disponibilidade ou outros riscos decorrentes de contratos de PPP (na perspectiva do parceiro público).

Sabendo-se que provisões são passivos sobre os quais pesam dúvidas quanto à data de vencimento e/ou ao montante a ser pago, é necessário o exercício de julgamento profissional para se determinar seu valor, o que pode envolver o uso de técnicas estatísticas; e se a data esperada de pagamento for a longo prazo, dever-se-á descontar a esperança de pagamento futuro a valor presente.

O quadro 6 apresenta algumas curiosidades do BGU relativas às provisões.

Quadro 6
Curiosidades do BGU — provisões e contingências passivas

No balanço patrimonial da União relativo ao exercício encerrado em 31 de dezembro de 2013 o valor das provisões totaliza R$ 33,5 bilhões, sendo R$ 9,4 bilhões de curto prazo e R$ 24,1 bilhões de longo prazo (STN, 2014). Esse montante é 14% maior que o apresentado um ano atrás (CGU, 2013). Contudo, 13% menor que o montante apresentado em 2011.

Ainda assim, segundo o Relatório e Parecer Prévio sobre as Contas do Governo da República relativas ao exercício 2013 elaborado pelo Tribunal de Contas da União (TCU), o montante das provisões reconhecido pela União estaria subavaliado em aproximadamente R$ 780 bilhões, em decorrência do não reconhecimento de provisões relativas a demandas judiciais contra a União (TCU, 2014, item 5.2.3).

Já no BGU de 2014 (CGU, 2015) foram apresentadas provisões e contingências passivas que totalizavam R$ 939,56 bilhões, todas relativas a processos judiciais nos quais a União figurava no polo passivo; entre elas, as principais eram de natureza tributária e contra a administração direta.

No BGU 2017 (STN, 2018), as provisões somavam R$ 1.710,45 bilhão, dos quais R$ 55,7 bilhões são provisões de curto prazo.

Benefícios a empregados

As obrigações decorrentes de benefícios a empregados, em grande parte, são provisões (obrigações com prazo ou montante incerto). Entretanto, há especificidades que justificam sua apresentação separada; principalmente no que diz respeito aos benefícios previdenciários.

De modo geral, os direitos trabalhistas e previdenciários dos servidores públicos do regime próprio de previdência social são razoavelmente semelhantes entre si (sejam eles municipais, estaduais, distritais ou federais). Eles têm direito ao salário mensal, ao 13º salário, às férias anuais remuneradas e adicional de férias, e quando completam determinadas condições têm direito à aposentadoria remunerada.

Embora as despesas orçamentárias sejam reconhecidas quando essas verbas são executadas, liquidadas e pagas, o que normalmente ocorre no início do ano ou no mês de pagamento dos salários ao servidor, na contabilidade patrimonial as respectivas variações patrimoniais diminutivas devem ser reconhecidas pelo regime de competência no mês de sua referência, não no mês de pagamento, tampouco integralmente no início do ano. Portanto, em janeiro o ente precisa reconhecer como variação patrimonial diminutiva as contrapartidas dos passivos relativos: ao salário de janeiro, mesmo que só seja pago efetivamente ao servidor em fevereiro; um duodécimo correspondente à apropriação do 13º salário, mesmo que só seja pago efetivamente ao servidor no final do ano; e 1/12 correspondente à apropriação do adicional de férias, mesmo que só seja pago efetivamente ao servidor quando este gozar as férias. Além disso, o ente também deveria estimar as obrigações decorrentes do regime próprio da previdência para reconhecer no passivo as provisões matemáticas previdenciárias (*i.e.*, a diferença a maior entre os valores provisionados pelos RPPS para fazer face à totalidade dos compromissos futuros do plano para com seus servidores e dependentes e as contribuições correspondentes, que excederem o valor justo dos ativos do plano; também conhecida como passivo atuarial), em contrapartida da variação patrimonial diminutiva, mesmo que a serem pagas somente no longo prazo.

O quadro 7 apresenta algumas curiosidades do BGU relativas a benefícios a empregados — benefícios pós-emprego, especificamente relativas ao RPPS.

Quadro 7
Curiosidades do BGU — provisões matemáticas previdenciárias do RPPS

A União apresentou em seu balanço patrimonial de 31 de dezembro de 2013 o patrimônio líquido pelo montante de R$ 1,182 trilhão (CGU, 2013). Entretanto, o TCU constatou que não foram reconhecidos os passivos atuariais dos regimes próprios de previdência social de servidores civis e militares, de modo que o passivo não financeiro da União estava subestimado e seu patrimônio líquido estava superestimado em pelo menos R$ 1,1 trilhão (TCU, 2013, item 5.2.3).

No BGU 2017, a União apresentou R$ 1,2 trilhão de provisões matemáticas previdenciárias no passivo não circulante, relativas ao RPPS dos servidores civis.

Além de determinar o momento de reconhecimento de itens patrimoniais e suas variações, a adoção do regime de competência também pode afetar as políticas de mensuração de ativos e passivos, e consequentemente promover demanda por informações a serem prestadas por meio de notas explicativas. Contudo, as políticas de reconhecimento e mensuração de ativos e passivos não se confundem com o regime de competência, mas no contexto da nova contabilidade pública são consequências da adoção do regime de competência.

Política de reconhecimento de ativos e passivos

Uma questão extremamente relevante suscitada na implantação inicial do regime de competência na nova contabilidade pública brasileira diz respeito à identificação dos itens que compõem o patrimônio do ente. Vejamos alguns exemplos de ativos e passivos que começamos a reconhecer na contabilidade patrimonial a partir da implementação do regime de competência.

Quando se reconhecia a receita tributária na contabilidade patrimonial seguindo o regime de arrecadação utilizado na contabilidade orçamentária, não se apresentavam no balanço patrimonial os "créditos tributários a receber". Da mesma forma, quando se reconhecia a despesa com pessoal na contabilidade patrimonial seguindo o regime de empenho, liquidação e pagamento utilizado na contabilidade orçamentária, não se apresentava no balanço patrimonial grande parte das obrigações com "pessoal a pagar" e "benefícios previdenciários a pagar".

Conforme já citado, o ativo imobilizado da União vem sofrendo aumentos significativos desde que se começou a implementar o regime de competência, principalmente a partir de 2011. Antigamente o ente público adquiria ou construía um item do ativo imobilizado e sua contabilização se restringia aos aspectos orçamentários (execução, liquidação e pagamento da despesa de capital). Por conseguinte, ao se implementar o regime de competência foi necessário realizar inventários físicos do patrimônio; procedimento que resultou no relatório das "sobras físicas" (*i.e.*, itens que existem fisicamente no patrimônio do ente, mas que não constam no cadastro contábil) e "sobras patrimoniais" (*i.e.*, itens que embora contabilizados não existem de fato, ou não foram localizados no ente). Exemplos de sobras físicas identificadas no patrimônio da União em 2012 são as estradas e rodovias; sabemos que a BR-101 existe e onde está localizada, mas não havia sido contabilizada no BGU até 2012. Exemplo de sobra patrimonial no balanço de uma prefeitura municipal poderia ser o portão de ferro fundido originalmente instalado na portaria de um zoológico municipal quando de sua inauguração (no século XIX), provavelmente esse portão não mais existe e eventualmente ainda compõe o saldo do ativo imobilizado do ente.

Além dos ativos de infraestrutura que estão sendo reconhecidos no imobilizado, os entes também podem decidir reconhecer os demais ativos de uso comum (como parques, praças públicas, praias e lagoas) e itens do patrimônio cultural (sejam tangíveis, como monumentos públicos, ou intangíveis, como o samba e o folclore). Ocorre que não há consenso no reconhecimento desses itens. Há pelo menos duas grandes questões a serem analisadas: (i) qual o critério adequado para mensuração confiável desses itens no patrimônio dos entes públicos?; e (ii) qual a relevância dessa informação?

O quadro 8 apresenta algumas curiosidades internacionais sobre a política de mensuração de ativo.

Quadro 8
Curiosidades internacionais

Curiosidades relacionadas com a consolidação das contas do governo britânico: "[...] o balanço patrimonial consolidado [do Reino Unido] também reflete o valor corrente dos ativos físicos, desde estradas, o estádio olímpico de 2012 e Stonehenge" (Hughes, 2011).

Adicionalmente à polêmica quanto ao reconhecimento de ativos de uso comum e do patrimônio cultural, também há polêmicas quanto ao reconhecimento de alguns passivos, como o déficit atuarial do regime geral de previdência social (RGPS).

Já foi comentado que a União demorou a reconhecer o déficit atuarial do RPPS e, caso o fizesse, o patrimônio líquido apresentado no BGU de 2013 teria sido um valor virtualmente nulo ou até mesmo negativo, conforme salientado pelo TCU. Entretanto, a União também não reconhece até hoje o déficit atuarial do RGPS.

Em junho de 2018, o Ipsasb decidiu que o reconhecimento de obrigações relativas ao RGPS (chamadas pelo Ipsasb de *social benefits*) deve se limitar ao valor a ser pago no mês imediatamente subsequente, pois — na visão do Ipsasb — a obrigação de pagar pensões e aposentadorias depende de o beneficiário estar vivo, o que é identificado mensalmente.

O quadro 9 apresenta algumas curiosidades do BGU relativas ao RGPS.

Quadro 9
Curiosidades do BGU — provisões matemáticas previdenciárias do RGPS

A LRF (art. 4º, §2º, inc. IV) exige que seja apresentado em anexo à Lei de Diretrizes Orçamentárias uma avaliação da situação financeira e atuarial dos regimes geral de previdência social e próprio dos servidores públicos e do Fundo de Amparo ao Trabalhador e dos demais fundos públicos e programas estatais de natureza atuarial.

▶

Com base nas projeções financeiras e atuariais do RGPS elaborado pelo Ministério da Previdência Social em março de 2014 para o período de 37 anos compreendidos entre 2014 e 2050, identificamos que "a necessidade de financiamento prevista do RGPS que, em 2014, situar-se-á em torno de R$ 40,077 bilhões, deverá atingir, em 2050, o patamar de R$ 3.159,804 bilhões, equivalente a 6,39% do PIB" (MPS, 2014:28). Essas estimativas são influenciadas pelas premissas atuariais consideradas pelos técnicos do Ministério, tais como: massa salarial, crescimento vegetativo, taxa de inflação, variação real do PIB, reajuste do salário mínimo e reajuste dos demais benefícios. Entretanto, dois fatores são os principais responsáveis pelo significativo aumento do déficit atuarial no período analisado: o aumento da expectativa de sobrevida da população e a diminuição da taxa de fecundidade.

Ora, o Ministério da Previdência Social já consegue fazer estimativas razoavelmente confiáveis das obrigações relativas ao RGPS a serem pagas anualmente até 2050; esse fluxo de déficits atuariais totaliza R$ 30,2 trilhões. Portanto, é provável que dentro de poucos anos o BGU apresente o valor presente desse déficit atuarial. Se descontarmos o fluxo de déficits futuros à taxa de 6% ao ano, apuraríamos o valor presente da provisão matemática previdenciária do RGPS em aproximadamente R$ 6,07 trilhões.*

Se a União reconhecesse o valor presente do déficit atuarial (*i.e.*, provisões matemáticas previdenciárias) do RPPS e do RGPS em seu BGU de 2013, o patrimônio líquido apresentado reduziria de R$ 1,182 trilhão para um passivo a descoberto de aproximadamente R$ 5,988 trilhões.

* O relatório do Ministério da Previdência não desconta o fluxo de déficits a valor presente. A taxa de desconto foi arbitrariamente determinada pelos autores (MPS, 2014).

Política de mensuração de ativos e passivos

Antes de se implantar a "nova contabilidade pública", os ativos e passivos apresentados no balanço patrimonial do setor público eram quase que exclusivamente mensurados pelo custo histórico (*i.e.*, pelo valor da transação, isto é, o valor da construção ou aquisição). Com a implantação da nova contabilidade pública, itens significativos do ativo e do passivo do ente público passaram a ser mensurados por outros critérios de mensuração. Vejamos alguns exemplos.

Os itens identificados como "sobras físicas" nos levantamentos do patrimônio realizados por diversos entes públicos foram incorporados ao ativo imobilizado pelo chamado "valor justo" do bem na data de seu reconhecimento. Nesses casos, o valor justo foi atribuído como sendo o custo da sobra física no momento de seu reconhecimento. Observe que, segundo o MCASP, "valor justo" (*fair value*) "é o valor pelo qual um ativo pode ser intercambiado [transacionado] ou um passivo pode ser liquidado entre partes interessadas que atuam em condições independentes e isentas ou conhecedoras do mercado" (STN, 2016, parte II, item 3.1). Portanto, o valor justo é um valor de saída, o valor pelo qual o ente poderia vender o ativo no mercado. Sabendo-se que os entes públicos são sujeitos a significativas restrições para vender grande parte dos itens de seu ativo (principalmente do ativo imobilizado), o MCASP apresenta expedientes práticos para se determinar o valor justo, inclusive que seja determinado com base no custo de reposição, isto é, "custo mais econômico exigido para a entidade substituir o potencial de serviços de ativo [...] na data do relatório" (STN, 2016, parte II, item 3).

Já vimos que, após o reconhecimento, o imobilizado deve ser mensurado pelo modelo do custo ou pelo modelo da reavaliação. O modelo do custo é uma variação do critério de mensuração pelo custo histórico, afinal, o custo de aquisição é ajustado pela depreciação e pela perda por irrecuperabilidade. Também já vimos que para se apurar o montante da perda por irrecuperabilidade é necessário determinar o valor recuperável, que corresponde ao maior valor entre o "valor justo menos os custos para vender" e o "valor em uso". Diferentemente do valor justo, que é um valor de saída determinado conforme as perspectivas do mercado, o valor em uso é uma estimativa intrínseca à entidade, que deve refletir o valor presente das expectativas da administração da entidade em relação aos benefícios futuros ou potencial de serviços que o ativo é capaz de gerar ao longo de sua vida útil.

Alternativamente, a entidade pode decidir mensurar seu imobilizado pelo modelo da reavaliação, ou seja, periodicamente substituir o valor contábil dos itens do imobilizado por seu valor justo na data da reavaliação. Portanto, existe uma miríade de critérios de mensuração para o ativo imobilizado. O imobilizado que via de regra é mensurado inicialmente pelo custo de aquisição (*i.e.*, custo histórico) pode ser mensurado inicialmente pelo valor justo, se na data de reconhecimento for identificado que se trata de uma "sobra física". Subsequentemente, o imobilizado pode ser mensurado por uma variação do custo histórico (*i.e.*, custo menos depreciação acumulada), ou pelo valor presente da expectativa de benefícios futuros (se tiver sido reconhecida perda por irrecuperabilidade, sendo o valor recuperável determinado por meio do valor em uso), ou pelo valor justo menos custos para vender (se tiver sido reconhecida perda por irrecuperabilidade, sendo o valor recuperável determinado por meio do valor líquido de realização), ou, ainda, pelo valor justo (se a administração da entidade decidir pelo método da reavaliação). Ressalte-se que o mesmo se aplica ao ativo intangível.

Com relação aos ativos monetários (p.ex.: créditos tributários a receber, clientes a receber, empréstimos e financiamentos concedidos, inclusive créditos inscritos em dívida ativa), como a entidade está sujeita à inadimplência do devedor, o valor contábil desses créditos a receber é ajustado pela "perda esperada com créditos de liquidação duvidosa". Portanto, a administração da entidade precisa estimar, com base no perfil de risco dos devedores e/ou com base no histórico de inadimplência, o montante que efetivamente espera realizar desses créditos a receber; e caso o prazo de financiamento seja significativo, é necessário descontar o valor contábil desses créditos a valor presente.

De modo semelhante, a administração da entidade deve estimar o montante que efetivamente espera pagar para liquidar suas provisões; e caso o prazo de financiamento seja significativo, é necessário descontar o valor esperado da saída de caixa para liquidar essas obrigações a valor presente. Esse mesmo princípio também se aplica às provisões matemáticas previdenciárias do RPPS; ocorre que nesses casos a estimativa do montante que se espera pagar envolve a consideração de diversas premissas e estimativas atuariais sobre o desempenho futuro da economia, da composição e estrutura da sociedade e outras variáveis. Além disso, caso o regime de previdência tenha um ativo garantidor (*i.e.*, lastro financeiro também chamado de ativos do plano), é necessário determinar o valor justo desses ativos para se apurar o déficit (ou superávit) do plano.

Informações a serem apresentadas em notas explicativas

Em função da subjetividade envolvida na realização de estimativas e julgamentos profissionais necessários ao reconhecimento de transações e eventos pelo regime de competência e a mensuração de ativos e passivos por critérios diferentes do custo histórico (*i.e.*, valor da transação), as demonstrações contábeis precisam ser complementadas por informações disponibilizadas em notas explicativas.

De modo geral, as notas explicativas servem para descrever as principais atividades e riscos da entidade, suas políticas contábeis e, principalmente, as estimativas e premissas mais relevantes relacionadas com os julgamentos contábeis, bem como os principais fatores de incerteza ao se fazerem tais estimativas.

Com relação ao imobilizado, a entidade precisa explicar: qual a política contábil escolhida para mensuração subsequente: o modelo do custo ou o de reavaliação; quais as premissas utilizadas para estimar a vida útil, o valor residual, o método de depreciação que melhor representa o perfil de consumo do imobilizado e para decidir se a depreciação deve ser apurada para cada item do imobilizado (p.ex.: aeronave) ou para seus componentes relevantes (p.ex.: turbinas e fuselagem da aeronave, separadamente); quais os procedimentos para investigar se houve indício de perda, e, se houve, é necessário explicar como se determinou o valor recuperável do imobilizado e os riscos envolvidos nessa avaliação. Se a entidade escolher pelo método de reavaliação, é necessário explicar a periodicidade na qual fará novas avaliações e as premissas utilizadas para se estimar o valor justo. Também é fundamental descrever os itens do imobilizado que foram entregues a credores como garantia de dívidas.

Com relação aos ativos monetários, é necessário descrever as políticas contábeis de mensuração, bem como as premissas adotadas para se avaliar o risco de inadimplência e mensurar a perda esperada com créditos de liquidação duvidosa. Caso o financiamento seja a longo prazo, é fundamental que a entidade explique como determinou a taxa de desconto.

Tanto para as perdas esperadas com créditos de liquidação duvidosa dos ativos monetários quanto para as perdas por irrecuperabilidade do imobilizado, é necessário que a entidade evidencie se o valor recuperável foi estimado para cada ativo isoladamente ou se para um conjunto de ativos (p.ex.: unidade geradora de caixa).

Com relação às provisões (inclusive provisões matemáticas previdenciárias), é fundamental evidenciar as características da obrigação e as dúvidas relacionadas com o prazo ou ao montante a ser pago. Neste caso, a entidade precisa descrever as premissas e os riscos associados à estimativa do montante a ser pago para se liquidar a obrigação; e caso o pagamento seja diferido por prazo significativo, é necessário explicar como que se determinou a taxa de desconto utilizada para se apurar o valor presente da provisão.

No que tange ao reconhecimento de receitas (variações patrimoniais aumentativas – VPA), principalmente das receitas tributárias, a entidade precisa evidenciar sua compreensão quanto ao momento de reconhecimento (*i.e.*, a identificação de que ocorreu o fato gerador do tributo) e as incertezas associadas a esse julgamento. Note que em algumas circunstâncias a entidade não consegue estimar o montante da VPA no momento de ocorrência do fato gerador. Por exemplo, o fato gerador do imposto de transmissão *causa mortis* tem como fato gerador o óbito da pessoa que deixa herança. Entretanto, normalmente só se consegue determinar o montante do imposto a ser recolhido pelos herdeiros após a conclusão do inventário, que normalmente só ocorre anos após o óbito. Portanto, pela dificuldade de mensuração, o ente público só consegue reconhecer a VPA do imposto de transmissão na conclusão do inventário.

4. Uso da informação contábil na gestão organizacional: o micro-orçamento

A primeira questão a orientar a discussão do uso da informação contábil é onde ela seria aplicada, por quem, em que contexto, e com qual finalidade? Essas questões podem ser abordadas de muitas formas, e a aqui aplicada não pretende ser exaustiva e muito menos definitiva.

Allen Schick (2001), em relatório para a OECD, apresenta inovações no processo orçamentário, que ele classifica em três tipos, relativas ao: macro-orçamento, à distribuição e ao micro-orçamento. O autor relaciona tais tipos com a estrutura em três níveis proposta pelo Banco Mundial a respeito das funções centrais do orçamento: disciplina fiscal, eficiência alocativa e eficiência operacional. Enquanto o macro-orçamento lida com o orçamento agregado e a busca da disciplina fiscal, as questões de distribuição tratam das decisões de alocação de custos e benefícios, e o micro-orçamento trata da operação de programas e agências. Irene Rubin (1988) reafirma que as questões do macro-orçamento com decisões de alto nível a respeito de despesas e receitas, consideração da dívida consolidada e da distribuição dos recursos, que em geral são feitas *top-down*, enquanto o micro-orçamento lida com decisões de nível intermediário, ao nível de programas e agências.

O Brasil vem passando por uma reforma orçamentária, em uma transição de um orçamento por função, baseado em recursos (*line-item budgeting*), para um orçamento-programa (*planning programming bugdeting*), baseado em resultado (*performance-based*). As implicações dessas reformas são variadas para todo o ciclo de gestão financeira, e a informação contábil está intrinsecamente ligada à boa implantação dessas reformas.

Nesta seção, o foco é o micro-orçamento. Portanto, não é nosso objetivo relacionar a contabilidade com decisões de alto nível de governo, seja na esfera federal, estadual ou municipal. Por exemplo, as decisões de longo prazo de conteúdo de plano de governo que embasam o PPA, assim como a cada ano as decisões que subsidiam as metas fiscais expressas na LDO, ou a alocação de recursos por secretarias e programas, que são questões macro e de eficiência alocativa. Porém, a partir do momento que gestores são informados dos recursos alocados a suas pastas, se inicia o que entendemos aqui ser o micro-orçamento, que envolve a execução e o controle do orçamento, cujo principal objetivo seria idealmente a eficiência operacional. Contudo, o foco se restringe ao acompanhamento da legalidade do gasto de acordo com o previsto na LOA e na legislação fiscal. Não obstante o foco no micro-orçamento, buscando facilitar a compreensão da relevância da informação contábil, por vezes são apresentados comentários relativos a seu uso no macroprocesso orçamentário.

A contabilidade, como um sistema de informação, oferece uma base de expectativas sobre o futuro desempenho econômico-financeiro de uma organização (momento *ex ante*) e permite a comparação do desempenho ocorrido em relação à expectativa (momento *ex post*).[4] Permite que os agentes de uma organização planejem e controlem o uso dos recursos e o desempenho obtido. Permite também que agentes externos à organização, como organizações sociais e imprensa, exerçam a *accountability*. Isso aconteceria pelo acompanhamento tanto do emprego de recursos quanto do desempenho obtido, ou ao final na prestação de contas. Assim, os gestores das organizações do setor público seriam responsabilizados pela qualidade da gestão dos recursos confiados à administração. Tais organizações externas poderiam ser vistas como intermediárias da informação contábil (ou *brokers*), que traduziriam, interpretariam essa informação contábil à sociedade em geral. Assim, o cidadão acessaria essas interpretações e análises para exercer seu controle social, pois seria menos provável fazê-lo diretamente como usuário da infor-

[4] Broadbent e Laughlin (2013:10). O valor preditivo e o valor confirmatório são apresentados pela Estrutura Conceitual para Elaboração de Relatórios Financeiros de Propósito Geral por Entidades do Setor Público como atributos da relevância da informação contábil (Ipsasb, 2014, itens 3.6-3.9).

mação dado o nível de especialização requerido para isso. Assim, institutos de pesquisa, ONGs e a mídia o auxiliariam ao interpretar informações sobre o emprego de recursos e desempenho de tais organizações. As próprias organizações podem facilitar esse processo, emitindo complementarmente versões de mais fácil acesso ao grande público, os conhecidos Relatórios Populares (*Popular Report*), que não devem ser confundidos com versões resumidas ou sintéticas dos relatórios gerais, que continuam repletas de jargões técnicos. Mas também Tribunais de Contas e demais organizações de outras esferas do governo que possuem função constitucional de controle e monitoramento, ou ainda interesse em transações com tais organizações.

Repete-se, regime de competência: *Tudo se resume à antecipação de fluxos de caixa futuros!*

Com isto queremos dizer que a grande contribuição do regime de competência é evidenciar no *momento presente* os potenciais impactos *futuros* das escolhas feitas pelo gestor público no *passado*. Assim, evidencia-se sua responsabilidade pelas consequências das decisões tomadas em sua gestão, mesmo que os respectivos desembolsos só ocorram durante as gestões futuras. Por outro lado, a não adoção do regime de competência pode induzir gestores a não considerarem em seus processos decisórios os comprometimentos de caixa deixados aos gestores subsequentes. Portanto, a grande contribuição do regime de competência está associada ao conceito de *accountability* (ver nota de rodapé 2), pois amplia a percepção da responsabilização da gestão atual e aumenta a transparência dos atos do atual governo (já que transparência vai além de reduzir a opacidade da administração, mas representa o real desempenho das escolhas feitas). Afinal, o regime de competência, também conhecido como "regime de competência de períodos", permite a identificação da variação do valor de ativos e passivos em cada período; como é facilmente identificável o gestor responsável pela gestão dos recursos públicos em cada período, o "regime de competência de períodos" permite identificar as consequências dos atos e demais decisões desse gestor no desempenho da entidade, durante seu mandato.

Atores do ciclo financeiro e a informação contábil

No Brasil atualmente temos um modelo de orçamento-programa em que governos e suas autarquias, órgãos do poder judiciário e legislativo devem prever a alocação dos recursos a eles autorizados em programas.[5] Assim os ciclos de gestão fiscal e patrimonial operam segundo essa estrutura de responsabilização. Enquanto se espera conhecer o desempenho dos programas e ações, também se espera conhecer o desempenho das unidades administrativas que são responsáveis por ativos e passivos que não necessariamente estão sendo considerados na gestão de desempenho de programas e ações. Então, a contabilidade no setor público brasileiro deve operar/fornecer informações para a (i) gestão fiscal-orçamentária e (ii) gestão patrimonial. Como o ciclo de gestão do desempenho financeiro opera sobre o processo orçamentário (*i.e.*, planejamento, execução e prestação de contas seguem o ciclo orçamentário, assim como metas e riscos são previstos na LDO), o uso da informação contábil para tais fins muitas vezes se confunde com o próprio processo orçamentário. Diversos atores estão envolvidos com tal informação. Esta seção trata especificamente dos grupos 2, 3 e 4 mencionados no quadro 10.

Quadro 10
Quem seriam os operadores e usuários da informação contábil no setor público?

A informação contábil, seja orçamentária ou patrimonial, é gerada pelo registro das transações e eventos dos entes dos governos. A seguir descrevemos o que poderia potencialmente ser o papel de cada um dos seis grandes grupos de atores envolvidos no ciclo de gestão financeira. Não necessariamente tais papéis são observados nos diversos órgãos, mas o objetivo é mostrar o potencial.

O primeiro grupo de atores é diretamente envolvido com o conteúdo da informação contábil, mas não participa *a priori* da tomada de decisão política, de alocação de recursos ou da gestão financeira. Os *contadores* dos diversos órgãos dentro de cada ministério/secretaria, tribunal/junta, câmara/assembleia e autarquia/agência/departamento das três esferas de governo cuidam dos sistemas de informação contábil, do plano de contas e das políticas contábeis do órgão. Em municípios, em geral de me-

▶

[5] Para detalhes desta discussão, e do atual estado em pequenos municípios, ver Azevedo e Aquino (2016).

nor porte, a contabilidade é terceirizada para uma firma de prestação de serviços contábeis. Por sua vez os *auditores*, na função de Controle Interno, distribuídos em todos esses órgãos, são responsáveis por verificar (entre outras coisas) os procedimentos contábeis e a acurácia das informações registradas.

O segundo grupo é formado pelo CFO (*chief financial officer*) diretamente responsável pela gestão financeira em cada órgão, sejam Tesouro ou Secretarias de Fazenda/Finanças, departamentos financeiros nos demais órgãos que fazem a gestão do fluxo de caixa, disponibilidades, efetua os pagamentos a fornecedores e credores, aplicações financeiras. Esse profissional coloca atenção tanto na dimensão orçamentária da administração fazendária (recebimento de impostos, taxas, repasses intragovernamentais) ou na geração de receitas de serviços quanto na administração dos ativos não financeiros e passivos não financeiros que estejam sob a responsabilidade de tal departamento, como a área de patrimônio. Em muitos casos, o CFO acaba sendo o superior hierárquico do contador nestes casos; então, se não houver um sistema de controle interno isento, podem surgir dúvidas em relação à independência do contador na elaboração da informação contábil. Breve noção dessa ocorrência em municípios pode ser vista em Aquino (2016).

Um terceiro grupo envolve os técnicos e a direção das áreas de planejamento dos diversos órgãos. O *secretário de Planejamento e o diretor de Recursos Humanos (RH)* estão nesse grupo. Os envolvidos com o planejamento são grandes usuários em potencial da informação orçamentária e patrimonial para elaboração do planejamento, estabelecimento e avaliação de metas dos programas e ações de governo. Já a área de RH poderia avaliar equipes e políticas de contratação futura a partir dos impactos no passivo atuarial previdenciário. A equipe do RH também poderia utilizar a informação de custos para avaliar o desempenho e o alcance de metas associadas a sistemas de remuneração por desempenho. Destaca-se que em muitos municípios o planejamento é concentrado também no contador.

O quarto grupo é formado por usuários da informação contábil para *tomada de decisão operacional*. Estão nesse grupo o gestor político (eleito), secretários (indicados), diretores (servidores comissionados) e empenhadores de despesas (servidores). Gestores políticos e seus secretários definem as

▶

políticas públicas, e por meio de servidores realizam atos, contratam serviços e usam as equipes de recursos humanos do órgão para prestação de serviços à população ou a outros órgãos, e assim consomem recursos. Os atos de empenho, liquidação e pagamento alteram as informações orçamentária e/ou patrimonial. Tais gestores usam desde a mais simples informação do saldo liberado para empenho disponível para suas áreas na execução do orçamento quanto podem chegar a usar informação de custos para tomada de decisão e avaliação da eficiência de programas e projetos sob sua responsabilidade.

Um quinto grupo seria formado pelos *financiadores e analistas de crédito*. Tais atores usariam a informação gerada pelo ente nas suas análises de risco de crédito e para precificação de títulos públicos.

Por fim, o sexto grupo está envolvido na dimensão de controle externo, para garantir *accountability*, estão auditores externos, a mídia, institutos de pesquisa e ONGs. O *auditor de contas*, no Tribunal de Contas, além de verificar a legalidade dos atos, verifica os limites fiscais e constitucionais da aplicação de recursos e o cumprimento da LRF; assim, em grande parte é ainda usuário da informação orçamentária, mas pouco da patrimonial. A *mídia, institutos de pesquisa* e *ONGs* são outros usuários, porém assim como os Tribunais de Contas (ainda) colocam mais atenção à matéria orçamentária-fiscal.

Grandes temáticas da informação contábil no micro-orçamento

Como mencionado, enquanto o macro-orçamento é o agregado da esfera do governo em busca de disciplina fiscal, a alocação do orçamento entre programas e funções de governo envolve a definição de custos e benefícios em potencial; o micro-orçamento trata da operação de programas e agências. Destaca-se que o micro não se confunde com a distância do centro do Poder Executivo ou Legislativo, pois a execução rotineira por uma secretaria da Casa Civil, Gabinete da Presidência, ou a administração das câmaras superiores do Tribunal de Contas da União é ainda execução. Assim, dado que o governo (seja federal, estadual ou municipal) definiu as políticas públicas no âmbito social e econômico, e estão definidas alíquotas tributárias, incentivos à economia, orçamento que cada área irá receber no período, o micro-orçamento começa. Nele as diversas secretarias e agências irão executar o orçamento, ou seja, executar programas e ações, contratar e coordenar projetos, monitorar o desempenho de todos eles e prestar contas. No micro-orçamento está a eficiência operacional, que depende da forma de atuação e organização da estrutura administrativa. Assim um programa, independentemente de seu conteúdo ou potencial resultado para justiça social ou desenvolvimento, pode ser implementado em diversos níveis de eficiência operacional, e pode ter diversos níveis de transparência na prestação de contas.

Como mencionado, a contabilidade deve operar/fornecer informações para a (i) gestão fiscal-orçamentária e (ii) gestão patrimonial. A gestão fiscal-orçamentária inclui não apenas a observação de limites fiscais, constitucionais no planejamento do orçamento, ou o desempenho obtido em programas e projetos, e na prestação de serviços, pelo ente responsável. Mas inclui também o monitoramento da execução do orçamento. Já a gestão patrimonial trata do acompanhamento e da avaliação (quantitativa e qualitativa) de ativos e passivos, financeiros e não financeiros do ente, decorrente do planejamento e da execução do orçamento. Cada uma dessas perspectivas envolve decisões e tarefas específicas que recebem atenção dos gestores. A seguir tratamos em detalhes das que recebem maior contribuição da contabilidade patrimonial.

A contabilidade patrimonial serve para informar, tanto (i) o valor atual dos ativos e passivos (segundo decisões já tomadas) quanto (ii) o valor atual do custo dos serviços e de ações, e, portanto, subsidiar decisões de redesenho de projetos, serviços e programas. São muitos os exemplos de reflexos patrimoniais, mas queremos destacar os mais relevantes como os de maior magnitude (materialidade), de maior consequência para o desempenho econômico-financeiro e o patrimônio do setor público, como baixa qualidade de gasto público, deterioração da capacidade de entregar serviços públicos à população, perda de infraestrutura, comprometimento de gerações futuras (problemas de equidade intergeracional com maior carga tributária ou perda de serviços e subinvestimento em infraestrutura), ineficiências por corrupção ou desvio do interesse público, e o baixo grau de transparência e *accountability*. O quadro 11 relaciona cada grande temática típica do macro e micro-orçamentos com o desafio que pode ajudar a resolver.

Quadro 11

Resumo das mais evidentes contribuições da contabilidade por competência no setor público — no macro e micro-orçamentos

Alguns problemas vivenciados	Como se apresenta na contabilidade patrimonial, e como a contabilidade pode contribuir na busca de soluções
Problemas de equidade intergeracional (impacto na maior carga tributária, na perda de serviços, ou com subinvestimento em infraestrutura)	Gastos do período corrente sendo financiados por antecipação de receitas de períodos futuros ou por dívidas que precisarão ser pagas no futuro (p.ex.: pagamento da folha de pagamentos corrente com recursos obtidos mediante antecipação de *royalties* de petróleo ou outras operações de crédito; despesas empenhadas e liquidadas no período corrente, mas não pagas, isto é, inscritas em restos a pagar processados). A contabilidade patrimonial (por competência) apresentaria no balanço patrimonial (BP) o aumento do passivo sem o correspondente aumento de ativo; ou seja, os recursos obtidos mediante antecipação de receitas e outras operações de crédito (passivo) não promovem aumento proporcional do ativo, mas são imediatamente consumidos e apresentados na demonstração das variações patrimoniais (DVP) como variação patrimonial diminutiva (despesa), pois os recursos obtidos são imediatamente consumidos; o mesmo ocorre com o uso indiscriminado de "restos a pagar" (exemplo em Aquino e Azevedo, 2017). Esses fatos também seriam refletidos na demonstração dos fluxos de caixa (DFC), onde os recursos obtidos seriam apresentados como fluxos de caixa gerados pelas atividades de financiamento, mas seu consumo como fluxos de caixa consumidos pelas atividades operacionais. Gastos de períodos passados que vencem no período corrente sendo pagos com recursos obtidos ou gerados no período corrente (p.ex.: saldo de restos a pagar processados em períodos anteriores sendo pagos no período corrente, consumindo a autorização orçamentária do período corrente; planos de pensão deficitários, ou sem fundos constituídos, cujo pagamento corrente aos beneficiários inativos — aposentados e pensionistas — é honrado mediante o consumo das contribuições correntes pagas pelos beneficiários ativos). Nessas circunstâncias, a contabilidade patrimonial apresentaria no BP a redução do ativo e a redução do passivo, sem que qualquer despesa associada fosse apresentada na DVP, enquanto a DFC apresentaria os fluxos de caixa consumidos pelas atividades operacionais.

▶

Alguns problemas vivenciados	Como se apresenta na contabilidade patrimonial, e como a contabilidade pode contribuir na busca de soluções
Aumento dos passivos	Evolução histórica do montante dos passivos. Aumento do custo da dívida. Insuficiência de ativos realizáveis no prazo de vencimento dos passivos. Uma análise horizontal do BP demonstraria o significativo aumento do passivo, ano após ano; o que na maior parte dos casos é decorrente do aumento de empréstimos e financiamentos (*i.e.*, operações de crédito), que são fontes de financiamento onerosas (*i.e.*, o Estado precisa pagar juros aos credores); tais juros seriam apresentados como despesas financeiras (variação patrimonial diminutiva) na DVP. Já na DFC, os recursos obtidos via operações de crédito (bem como os recursos desembolsados para amortizar a dívida) são apresentados como fluxos de caixa gerados (consumidos) pelas atividades de financiamento; e os juros pagos seriam apresentados como fluxos de caixa consumidos pelas atividades operacionais. Na perspectiva da transparência das ações públicas, pior é se o aumento de financiamento ocorrer por meio da inscrição em restos a pagar, pois seus custos não são explícitos (e tampouco tem-se o costume de decompor o valor do serviço contratado entre o valor justo do serviço — aquele que o Estado desembolsaria se pagasse à vista — e o valor do custo do financiamento pelo fato de o Estado não honrar seus compromissos na data da liquidação da despesa orçamentária). É certo que o fornecedor cobra um sobrepreço pela expectativa de seu crédito não ser honrado tempestivamente, mas isso não é evidenciado pela informação contábil. (Embora pudesse ser!) Seguindo a praxe vigente, a DFC também não faz tal decomposição, apresenta todo o desembolso incorrido para honrar os restos a pagar com fluxos de caixa consumidos pela atividade operacional.
Corrosão dos ativos (deterioração da capacidade de entregar serviços públicos à população)	A não reposição da capacidade instalada relativa aos ativos já totalmente depreciados (*i.e.*, reduzidos a sucata) se reflete no BP como a redução do saldo do ativo imobilizado para valor imaterial, em função do aumento do saldo da conta redutora do imobilizado, chamada "depreciação acumulada". Observe que a depreciação não representa o perecimento/corrosão de ativos, mas seu consumo ao longo da vida útil. Já o perecimento/deterioração de ativos é reconhecido contabilmente como a "perda por irrecuperabilidade". Embora tanto a depreciação como a perda por irrecuperabilidade tenham efeitos idênticos no BP (redução do saldo do ativo imobilizado) e na DVP (redução do resultado do período), sua distinção conceitual e prática proporcionam grande conteúdo informacional. Afinal, a depreciação é sistemática ao longo do tempo, portanto, previsível, e seu valor é supostamente proporcional ao consumo do imobilizado na entrega de serviço públicos à população. Por outro lado, a perda, como o nome sugere, não guarda associação com a entrega de serviços públicos à população nem com a geração de benefícios econômicos. Assim, a perda por irrecuperabilidade pode demonstrar que decisões equivocadas foram feitas por gestores públicos no passado; seja a decisão de investir em tal ativo, seja a decisão de não prover o nível de manutenção necessário ao ativo e não o gerenciar com o devido zelo. Claro que a perda por irrecuperabilidade também pode ser reconhecida em função de catástrofes e outros eventos da natureza, não gerenciáveis pelos gestores públicos.

Alguns problemas vivenciados	Como se apresenta na contabilidade patrimonial, e como a contabilidade pode contribuir na busca de soluções
Recebíveis inflados	O reconhecimento da receita por competência na DVP permite o reconhecimento dos créditos (sejam tributários ou comerciais) no BP, mediante aumento do ativo. Caso os recebíveis sejam de baixa qualidade (*i.e.*, difícil realização financeira), será necessário reconhecer a perda esperada com créditos de liquidação duvidosa (que também é tipo de perda por irrecuperabilidade, mas dos créditos a receber em função da inadimplência esperada). As perdas por inadimplência dos créditos a receber têm o mesmo efeito prático das perdas por irrecuperabilidade do imobilizado, isto é, no BP reduzem o saldo do ativo (neste caso, créditos a receber) e na DVP reduzem o resultado do período. Outra consequência benéfica do reconhecimento da receita por competência na DVP é que a decisão de refinanciar a dívida vencida e não paga (instrumento amplamente conhecido pela sigla Refis) — que é uma solução jurídica para evitar a falência de empresas e também evitar a prescrição do crédito — não seria reconhecido na DVP como receita (novamente) no ato da renegociação; afinal, já foi reconhecido como receita por competência quando do surgimento original do crédito (pensando no crédito tributário, a VPA foi originalmente reconhecida quando da ocorrência do fato gerador). Portanto, na contabilidade patrimonial, o refinanciamento do crédito não gera necessariamente nenhum impacto na DVP (salvo se o refinanciamento alterar a expectativa que se tinha quanto ao risco de inadimplência, nesse caso, o valor da perda esperada com créditos de liquidação duvidosa reconhecido anteriormente pode ser revertido). Mas no BP o refinanciamento do crédito implica a reclassificação de parte do saldo de tal crédito, do ativo circulante para o ativo não circulante (dependendo do prazo de refinanciamento).
Baixa eficiência operacional e consequente baixa qualidade de gasto público	No que tange ao micro-orçamento, a qualidade do gasto pode ser preservada por uma alta eficiência operacional na execução do plano. Exemplos de perda de eficiência na execução são contratos superfaturados, atraso de obras, alto nível de absenteísmo dos servidores, falhas de sistemas de informação e portais do governo, custos extras em decisões técnicas mal especificadas. A informação contábil de custos pode ser utilizada para decisões de alternativas de execução do plano, por exemplo, análise de soluções de fornecimento de serviços em termos de custo-benefício, análise de desempenho de áreas e de equipes quanto ao custo de processos, tarefas, procedimentos. Um hospital pode analisar custos de procedimentos, universidades podem analisar o custo por aluno, unidades das forças armadas podem analisar o custo de manutenção de equipamentos, um tribunal pode analisar o tempo em espera de processos e o custo dos mesmos, o departamento de TI de prefeituras ou autarquias pode analisar o custo-benefício da solução de TI adotada em relação às alternativas tecnológicas.

►

Alguns problemas vivenciados	Como se apresenta na contabilidade patrimonial, e como a contabilidade pode contribuir na busca de soluções
Corrupção ou desvio do interesse público	Casos de corrupção ocorrem em geral na execução do orçamento. O uso de custo padrão e histórico para detecção de anormalidades no custo da prestação de serviços ou aquisição de bens pode ser usado como base em auditorias. Outra possibilidade de uso da informação contábil para se detectar fraudes é a comparação entre o custo efetivamente reconhecido e o custo estimado no plano de investimentos, desde que este (custo estimado no plano de investimentos) não tenha sido superdimensionado *ex ante*. Adicionalmente, técnicas de *big data analytics* em bases que congregam dados extraídos dos sistemas contábeis com dados não financeiros (p.ex.: dados relativos a contratos de compra firmados entre o Estado e fornecedores do setor privado) podem ser empregadas para detectar comportamentos anormais, os quais podem sinalizar indícios de fraudes a serem investigados pelos órgãos de controle. De acordo com as normas internacionais de contabilidade, especificamente a Ipsas 20 — Divulgação sobre Partes Relacionadas, a entidade deveria divulgar todas as transações relevantes realizadas com suas partes relacionadas, sejam elas pessoas jurídicas ou pessoas físicas (*i.e.*, o pessoal-chave da administração e os membros próximos de sua família). Um grande mérito da implementação da Ipsas 20 no setor público brasileiro seria o mapeamento (com nome, identidade civil, CPF, endereço e quem sabe fotografia e identificação biométrica) de todo o pessoal-chave da administração das organizações públicas e dos membros próximos de sua família, bem como do pessoal-chave da administração das pessoas jurídicas que são partes relacionadas das organizações públicas (e dos membros próximos de sua família). Imagine como os trabalhos dos órgãos de polícia e de controle seriam facilitados caso essa informação estivesse sistematizada e publicamente disponível!
Manipulação da informação contábil	Pode ser vista como um efeito colateral da entrada de novas práticas, sem a devida mudança das políticas orçamentárias e fiscais do ente, que geram a oportunidade para se distorcer a realidade sobre os resultados reais do ente, para cumprir limites fiscais, por exemplo. Essa oportunidade pode ser mitigada com a adoção de auditoria interna e com emprego de punições pelos órgãos de controle. A contabilidade por si só não atua na resolução dessa questão. Dado que as políticas contábeis disponibilizadas aos gestores são estabelecidas pela regulação vigente (no Brasil, pelo MCASP da STN), técnicos e políticos podem ter incentivos a manipular a informação, principalmente por meio da escolha de políticas contábeis alternativas disponibilizadas pela regulação e por meio de estimativas e julgamentos profissionais que são inerentes ao processo de elaboração da informação. Contraincentivos à manipulação são a probabilidade de serem descobertos e punidos, e a severidade das punições.

Alguns problemas vivenciados	Como se apresenta na contabilidade patrimonial, e como a contabilidade pode contribuir na busca de soluções
Baixo grau de transparência das decisões públicas e de sua implementação & Baixo grau de *accountability* social	O conhecimento do custo "real" de programas e projetos poderia potencializar a relação entre os custos (*inputs*) e os produtos (*outputs*), e quem sabe a relação entre esses e os resultados (*outcomes*); consequentemente, aumentaria o grau de transparência pública, tanto das decisões (níveis macro e micro) quanto de sua implementação no nível micro. A transparência de informação sobre programas e projetos em conjunto com a transparência das informações sobre partes relacionadas (comentada no item Corrupção, anteriormente) e sobre a composição e qualidade dos ativos e passivos (demais itens deste quadro) induziria maior assunção de responsabilidade por parte dos gestores públicos. Tal responsabilização (não só imposta por fatores externos, mas principalmente a que brota do próprio indivíduo) por suas ações e pelo consumo de recursos naturalmente aumentaria o grau de *accountability* no setor público brasileiro.

A temática da avaliação de desempenho é central para o quarto grupo de usuários mencionado no quadro 10, isto é, usuários da informação contábil para *tomada de decisão operacional*.

O desempenho pode ser analisado em diversas dimensões, do montante de recursos empregado ou consumido em certa unidade de responsabilização (*input*), o volume de serviços produzidos (*output*), a eficiência da ação ou programa (*output* ÷ *input*), e até mesmo as melhorias na sociedade decorrentes dos programas operados (*outcome*).[6] Os três primeiros têm uma natureza econômica, dizem respeito ao micro-orçamento e podem ser aproximados[7] pela contabilidade. Uma unidade de responsabilização pode ser uma unidade administrativa (área de uma Secretaria, a prefeitura como um todo etc.), um programa ou ações de governo. Ou seja, é a entidade (não necessariamente juridicamente constituída) da qual se deseja prever e controlar o desempenho.

Espera-se que uma entidade (p.ex.: secretaria municipal, prefeitura, câmara municipal, ministério, um órgão do Judiciário, agências reguladoras ou autarquias em qualquer nível de governo) persiga consistentemente e de forma sistemática um melhor desempenho (legalidade, efetividade, eficiência, eficácia etc.) dos recursos orçamentários à sua disposição, à medida que usar informação que antecipe os impactos futuros de cada escolha (i) na qualidade e abrangência dos serviços públicos a serem prestados à população, (ii) nos recursos consumidos para isso e (iii) na gestão do patrimônio público na entidade. Os dois primeiros dizem respeito à gestão fiscal-orçamentária, e o terceiro à gestão patrimonial. Por sua vez, os agentes do controle (p.ex.: tribunais de contas e auditorias externas — controle externo —, e auditoria interna — controle interno) irão avaliar e julgar o desempenho dos gestores à medida que compararem os resultados obtidos com os parâmetros legais que moldam o espaço de discricionariedade do gestor dos recursos públicos.

---

6 Para diferentes tipos de desempenho, ver Pollit e Boukaert (2011:133).

7 Dizemos que *input*, *output* e a relação entre eles podem ser apenas aproximados, pois muitos impactos indesejados das ações de governo (políticas públicas ou administrativas) são consequências não antecipáveis e não controláveis pelo gestor, e não são captadas quantitativamente no processo de avaliação da decisão. Muitos impactos são ignorados no registro de despesas e passivos. Em especial, o gestor não teria interesse natural em reconhecer os impactos negativos nos demais *stakeholders* (fornecedores, outras esferas de governo, sociedade em geral, futuras gerações), as chamadas *externalidades negativas*. Apenas com certo esforço do controle externo, algumas externalidades negativas, registradas em forma de passivos contingentes, passarão a ser reconhecidas.

Destaca-se que a contabilidade patrimonial não se presta a subsidiar tomada de decisão de política pública por si só. Neste processo de decisão, a contabilidade *apenas* informa a eficiência da política adotada e executada, e ainda assim a eficiência relativa aos custos já internalizados (todas as externalidades são desconsideradas, pois não são captadas pelos registros contábeis aceitos pelo MCASP) (quadro 12). Claro que se o ente utilizasse um sistema de informações gerenciais em paralelo aos sistemas orçamentário, fiscal e patrimonial, poderia utilizar o arcabouço contábil para prever a eficiência (relativa e limitada) das políticas que se pretendem adotar e executar.

Quadro 12
O que não se deve esperar da contabilidade!

Aqui não se avalia a questão da mensuração do desempenho de políticas públicas. Na visão de Schick (2001) e Rubin (1988), essa seria uma questão de macro-orçamento, o que não é o foco primordial deste capítulo. Entretanto, são feitos breves comentários sobre a mensuração do desempenho de políticas públicas como exemplo de "alerta" do que não se deve esperar da informação contábil.

A avaliação de *outcomes* só é parcialmente captada pela contabilidade, pois internaliza de forma limitada o custo de algumas políticas públicas, permitindo alguma comparabilidade entre uma política A ou B (ex.: redução da maioria penal *versus* não redução), mas não envolveria aspectos sociais, éticos e políticos da decisão, tampouco o impacto que tal redução poderia provocar nos índices de criminalidade. Mesmo que um aspecto social se converta em um impacto econômico (ex.: aumento da população carcerária e aumento de processos criminais a serem julgados pelos Tribunais de Justiça com participação ativa do Ministério Público e da Defensoria Pública), outros não seriam observáveis ou dificilmente estimáveis no curto prazo, ou o resultado mensurado poderia ser eticamente questionável (ex.: redução da recuperação de jovens infratores, e, portanto, menor resultado na assistência social).

A contabilidade patrimonial não se presta a suportar tomada de decisão de políticas públicas. O reflexo das decisões de políticas públicas nos ativos e passivos, assim como no orçamento, deve ser levado em questão, pois

▶

envolve a alocação e o consumo de recursos públicos, a implantação de uma política concorrerá pelos recursos existentes e a serem coletados futuramente junto à população, concorrendo com outras políticas que também demandarão recursos no futuro e devem ser financiadas. Mas a escolha das políticas públicas e como serão implantadas precisa de informações fiscais, econômicas, sociais, éticas, de que a contabilidade não dispõe. A contabilidade patrimonial consegue apenas evidenciar o atual estado do ente público (de acordo com as regras aceitas), mas toda externalidade potencial de uma decisão política, positiva ou negativa não é captada (ex.: aumento da população carcerária e da quantidade de processos criminais pela redução da maioridade penal. Isso não será contabilizado no presente. As despesas irão aumentar conforme a necessidade de ampliar o serviço carcerário e judiciário. Portanto, as contas de passivo não terão "nada a dizer" em relação a essa decisão tomada).

Assim a contabilidade consegue captar parte do impacto de cada decisão na variação de passivos e ativos, e são registradas as variações que as políticas contábeis reconhecem como aceitáveis (ou seja, que os atores políticos e da regulação contábil nacional concordam que sejam registrados). A contabilidade patrimonial no setor público é uma estrutura de informação socialmente negociada de registro de expectativas de consumo de recursos no futuro, e das necessidades para manter o Estado operando.

A questão da qualidade do gasto público, tão difundida e debatida recentemente, passa pelo juízo se os recursos foram empregados de forma a produzir um valor considerado superior. Enquanto no Reino Unido o modelo adotado usa o conceito de *value for money*,[8] no Brasil ainda não existe um modelo único largamente adotado na gestão de desempenho.[9] A análise da

[8] O National Audit Office do Reino Unido conceitua *value for money* como "*Good value for money is the optimal use of resources to achieve the intended outcomes*" (NAO, 2012), em tradução livre, o ótimo uso dos recursos para se atingir os resultados pretendidos. O *The green book: appraisal and evaluation in central government* (HM TReasury, 2011) apresenta o *framework* VFM para avaliar todo gasto público no governo central britânico, em que economia é contratar eficientemente, e eficiência é entregar de forma efetiva os serviços pretendidos, e eficácia é atingir os *outcomes* desejados.

[9] O Tribunal de Contas da União tem difundido tal conceito em auditorias operacionais.

qualidade do gasto seria feita pela avaliação de desempenho de eficiência do gasto, medida pelo volume de serviços entregues (*output*) em relação ao montante de recursos empregados (*input*) em cada unidade "produzida", tendo assim uma medida de custo médio do serviço prestado (ex.: custo por aluno em sala de aula, custo por paciente atendido, custo por quilômetros de estradas federais, custo por detento).

A cada unidade gestora (ou a cada programa) existe uma análise de eficiência do gasto público a ser feita. Sugerimos ao leitor que reflita sobre sua área ou departamento, segundo orientação do quadro 13.

Quadro 13
Como identificar oportunidades do uso da análise de eficiência do gasto na sua entidade?

Siga os seguintes passos:

(a) Listar os serviços oferecidos pela sua área. Ex.: Ensino na educação básica, Pesquisa genética aplicada, Gerenciamento de espaço aéreo, Gestão de recursos humanos, Serviços de TI, Coleta e reciclagem de lixo, Tratamento de esgoto sanitário, Manutenção de armamentos e equipamentos militares etc.;

(b) Escolher o serviço para o qual deseja determinar a eficiência;

(c) Identificar todos os gastos incorridos no período (de preferência, pelo regime de competência, mas em sua ausência pode-se utilizar informação orçamentária, como a despesa liquidada) na prestação desse serviço, incluindo mão de obra e insumos;

▶

A Portaria nº 230/2014 apresenta o Referencial para Avaliação de Governança em Políticas Públicas, apesar de o TCU não recomendar explicitamente o uso do VFM. Entre as bases que inspiram o referencial estão as sugestões do National Audit Office do Reino Unido sobre *value for money*. Para contratos de PPP, a Instrução Normativa nº 06/11do TCE-MG propõe como critério a estimativa de receita e despesas, assim como os impactos fiscais, e a comparação de custo-benefício com outros modelos de contratação. No que tange à avaliação de desempenho, solicita que a "relação dos critérios de avaliação de desempenho projetados [sejam], devidamente justificados". Na construção de Arenas para Copa Fifa de 2014, a decisão pelo modelo de PPP adotado na sede de Recife usou VFM como critério para justificar a opção, e foi contestado pelo TCE-PE (disponível em: <http://apublica.org/wp-content/uploads/2014/06/Relat%C3%B3rio-TCU-PE-Arena-Pernambuco.pdf>).

(d) Identificar os equipamentos empregados e a base de consumo de tais equipamentos. Por exemplo, horas de uso do satélite, horas de caminhões-tanque, dias de locação de grua. Se equipamentos locados (isto é, obtidos mediante contrato de arrendamento operacional), considere o valor liquidado proporcional ao volume consumido. Se equipamentos próprios (ou adquiridos mediante contrato de arrendamento financeiro), considere a depreciação do período;
(e) Some os valores de (c) e (d);
(f) Quantifique o volume de serviços prestados;
(g) Divida o custo somado em (e) pelo volume do serviço prestado quantificado em (f).

Este é um pequeno resumo. Mas representa em grande parte a determinação da eficiência de uma área/programa/projeto/ação.

O governo federal, na iniciativa do sistema de custos do governo federal, chega ao valor a partir de ajustes aos valores de despesas liquidadas reconhecidas pelo sistema orçamentário, de dados sobre a folha de pagamento e outros dados disponíveis em outros subsistemas.

A análise da eficiência do gasto aumenta a responsabilização do gestor daquela área/projeto/ação, pois não é mais suficiente apenas executar o orçamento. Até então, em um orçamento como o brasileiro, gestores e auditores de tribunais comparam o valor orçado com o gasto incorrido, e desconsideram o serviço gerado (um modelo tipicamente *input-based budget*). Para tanto basta confrontar a informação orçamentária de valor previsto com o valor empenhado, liquidado ou pago (dependendo da perspectiva de análise). Mas para analisar a eficiência deve-se cruzar o volume produzido com o recurso empregado (dimensão eficiência, informação de custo). Mas ainda assim a qualidade do gasto só seria analisada se o custo da baixa qualidade do serviço ou das falhas geradas for considerado custo da prestação do serviço.

Por exemplo, um serviço de saúde pública pode ser de alta qualidade e alto índice de sucesso na prevenção de doenças infecciosas; ou de baixa qualidade, e, apesar de economizar nos recursos no atendimento do mesmo número de famílias, provoca gasto adicional na rede de atendimento hospitalar subsequente. Se o custo do atendimento hospitalar subsequente, que se fez necessário em decorrência da baixa qualidade do atendimento original, fosse computado no custo desse programa de saúde pública, ficaria evidente a baixa qualidade do programa. Esse é um exemplo do que queremos dizer com "internalizar" no custo do programa todos os impactos futuros das escolhas feitas.[10] Se fosse feito, o gestor desse programa seria responsabilizado pela baixa qualidade do desenho do programa, e poderia ter incentivos para não empurrar a ineficiência de sua política para o próximo serviço na cadeia de saúde pública. Exemplos como esse existem em diversas funções públicas, como transporte, educação, segurança pública e saneamento básico.

Em relação ao passivo previdenciário, que envolve os *segundo e terceiro grupos* de operadores e usuários da contabilidade pública, o CFO e demais gestores responsáveis pela direção das áreas de planejamento dos diversos órgãos estarão envolvidos com a gestão de metas fiscais, onde algumas questões fundamentais são relacionadas com o montante e a data de vencimento do passivo previdenciário.

Assim, oferecer ajustes salariais, implantar novas faixas de progressão de carreira, ou novas contratações impactam o orçamento do período corrente e de períodos futuros, mas também impactam o saldo atuarial previdenciário. Significa que a gestão se compromete a garantir o saldo do fundo de previdência de forma a garantir o pagamento aos aposentados e pensionistas. Para uma maior transparência da real situação patrimonial da entidade, o passivo deve refletir tal obrigação, que está além da execução do orçamento do período corrente. Ainda, empréstimos e restos a pagar estarão ali refletidos como obrigações presentes a serem pagas em períodos futuros.

Com relação aos ativos, o CFO e gestores responsáveis pelas áreas de infraestrutura lidarão diretamente com a gestão dos equipamentos de alta monta e infraestrutura. Estamos falando tanto da frota das forças armadas, da Polícia Civil, quanto da infraestrutura penitenciária, hospitalar, escolar, de gestão de recursos hídricos, entre outros.

Por exemplo, se os governos tivessem a iniciativa de contabilizar em seu ativo imobilizado as terras devolutas, haveria maior integração entre os sistemas de contabilidade e os sistemas de controle físico do patrimônio,

---

[10] Na literatura de Contabilidade Gerencial, isso é conhecido pelos termos "custos total de propriedade" e "análise do ciclo de vida". No Reino Unido é empregado o termo *whole life costs*, que é utilizado principalmente para análise de PPP, e inclui as fases de projeto, construção, operação e manutenção (*design, build, operate and maintain* — DBOM).

inclusive os sistemas de emissão de títulos de transmissão de terras. O conhecimento da extensão e localização de terras devolutas poderia promover a regularização fundiária no Brasil, subsidiar decisões relativas à ocupação dessas terras pelo poder público, criação de áreas de proteção ambiental, ou sua transferência à iniciativa privada (de modo oneroso ou não). Entre as externalidades positivas do conhecimento e uso dessa informação, podemos citar a potencial redução da criminalidade no campo (entre eles: exploração do trabalho escravo, homicídios, desmatamentos, outros crimes ambientais e demais crimes associados à grilagem de terras públicas).[11]

Por fim, mesmo não sendo o foco deste capítulo, mas também importante, é a possibilidade de a informação contábil poder ser distorcida, também conhecido como gerenciamento de informações contábeis ou maquiagem da contabilidade. Tal prática ocorre na tentativa de aumentar a opacidade da prestação de contas ou para encobrir atos de corrupção e desvio de finalidade. Esses atos potenciais devem ser vistos com atenção por quem pretende utilizar qualquer informação, inclusive a contábil (quer orçamentária, fiscal, patrimonial ou de custos).

5. Considerações finais

Este capítulo se propôs a estimular a reflexão sobre a importância da informação contábil como promotora de maior eficácia, eficiência, transparência e *accountability* pública no processo orçamentário nos níveis macro e micro das ações governamentais. Portanto, foi dada ênfase à reforma contábil que vem sendo conhecida como a "nova contabilidade pública" e a seu principal aspecto "inovador": a implementação do regime de competência na contabilidade patrimonial do setor público.

Pressupondo que o regime de competência não é de amplo conhecimento por parte dos "não iniciados em contabilidade", que muitas das vezes pensam se tratar de um "bicho de sete cabeças", parte significativa deste capítulo foi dedicada à desmitificação do regime de competência. Fez-se

[11] Para caracterizar a relevância desse tema, conforme reportagem veiculada no *Jornal Hoje* (<http://g1.globo.com/jornal-hoje/noticia/2015/07/escutas-revelam-como-funcionava-esquema-de-grilagem-de-terras-na-am.html>), estima-se que no estado do Pará o território não titulado seja de aproximadamente 485 mil km^2, área maior que o território da Alemanha — o maior país europeu.

a comparação entre os regimes de caixa *versus* competência *versus* misto, e foram apresentados detalhes técnicos da implementação do regime de competência no reconhecimento de receitas (com destaque à receita tributária) e despesas (entre elas: depreciação, perda por irrecuperabilidade, provisões — inclusive as previdenciárias — e demais benefícios a empregados). Em decorrência do impacto da adoção do regime de competência na apresentação de ativos e passivos, também foram explorados alguns detalhes inerentes ao reconhecimento e mensuração de ativos e passivos, bem como sobre a relevância das notas explicativas para a adequada compreensão das demonstrações contábeis de propósito geral.

Tudo isso com o objetivo de se discutirem os potenciais benefícios do uso da informação contábil (sobretudo da contabilidade patrimonial e de custos) para a melhoria da gestão pública, inclusive para a otimização do processo orçamentário no âmbito das organizações — tema abordado na quarta seção deste capítulo. Entretanto, é necessário trazer à tona dois temas tratados de modo subjacente ao longo deste capítulo.

Primeiro, a compreensibilidade da informação contábil. É óbvio que qualquer informação só é utilizada se for compreendida pelo potencial usuário, e só se justifica elaborar uma informação se ela tiver potencial de ser efetivamente utilizada! Portanto, a compreensibilidade é (ou deveria ser) um atributo qualitativo fundamental de qualquer informação (inclusive da informação contábil do setor público). O Ipsasb, em sua Estrutura Conceitual para Relatórios Financeiros de Propósito Geral do Setor Público (Ipsasb, 2014), em relação à compreensibilidade julga que

> Relatórios financeiros de propósito geral (RFPG) de entidades do setor público deveriam apresentar informação de modo a atender as necessidades e conhecimento dos usuários, e a natureza da informação apresentada [...] deveriam ser escritos em linguagem clara, e apresentados de maneira que sejam prontamente compreensíveis pelos usuários.

Ainda, no mesmo documento, o Ipsasb reconhece que

> alguns usuários podem perceber a necessidade de buscar ajuda especializada de consultores para assessorá-los a compreendê-las [...] informação não deve ser excluída dos RFPG somente porque a sua inclusão poderia tornar muito complexa ou difícil a sua compreensão pelos usuários sem ajuda especializada.

Os diversos usuários incluem o gestor público, auditores de cortes de contas, os atores do sistema político, mídia e a sociedade em geral. Enquanto os primeiros têm maior preparo técnico para interpretar as informações contábeis, políticos (do Executivo e do Legislativo) e a sociedade em geral não necessariamente. Assim, por um lado, é óbvio que a informação só pode ser compreendida por quem se dedicar a compreendê-la. A própria ênfase na necessidade de o usuário precisar se dedicar a estudar sobre a entidade e seu ambiente, além de entender contabilidade, economia e finanças públicas, ajuda a consolidar a ideia de que "contabilidade pública" é "coisa de (e para) especialistas".

Porém, se é informação para especialistas, para emergir *accountability* social se faz necessária tradução dessa informação para usuários não especializados. Essa tradução pode ficar a cargo do próprio contador (que prepara um relatório livre de jargões e acessível ao grande público), ou pode ser deixada a cargo de outro ator, abrindo espaço para outra função social de intermediários da informação. Os efeitos perversos de a contabilidade pública ser "coisa de (e para) especialistas" são: (1) a criação de uma pseudozona de conforto para os contadores (a incompreensibilidade é uma natural reserva de mercado); (2) a não utilização da informação contábil pelos não especialistas (o que acarretaria sua indesejável irrelevância); e (3) potencial distorção da interpretação da informação por intermediários autointeressados, sem que tal distorção seja identificada pelos não especialistas (exemplo: a mídia pode fazer releituras distorcidas da informação contábil e o cidadão não identifica tais distorções).

De certo modo, os "não iniciados em contabilidade" podem achar que o regime de competência é mais complexo e de difícil compreensão que os regimes de caixa ou misto (afinal, este último vem sendo praticado há mais de quatro décadas na contabilidade orçamentária brasileira). Considerando válida essa premissa, um passo ousado, porém necessário, para os elaboradores da informação de custos e patrimonial no setor público é a adoção de meios para facilitar a compreensibilidade por todos os interessados na informação, sejam gestores públicos, políticos ou sociedade em geral. Exemplos desses meios são: utilizar linguagem clara e concisa nos relatórios financeiros; apresentar notas explicativas detalhando os principais critérios e premissas adotados e as principais incertezas enfrentadas na elaboração da informação; buscar manter consistência e comparabilidade das políticas contábeis e demais critérios adotados ano após ano; utilizar gráficos e outras técnicas de evidenciação, além das tradicionais tabelas e textos; e utilizar mais intensamente a tecnologia da informação a favor da compreensibilidade pelo usuário.

O segundo tema tratado de modo subliminar ao longo do capítulo que merece ser realçado é o papel da informação contábil nas relações de poder entre os níveis técnico e político.

Partindo-se da premissa de que técnicos têm maior facilidade de compreender a informação contábil que os políticos, é razoável supor que políticos evitem utilizar a (ou depender da utilização da) informação contábil com receio de serem enganados pelos técnicos.

Além da dimensão da compreensibilidade, atritos entre os níveis técnico e político podem surgir em função da divergência de incentivos entre esses dois grupos de usuários. Normalmente os políticos têm mandato por prazo limitado (quer sejam eleitos ou ocupantes de cargo em confiança); portanto, políticos podem ter incentivos para que a informação contábil seja elaborada de modo a sustentar sua perpetuação no cargo, mesmo que a informação gerada não represente adequadamente a realidade das transações econômicas e outros fenômenos. Por outro lado, os técnicos, que normalmente são de carreira, podem ter incentivos de mais longo prazo que o limitado mandato da classe política. Essa idiossincrasia de perspectiva temporal pode gerar atritos e diferentes preferências quanto às políticas contábeis adotadas. A consciência do papel político da informação contábil é fundamental ao estabelecimento de critérios e testes de auditoria a serem implementados pelos órgãos de controle.

Referências

ADDE, Tiago Villac et al. A Comissão das Partidas Dobradas de 1914 e a contabilidade pública brasileira. *Revista de Contabilidade e Finanças*, São Paulo, v. 25, p. 321-333, set./dez. 2014.

ANESSI-PESSINA, Eugenio; STECCOLINI, Ileana. Effects of budgetary and accruals accounting coexistence: evidence from Italian local governments. *Financial Accountability & Management*, v. 23, n. 2, p. 113-131, 2007.

AQUINO, André Carlos Busanelli de. Quem executa deve controlar? A questão dos municípios. In: BLIACHERIENE, Ana Carla; BRAGA, Marcos Vinicius de Azevedo; RIBEIRO, Renato Jorge Brown (Org.). *Controladoria no setor público*. Belo Horizonte: Fórum, 2016. p. 393-412.

____; AZEVEDO, Ricardo Rocha de. Restos a pagar e a perda da credibilidade orçamentária. *Revista de Administração Pública*, Rio de Janeiro, v. 51, n. 4, p. 580-595, jul./ago. 2017.

____; BATLEY, Richard. Accounting and fiscal reforms in Brazil. In: EGPA ANNUAL CONFERENCE, Utrech, 2016.

AZEVEDO, Ricardo Rocha de; AQUINO, André Carlos Busanelli de. O planejamento em municípios de pequeno porte em São Paulo. *Revista de Contabilidade e Organizações*, v. 10, n. 26, p. 63-76, 2016.

BROADBENT, Jane; LAUGHLIN, Richard. *Accounting control and controlling accounting*: interdisciplinary and critical perspectives. Bingley: Emerald, 2013.

CAMPOS, Anna Maria. Accountability: quando poderemos traduzi-la para o português? *Revista de Administração Pública*, Rio de Janeiro, v. 24, n. 2, p. 30-50, fev./abr. 1990.

CARDOSO, Ricardo Lopes et al. *Brazilian governmental accounting reforms*: Ipsas adoption or convergence? SSRN, 2015. Disponível em: <https://papers.ssrn.com/sol3/papers.cfm?abstract_id=2466484>.

CHRISTIAENS, Johan. Financial accounting reform in Flemish municipalities: an empirical investigation. *Financial Accountability & Management*, v. 15, n. 1, p. 21-40, 1999.

CONTROLADORIA-GERAL DA UNIÃO (CGU). *Prestação de contas da presidenta da República*. Exercício de 2012: relatório sobre os orçamentos e atuação governamental, balanço geral da União. Brasília: Controladoria-Geral da União, 2013. Disponível em: <www.cgu.gov.br/assuntos/auditoria-e-fiscalizacao/avaliacao-da-gestao-dos-administradores/prestacao-de-contas-do-presidente-da-republica/arquivos/2012-1/pcpr2012.pdf>.

____. *Prestação de contas da presidenta da República*. Exercício de 2014: atuação do Poder Executivo Federal, balanço geral da União. Brasília: Controladoria-Geral da União, 2015. Disponível em: <www.cgu.gov.br/assuntos/auditoria-e-fiscalizacao/avaliacao-da-gestao-dos-administradores/prestacao-de-contas-do-presidente-da-republica/arquivos/2014/pcpr2014.pdf>.

GUTHRIE, James. Application of accrual accounting in the Australian public sector: rhetoric or reality? *Financial Accountability & Management*, v. 14, n. 1, p. 1-19, 1998.

____; JOHNSTON, Michael. Commercialisation of the public sector: why, how and for what? A prospective view. In: WILTSHIRE, Kenneth (Ed.). *Governance and economic efficiency*. Sydney: Ceda, 1994. p. 87-108.

HM TREASURY. *The green book*: appraisal and evaluation in central government. Londres: HM Treasury, 2011.

HUGHES, Richard. *Whole of government accounts, Batman!* International Monetary Fund (IMF), 2 jul. 2011. Disponível em: <http://blog-pfm.imf.org/pfmblog/2011/07/whole-of-government-accounts-batman.html#tp>.

INTERNATIONAL ACCOUNTING STANDARDS BOARD (IASB). *The conceptual framework for financial reporting*. Londres: Iasb, 2010.

INTERNATIONAL PUBLIC SECTOR ACCOUNTING STANDARDS BOARD (IPSASB). *The conceptual framework for general purpose financial reporting by public sector entities*. Nova York: Ipsasb, 2014.

IUDÍCIBUS, Sérgio de. Conhecimento, ciência, metodologias científicas e contabilidade, parte II. *Revista Brasileira de Contabilidade*, a. 31, n. 134, p. 68-71, mar./abr. 1998.

LEWIS, Nelson. AAS 29: a critique. In: ASCPA (Ed.). *Readings in accounting developments in the public sector 1993-1994*. Melbourne: ASCPA, 1995. p. 16-25.

MINISTÉRIO DA PREVIDÊNCIA SOCIAL (MPS). Projeções financeiras e atuariais para o Regime Geral de Previdência Social — RGPS. 2014. Disponível em: <www12.senado.leg.br/orcamento/documentos/ldo/2015/elaboracao/projeto-de-lei/proposta-do-poder-executivo/anexo-iv.5-2013-projecoes-atuariais-para-o-regime-geral-de-previdencia-social-2013-rgps/view>.

MONSEN, Norvald. The case for cameral accounting. *Financial Accountability & Management*, v. 18, n. 1, p. 39-72, 2002.

NATIONAL AUDIT OFFICE (NAO). *Analytical framework for assessing value for money*. Londres: NAO, 2012.

POLLITT, Christopher; BOUCKAERT, Geert. *Public management reform*: a comparative analysis. New public management, governance, and the neo-Weberian State. 3. ed. Nova York: Oxford Press, 2011.

RUBIN, Irene. *New directions in budget theory*: an American community in the nineteenth century. Suny Press, 1988.

SCHICK, Allen. *Does budgeting have a future?* Nova York: OECD, 2001.

SECRETARIA DO TESOURO NACIONAL (STN). *Balanço geral da União*: demonstrações contábeis consolidadas da União 2013. Brasília: Tesouro Nacional, 2014. Disponível em: <www.tesouro.fazenda.gov.br/documents/10180/243309/BGU+2013+_+4o_tri.pdf/37ac079b-92dd-44df-8549-41646a0f512a>.

____ *Balanço geral da União*: demonstrações contábeis consolidadas da União 2017. Brasília: Tesouro Nacional, 2018. Disponível em: <www.tesouro.fazenda.gov.br/documents/10180/243309/BGU_2017.pdf/d78aaa06-7907-4175-81d3-075f9cc315e5>.

____. *Manual de contabilidade aplicada ao setor público* (MCASP). 7. ed. Brasília: Tesouro Nacional, 2016. Disponível em: <www.tesouro.fazenda.gov.br/documents/10180/456785/MCASP+7ª%20edição+Versão+Final.pdf/6e874adb-44d7-490c-8967-b0acd3923f6d>.

TRIBUNAL DE CONTAS DA UNIÃO (TCU). *Relatório e parecer prévio sobre as contas do governo da República*: exercícios de 2013. Brasília: Tribunal de Contas da União, 2014. Disponível em: <https://portal.tcu.gov.br/tcu/paginas/contas_governo/contas_2013/index.html>.

PARTE II

Funções do processo orçamentário na gestão organizacional: conceitos e interpretações sobre a realidade no âmbito da administração pública estadual

4. Reformas orçamentárias nas organizações: extraindo subsídios da literatura nos contextos brasileiro e internacional

Armando S. Moreira da Cunha
Roberto Bevilacqua Otero

A análise da literatura sobre experiências nos contextos internacional e brasileiro, incluindo relatórios, planos, textos oficiais e outros documentos relacionados com o tema, bem como o levantamento de sítios da internet mais associados à administração pública estadual no país evidenciam a escassez de estudos que explorem, em profundidade adequada, os desafios e as possibilidades de aperfeiçoamento do processo orçamentário nas organizações governamentais (o micro-orçamento), de forma que a implementação das políticas públicas e a provisão dos serviços públicos se deem sob padrões socialmente desejáveis.

Do repasse de estudos, como anteriormente referidos, explora-se, a seguir, aspectos de crítica importância sobre a dinâmica orçamentária organizacional, ressaltando-se que alguns dos aspectos selecionados também já receberam atenção em capítulos anteriores no presente texto.

A relação entre planejamento e orçamento

Os esforços de desenvolvimento da capacidade de planejamento estratégico em organizações governamentais brasileiras nos anos recentes, em muitos casos, não passam de um simulacro de mimetismo de "boas práticas".

Apenas para ilustrar, mencionam-se aqui experiências recentes de reformas no âmbito do Poder Judiciário, que se intensificaram a partir do início dos anos 2000, em cujo contexto "repensar o modelo de gestão em vigor nas organizações do Judiciário constitui-se em um dos requisitos críticos para que os propósitos das reformas possam ser alcançados" (Cunha, 2010:46). A criação do Conselho Nacional de Justiça, em 2004, não só ampliou as ações voltadas para as reformas de gestão na esfera judiciária como, nessa perspectiva, fez do planejamento estratégico organizacional uma das alavancas para a pretensa sustentação das mudanças no modelo de gestão dos tribunais no país (ver a Resolução CNJ nº 70, de 18/3/2009). Não obstante, a conexão entre o pensar estratégico e o processo orçamentário nas organizações do Judiciário continua sendo um terreno a explorar, para além das preocupações com a transparência da gestão orçamentária.

Exemplificando a complexidade da relação entre planejamento e orçamento noutro contexto da ação governamental, cabe mencionar a experiência da Marinha do Brasil (MB), uma das instituições pioneiras nas tentativas de promover tal integração no setor público brasileiro. Em 2013, a MB celebrou os 50 anos de criação do seu Plano Diretor (PD), que surgia no início dos anos 1960 com a pretensão de colocar em congruência o planejamento, a execução e o controle da gestão orçamentária e financeira no âmbito da Força.

Sobre isso, cabe destacar que os anos 1950 e 1960 foram um período de grande vigor teórico sobre planejamento: a ideia central era a de assegurar a racionalidade das decisões (Simon, 1957; Dahl, 1957, Lindblom, 1959). Certamente, a institucionalização do PD refletia, à época, as ideias e a experiência inicial no contexto militar norte-americano com a implantação do Planning, Programming and Budgeting System (PPBS). O modelo, que emergia como uma boa ideia de gestão, estava ancorado na integração entre planejamento e orçamento, buscando evitar que a dinâmica orçamentária no setor público se tornasse um processo repetitivo para financiar burocracias estáveis, voltando-se, em sentido oposto, para decisões sobre os propósitos e programas de governo.

Para muitos dos seus críticos mais ferrenhos, o PPBS falhou tanto por causa de suas inconsistências conceituais quanto por sua não compatibilidade com o sistema político. Wildavsky (1974), por exemplo, afirmava que as "estruturas programáticas" não faziam sentido para ninguém e não eram usadas para a tomada de decisões de qualquer importância. O insucesso da visão programática no âmbito do orçamento público, para além do contexto militar, foi justificado por Arvidsson (1986:630): *"The actual behavior of politicians and public administrators did not conform with the models. Goals, impacts, outputs, and processes could not be measured and analysed in accordance with the requirements of the PB-systems etc.".*

Entretanto, o autor chama a atenção que muitos dos elementos associados ao *PB-systems* foram utilizados em desenvolvimentos subsequentes. Cita como exemplo o caso da Suécia, no qual as discussões sobre o assunto levaram a um conceito mais amplo sobre efetividade. Segundo ele, desde os anos 1960, a efetividade na administração pública era associada ao alcance de metas em relação aos recursos utilizados; em outras palavras, com racionalidade econômica. O conceito mais amplo, ressalta, abrangia outros aspectos. Assim, um órgão governamental teria um desempenho efetivo se alcançasse seus objetivos na medida em que:

> (a) o fazia sob uma gestão econômica; (b) tomava em conta as demandas sobre os serviços públicos, a transparência pública e o devido processo; e (c) considerava as necessidades e a satisfação no trabalho por parte dos funcionários, bom ambiente de trabalho, segurança e possibilidade de desenvolvimento pessoal. [Arvidsson, 1986:630; tradução livre]

Ao comentar a experiência da Nova Zelândia, uma das principais referências sobre reformas orçamentárias desde os anos 1980, Schick (1996) indica a dificuldade de se estabelecer a ligação entre o planejamento e a gestão orçamentária como causa crítica para as decepções com modelos "racionais" para alocação de recursos nas organizações governamentais:

> *Because strategic plans cost money to implement, the most obvious link is to the budget. Using the budget to finance planned objectives especially important when initiatives have to be paid for by reallocating resources rather than by spending more money. Past attempts to link plans and budgets, such as the planning-programming-budgeting systems (PPBS) tried in the 1960s and 1970s, were unsuccessful, and there is little basis for expecting more favorable results if they were tried again. PPBS and similar approaches sought to forge programmatic links — the budget was to be the process for financing the programmes agreed in the plan.*

O planejamento estratégico como método para o desenvolvimento de estratégias nas organizações governamentais pode ser uma poderosa alavanca para a fixação e constante revisão dos objetivos e metas nos esforços de implementação de políticas públicas e prestação dos serviços públicos. Para isso, precisa se transformar na fonte mais importante de influência para definir estruturas orgânicas e as decisões sobre alocação de recursos — o orçamento (Cunha, 2010).

A partir de estudos sobre planejamento em organizações complexas no setor público, Barzelay e Campbell (2003:232), conforme já mencionado no capítulo 2, afirmam que as formas como os planos corporativos afetam a alocação dos recursos permanecem como algo muito pouco conhecido. Não obstante, segundo os autores, alguns pontos sobre o assunto têm se mostrado aplicáveis de uma maneira mais ampla no setor público. Entre os pontos que consideram mais genéricos, e que se pode observar na experiência de organizações do setor público brasileiro, destacam-se a influência da liderança, os arranjos organizacionais que abrigam as atividades de planejamento e de orçamento, e, naturalmente, as influências do ambiente externo às organizações.

Nesses mais de 50 anos que se passaram desde a criação do PD da MB, tornou-se imperativo transitar de um modelo de planejamento mais tecnocrático para uma prática mais em linha com a gestão pública estratégica. Uma das principais funções do planejamento e do desenvolvimento de estratégias para influenciar transformações e metas futuras se dá, assim, por meio da sua conexão com as demais funções organizacionais, como o orçamento. Entretanto, as evidências são de que isso ainda se constitui um grande desafio.

Tomando-se em conta, assim, experiências em diferentes organizações dos poderes da República e dos entes da Federação, o mais comum é observar a inclusão, como um dos objetivos estratégicos a serem alcançados, justamente a "integração entre o orçamento e o planejamento" ou "integração entre o orçamento e a estratégia". A reprodução desses objetivos ao longo dos diversos ciclos de planejamento não passa de uma constatação cabal do fracasso ou desinteresse (?) em sua persecução. Por que será? As razões para esse recalcitrante desafio, provavelmente, não estarão confinadas nos espaços das organizações do setor público (o micro-orçamento), mas deverão estar relacionadas, igualmente, com patologias localizadas no processo orçamentário no nível mais amplo da ação governamental (o macro-orçamento).

Até mesmo organizações reconhecidas pela maturidade dos processos de planejamento estratégico, como são os casos da Marinha do Brasil, do Tribunal de Contas da União, da Receita Federal do Brasil e do Banco Central do Brasil, pertencem a esse clube de órgãos em busca da tão acalentada e apregoada quanto, por outro lado, pouco praticada, integração planejamento/orçamento.

Sobre isso, observa-se, também, uma aparente incoerência entre as lógicas macro e micro no processo orçamentário no setor público. A lógica do macro-orçamento, já incorporada à prática vigente nas três esferas de governo, ainda que, muitas vezes, limitada ao formalismo e à burocracia do processo orçamentário brasileiro, está assentada sobre as bases da integração entre planejamento e orçamento (PPA/LDO/LOA), na qual a figura do programa exerce papel central. Isso é o que se infere, pelo menos, dos documentos e exaustivos trabalhos de formulação e aprovação do orçamento governamental. Esse é o ponto de partida e a linha de chegada do processo orçamentário das organizações do setor público, cujas informações sobre proposta, aprovação, execução e controle do orçamento são organizadas e embrulhadas com tal embalagem. Não obstante essa preocupação no nível macro, a questão não tem merecido, ao que parece, a devida atenção no nível micro. Trata-se de um esgotamento da integração no nível macro, dispensável no micro?

Mais ainda, é preciso se terem em conta as experiências acumuladas no âmbito internacional sobre as tentativas de ancorar a integração entre o planejamento e o orçamento na dimensão programática: "*Recent innovations indicate that it may be more fruitful to link plans and the budget in financial rather than programme terms. By establishing a multi-year budgetary framework, the government could reserve funds in future budgets for approved initiatives*" (Schick, 1996:59).

A indicação do autor inspira reflexões, tanto para o nível do macro-orçamento quanto para o do micro-orçamento.

A experiência mais abrangente de "contratualização" de resultados na gestão pública, entre os governos subnacionais brasileiros, segundo relatório do Ministério do Planejamento e Gestão, no âmbito do programa Prodev (Ministério do Planejamento, Orçamento e Gestão, 2009), é a do estado de Minas Gerais. Não resta dúvida sobre a importância dessa dimensão para que o processo orçamentário tenha crítica função na implementação de políticas públicas e na prestação dos serviços públicos (lógicas para lá de alinhadas). O estado de Minas Gerais tem sido referência sobre recentes esforços de reformas da gestão pública no contexto brasileiro, é de se notar a atenção do PPA 2012-2015 quanto à integração entre o PPA e a LOA. Nem isso, necessariamente, é garantia de reprodução dessa lógica nas organizações componentes da estrutura governamental.[1]

[1] Em experiência recente (2010) de desenvolvimento, pela FGV, de programa de treinamento abrangente para uma grande organização do estado de Minas Gerais (aproximada-

Na elaboração do PPA 2012-2015, no âmbito federal, observou-se a tentativa de desconstrução da vinculação detalhada e cartesiana entre ações da LOA e o PPA. A drástica redução do número de programas do PPA pretendia livrar o plano da captura pelo orçamento e, assim, de todas as consequências nefastas de sua elaboração. Tal medida, acompanhada da transferência da função integradora entre orçamento e planejamento para as organizações (o micro-orçamento), com a vantagem da flexibilidade no trato da questão, visto não estar na LOA, seria, provavelmente, uma evolução digna de alguns modelos internacionais exitosos. Infelizmente, a referida transferência não chegou a ocorrer.

Sintetizando os resultados de pesquisa realizada para o Programa Nacional de Apoio à Modernização da Gestão e do Planejamento dos Estados e do Distrito Federal (PNAGE), Abrucio (2005:406) aponta a questão referida com todas as cores:

> Os avanços identificados não privilegiaram a temática da gestão pública e suas inter-relações com o orçamento, o planejamento, as políticas públicas e as avaliações de desempenho. É exatamente aí que se encontra um dos principais nós para a melhoria da ação do Estado brasileiro, em geral, e dos governos estaduais, em particular.

Nas três afirmações a seguir transcritas, o autor oferece uma interpretação sobre a atualidade da gestão pública estadual que reforça, de forma contundente, a importância dos dois aspectos inter-relacionados até este ponto abordados: a integração planejamento/orçamento e a relação entre o macro e o micro-orçamento.

> Constatou-se, em primeiro lugar, que não há uma integração efetiva entre o planejamento, os recursos humanos, os sistemas de informação, as políticas públicas e as formas de governança democrática. [Abrucio, 2005:411]
>
> Esta fragilidade na integração sistêmica entre orçamento-planejamento-gestão tem como maior consequência a dificuldade de articular, primeiro o macro e o microplanejamento, e segundo, a formulação e a implementação de políticas. Sem resolver esta questão, será muito difícil transformar as intenções políticas em melhoria da qualidade dos serviços públicos. [Abrucio, 2005:417]

---

mente 240 participantes), um dos pontos que gozaram de unanimidade nos debates foi justamente a falta de integração entre o planejamento e o orçamento no âmbito da organização.

> A fragilidade gerencial, os desencontros com a política do macroplanejamento e a falta de qualidade na ponta do sistema são os problemas mais relevantes detectados pela pesquisa Pnage... [Abrucio, 2005:414]

Por outro lado, Abrucio (2005:408) constata que "o uso do plano plurianual (PPA) como instrumento de planejamento tornou-se um dos temas centrais da administração estadual — um pouco mais da metade dos estados usa intensamente este mecanismo e quase todos o utilizam de alguma maneira", fechando, assim, a dicotomia relatada.

Pollit (1999:74), ao explorar a temática da gestão financeira e da gestão de desempenho, volta-se, também, para a relação plano/orçamento e para a relação macro/micro, ao identificar como uma das perguntas-chave a serem elaboradas, cujos temas são mais associados aos processos internos de gerenciamento de programas e de execução orçamentária do que ao processo público de elaboração orçamentária, a seguinte: "Os gerentes do programa e os gerentes operacionais integram rotineiramente dados de gestão financeira e de desempenho em sua pilotagem de programas?"

A indagação acima desdobra-se em várias outras, como: "quão estreitamente está o processo de elaboração orçamentária ligado ao processo empresarial de planejamento, ou a seu equivalente mais próximo?"; "os gerentes operacionais envolvem-se de forma rotineira nas discussões sobre elaboração orçamentária?"; "existe composição de custos por atividade?"; "os sistemas de gestão de débitos e créditos incorporam alguma forma de metas de desempenho?"; e, ainda, "existem planos para permitir que a esfera de governo tome firmemente a direção da progressiva integração dos sistemas de gestão financeira e sistemas de gestão de desempenho, incentivando as principais partes interessadas a fazer bom uso dos dois tipos de informação?".

Controle do orçamento

A literatura enfatiza as pressões direcionadas para a avaliação da capacidade governamental em dar respostas às demandas públicas, e de alcançar eficácia e eficiência no desenvolvimento de programas e projetos. No contexto brasileiro, nas últimas duas décadas, constata-se que, de forma recalcitrante, prevalecem os controles sobre as despesas de custeio em detrimento dos controles sobre os propósitos organizacionais que reflitam a implementação de políticas públicas. Para a perpetuação dessa situação, são indicadas constantemente, de um lado, as dificuldades técnicas associadas à mensuração e avaliação dos programas e projetos e, de outro, a falta de mobilização e organização da sociedade com vistas a pressionar políticos, dirigentes e gestores das organizações governamentais.

As dificuldades técnicas têm a ver com o desenho institucional, como a distância e a separação entre agentes de execução e agentes de controle, ou ainda, a promoção de maior envolvimento e retorno sobre resultados da mensuração e avaliação.[2] Têm a ver com a própria dinâmica do ciclo orçamentário, isto é, que os resultados obtidos por meio da avaliação do desempenho possam realimentar escolhas orçamentárias para o mesmo ciclo ou para o ciclo subsequente. Têm a ver, ainda, com a capacidade de estabelecer um modelo lógico de programação, do qual derivem indicadores de desempenho que permitam mensurar e avaliar programas e projetos (Cunha, 2007).

Levando-se em consideração o que a literatura tem ressaltado sobre controle orçamentário e, também, as novas demandas, tanto no ambiente interno na administração pública quanto as aspirações mais difusas da sociedade brasileira na atualidade, duas questões emergem para consideração e aprofundamento.

A primeira refere-se aos novos "papéis" das lideranças políticas, dos gestores e dos profissionais da administração pública no que concerne à mensuração e avaliação do desempenho de programas e projetos. Para isso, é preciso ter em conta as relações subjacentes ao que na literatura tem sido frequentemente denominado como "modelo do cliente", no qual cabe aos gestores públicos promover o equilíbrio entre as demandas e aspirações emanadas dos políticos, dos profissionais no setor público e dos "clientes" dos programas e projetos. Tais demandas conformam uma nova cultura administrativa no setor público, ainda que sustentada por um acentuado poder retórico e com significativa carga de ambiguidades.

A segunda questão relaciona-se com os conhecimentos, competências técnicas e valores requeridos para se criar uma cultura de mensuração e avaliação do desempenho de programas e projetos — *inputs*, produtos, e resul-

---

[2] Mensuração: registro rotineiro de *inputs*, produtos e resultados relacionados com as ações desenvolvidas pelos órgãos governamentais para documentar o desempenho dos programas e projetos. Avaliação: aplicação sistemática de métodos analíticos (investigação em ciências sociais) para levantar questões sobre as operações e resultados de programas e projetos. (Wholey, Hatry e Newcomer, 2017).

tados — nas organizações governamentais, para além da simples reação às ações promovidas pelos órgãos controladores que integram o sistema maior (capítulo 2).

Voltando-se para a experiência dos países da OCDE, Goñi (2001:12) analisa, desde os anos 1990, as relações entre a avaliação de políticas públicas e o processo orçamentário, chamando a atenção de que este constitui-se em especial oportunidade para promover aquela. Ao referir-se à integração entre o processo orçamentário e a avaliação de resultados, na prática, o autor indica que essa integração foi observada como muito mais difícil do que se esperava e afirma:

> *La mayoría de los casos analizados en este estúdio no presentan evidencias de políticas públicas. La asignación de recursos presupuestarios está movida por uma convicción doctrinal (ideologia de mercado) más que por un esfuerzo de concepción o evaluación de las políticas públicas.*

Para se investigar o papel que o orçamento cumpre nas organizações do setor público, no que concerne às relações entre o macro-orçamento e o micro-orçamento, os argumentos do autor são oportunos na medida em que chama a atenção para o fato de que a avaliação de programas e projetos não deixa de se constituir em certo risco para os órgãos controladores, como os Ministérios da Fazenda e do Planejamento. Isso porque a avaliação de resultados permite aos gestores argumentar a favor de um aumento dos gastos. Por outro lado, em sua opinião, "também é uma oportunidade para identificar cortes sustentáveis de gastos que não afetem a qualidade dos serviços públicos e a eficácia ou impacto dos programas públicos" (Goñi, 2001:5; tradução livre). E assim complementa:

> *La evaluación de programas no proporciona una solución inmediata contra la indisciplina pressupuestaria, y mucho menos a nível macro. Pero puede orientar a Hacienda en el diseño del marco de referencia para imponer una mayor disciplina de gasto (fijación de techos de gasto, distribución de limites agregados entre prioridades sectoriales, etc.). La integración de la evaluación al proceso pressupuestario, a nível de centro gestor, puede ser útil para que éstos se adapten a una situación en la que se necesitan reasignar recursos dentro de un limite pressupuestario impuesto desde Hacienda en el marco de un programa de estabilidad.* [Goñi, 2001:6]

Naturalmente, o que se pode denominar de "falha da integração" entre o processo orçamentário e a avaliação de impacto (resultados) dos programas e projetos levados a cabo por meio da ação governamental pode ser visto por outra ótica, a que toma em conta o desenho de estruturas e processos e a dinâmica das próprias organizações consideradas. Nessa perspectiva, assim se manifesta Goñi (2001:13):

> *Pero la falta de integración puede analizarse también desde otros puntos de vista. Por ejemplo, la integración organizacional o grado de cohesión de las estructuras y procesos en los que se lleva a cabo el presupuesto y la avaliación logicamente también influye. La claridade y coherencia en el diseño de roles y responsabilidades de los actores que componen la red de organizaciones que participan en el ciclo presupuestario, entendido de manera amplia, es un aspecto fundamental en este sentido.*

Complementa: "*Además, se ha demostrado que la evaluación tiende a estar más integrada cuando* ésta *se realiza por* órganos *supremos e independientes de auditoria como ocorre en el RU*".

Portanto, os desafios da integração planejamento/orçamento (lógica macro/lógica micro), planejamento/implementação, controle e avaliação orçamentária/resultados de políticas públicas teimam, ao longo de décadas, em testar a capacidade de se desenhar um processo em que a congruência entre essas perspectivas seja mais perceptível ou, dizendo de outra forma, onde a reunião dessas peças apresente algum sentido prático na administração pública, para além da retórica.

Além de outros desenvolvimentos prospectivos que se possam projetar para os anos à frente e que venham a afetar o papel do Estado e a governança, impõe-se tomar em consideração os desdobramentos da crise de 2008 para a gestão pública, numa perspectiva global. Como tais desdobramentos estão pressionando o processo orçamentário, seja na sua função de planejamento, seja na de controle, constitui-se em questão relevante para reflexão e ação. Alguns sinais parecem claros.

Uma das vertentes relevantes para consideração é a que busca relacionar a crise econômica com as reformas da gestão pública, em resposta à onda de liberalização econômica que se intensificou a partir do final dos anos 1970. Ao focalizar esse tema, Roberts (2013) argumenta que o clima intelectual que sustentou reformas da gestão pública centradas no que denomina de "governança tecnocrática", respaldadas, sobretudo, na atribuição de grande autonomia a órgãos governamentais, blindando-os em relação às mazelas do sistema político, mudou substancialmente em função da crise. Suas projeções apontam na seguinte direção:

> *This model of reform was, to a degree, utopian: it was premised on the belief that some of the most important aspects of government could be "taken out of politics". Skeptics were always available to question whether it was feasible or desirable to do this. So long as the global economy was growing quickly, those dissenting voices were unlikely to be heard. Circumstances have now changed, and it seems likely that we will pursue a less direct path, in which proposals for technocratic governance are qualified by, or perhaps entirely defeated by, demands for popular control over critical questions of public policy.* [Roberts, 2013:47]

Ainda que centrada nos países mais ricos e desenvolvidos, o último período da citação anterior pode ser trazido para o contexto brasileiro, no qual, obviamente, as circunstâncias são outras, mas com chances de levar às mesmas consequências quanto à intensificação das demandas da sociedade por mais controle sobre as políticas públicas. E, sob essa ótica, paira a importante questão de como as reformas do processo orçamentário — o macro e o micro — são capazes de contribuir para que o poder público aja em maior consonância com as novas demandas da sociedade.

A análise do autor é centrada nos EUA e em países do UK, onde a crise econômica foi mais acentuada, além de serem contextos nos quais sempre foram muito fortes os cânones da governança democrática tradicional. Não obstante, as reformas da gestão pública como resposta à liberalização econômica e, de outro lado, as soluções adotadas para lidar com os efeitos da crise fizeram emergir soluções "estranhas" à trajetória de não concentração exagerada de poder na tecnocracia. Cita, como exemplo, os poderes para se decidir, no âmbito do tesouro norte-americano, sobre que instituições do mercado financeiro salvar ou abandonar. Tais decisões "tiveram enormes consequências orçamentárias e econômicas quando tomadas por funcionários e dirigentes do Tesouro, com pouca oportunidade de debate pelo Legislativo e pela sociedade" (Roberts,2013:45; tradução livre).

Do ponto de vista prático, o que se infere dos desdobramentos da crise de 2008, no cenário internacional mais amplo, são tendências para se fortalecer a capacidade estratégica do Estado, a dimensão ética da governança, a transparência, o planejamento de longo prazo, regras fiscais, controle de gastos, orçamentos de médio prazo, adoção de critérios para medir o desempenho e comissões fiscais autônomas.

O papel dos órgãos setoriais de planejamento e orçamento: interpretações recentes no âmbito do governo federal

O estudo divulgado em 2013, abrangendo os órgãos setoriais de planejamento e orçamento no âmbito do governo federal (Ministério do Planejamento, Orçamento e Gestão, 2013), oferece elementos relevantes em face do tema ora focalizado. O quadro 1 apresenta alguns destaques extraídos do estudo.

Quadro 1
Diagnóstico dos setoriais de planejamento e orçamento federal
Destaques extraídos do estudo

TÓPICOS SELECIONADOS

→ Destaques de avaliação efetuada pelas equipes setoriais de planejamento:
- A avaliação das equipes de planejamento aponta que o processo de interação com a SPI é insuficiente em 55% dos casos.
- 45% das equipes setoriais de planejamento avaliam que os processos estabelecidos pela SPI são burocráticos e irrelevantes e 55% apontam que seriam relevantes.
- 60% das equipes de planejamento entendem que o Sigplan não tinha nenhuma utilidade para a gestão nos órgãos setoriais.

→ Atividades (frequência) das equipes de planejamento:
- Fazer acompanhamento intensivo de ações e programas estratégicos (nove de 19 órgãos abrangidos pela pesquisa).
- Levantar necessidades de alteração do limite orçamentário para o ano seguinte (dois de 19).
- Acompanhamento e controle orçamentário (dois de 19).
- Desenvolver metodologias para elaboração da proposta orçamentária setorial (seis de 19).
- Apoiar o órgão central do Sistema de Custos (nove em 19).

▶

- → Competências mais importantes para as equipes setoriais de planejamento:
  - Orientação para resultados (quatro em 19).
  - Acompanhamento e controle orçamentário (dois em 19).
- → Atividades (frequência) das equipes de orçamento:
  - Participar da gestão do sistema de informações gerenciais do órgão (quatro de 19).
  - Monitorar a execução de planos, programas e ações (quatro de 19).
  - Fazer o acompanhamento intensivo das ações e programas estratégicos (três de 19).
  - Apoiar o órgão central do sistema de custos (três de 19).
  - Coordenar a revisão periódica de objetivos, programas e metas setoriais que compõem o PPA (um em 19).
- → Principais competências das equipes de orçamento:
  - Monitoramento e avaliação de políticas públicas (dois em 19).
  - Orientação para resultados (um em 19).

Fonte: Adaptado de Ministério do Planejamento, Orçamento e Gestão (2013).

Uma primeira observação atenta aos itens selecionados[3] da pesquisa permite inferir a precária integração entre o macro e o micro na relação sistema de planejamento central/órgãos do governo federal.

Nos próprios órgãos, a dicotomia equipes de planejamento/equipes de orçamento, embora sob o manto de uma secretaria de planejamento e orçamento (SPOA), alimenta a dificuldade de integração entre esses processos de gestão. A frequência invertida de atividades associadas a cada um dos dois processos pelas equipes especialistas correspondentes (registradas nos itens seguintes do quadro) ilustra como uma solução estrutural (segmentar equipes de orçamento e planejamento em uma secretaria de planejamento e orçamento) pode alimentar o distanciamento entre os dois processos.

[3] Importante assinalar que o estudo do Ministério do Planejamento apresentou vários itens sobre atividades e competências das diversas equipes. No extrato apresentado no quadro 1 foram destacados itens que, aparentemente, poderiam significar algum tipo de incongruência com aquilo que se poderia esperar.

Curioso, ainda, observar que a competência de orientação para resultados não goza de muito prestígio em ambas as equipes setoriais, expressando a força da dimensão burocrática.

A atividade de apoiar o órgão central do sistema de custos não fica tão distante, também. Se essa função não se enquadra em planejamento e orçamento, onde restaria se abrigar?

A "frequência de acompanhamento intensivo de programas estratégicos" (fraca, porém um pouco maior nas equipes de planejamento do que nas de orçamento) também pode revelar mais um traço de distorção de algumas experiências nas organizações governamentais. Não bastasse a separação, na prática (todavia, negada pela modelagem dos sistemas), entre planejamento e orçamento, eis que surge o planejamento estratégico, eventualmente, separado dos demais, com vida e equipes próprias. O perigo é que isso possa servir de inspiração para, em nome da congruência organizacional, se instituir um "novo órgão" para promover a integração entre sistemas de planejamento estratégico, planejamento tradicional, orçamentos e custos.

Estudo já mencionado do Ministério do Planejamento, no âmbito do Prodev, aponta que, no Brasil, o movimento de inovação normativa e de implementação de contratos de gestão ganhou expressivo impulso nos governos estaduais.[4] As de São Paulo, Santa Catarina, Bahia e Minas Gerais são citadas como experiências exemplares. Portanto, parece que a lógica de desempenho e resultados vai-se infiltrando paulatinamente na administração pública estadual.

Um segundo relatório no âmbito do mesmo programa, neste caso cobrindo a esfera federal (Ministério do Planejamento, Orçamento e Gestão, 2009), identifica que:

> [...] em geral, a implementação de experiências de contratualização[5] de resultados busca promover uma série de benefícios que esses instrumentos alegada ou efetivamente possibilitam, tais como, a racionalização dos gastos do setor público, a melhora na coordenação e no acompanhamento do processo de descentralização, o aperfeiçoamento das informações disponíveis sobre o que as organizações públicas efetivamente fazem e a pos-

---

[4] Prodev. Referência contida em Premchand (2006).

[5] Palavra inexistente no vocabulário ortográfico da língua portuguesa. Mantida, aqui, sem aspas, a reprodução do documento original.

> sibilidade de melhor definir o que deveriam fazer, o aperfeiçoamento dos procedimentos de transparência e *accountability* em seu funcionamento, ou ainda, alcançar maior nível de flexibilidade e autonomia para o alcance de objetivos e resultados por parte das organizações que firmam seus compromissos com resultados. [Ministério do Planejamento, Orçamento e Gestão, 2009:3]

De certa forma, é alvissareira a constatação a que se chegou por meio dos diagnósticos do Prodev, visto que a lógica de resultados se constitui em um dos fundamentos para a reforma no processo de planejamento e orçamento governamental, considerando-se a experiência internacional mais amplamente, conforme ressaltado por Premchand (2006):

> Medidas de desempenho e ênfase em resultados. No contexto de um foco e responsabilidade crescentes, tais abordagens encontraram nova aceitação e assim se tornaram uma parte do pacote de reformas, agora amplamente defendido. Como uma parte desta abordagem, a ênfase é colocada nos elos entre os recursos alocados e o resultado esperado. Tais relações são então explicitamente incluídas nos acordos de desempenho entre os governos e os presidentes de agências executivas. Espera-se que esta orientação para o desempenho faça as agências concentrarem seus esforços no gerenciamento e na realização do objetivo da sua missão, mais do que na administração dos recursos. [Premchand, 2006:170]

Por outro lado, tal como enunciado por Bezerra (2008:30), estudo realizado por Almeida e Nerosky (2006), no âmbito do projeto EuroBrasil 2000, "ao analisar 23 pontos críticos do sistema orçamentário federal, coloca em causa a ligação lógica entre planejamento, orçamento e programação, o que remete à integração desses instrumentos, e à possibilidade efetiva de avaliar a performance dos gastos públicos".

Os pontos destacados pelo estudo referido, especificados de forma sumária no quadro 2, são igualmente importantes como elementos de referência para pesquisas que visem a compreender a realidade das organizações do setor público estadual no país.

Quadro 2

Aspectos críticos no sistema orçamentário federal

Problemas políticos
→ Falta de liderança
→ Falta de governança
→ Atuação do Congresso Nacional
→ Falta de transparência, de rigor e de informação ao público
→ Falta de tempo no calendário orçamentário
→ Deficiente coordenação dos vários níveis de governo
Problemas técnicos
→ Planejamento estratégico • Falta de clareza na definição • Ausência de planejamento estratégico setorial • Processo inadequado de revisão do PPA
→ Programação • Estruturação do orçamento em número excessivo de programas[6] • Dificuldades na execução de programas multissetoriais • Dificuldades de preparação e execução de programas envolvendo vários níveis de governo • Necessidade de melhor integração entre programação e planejamento
→ Orçamentação • Integração deficiente do orçamento com a programação • Necessidade de aperfeiçoamento do sistema contábil • Apropriação de custos insuficiente
→ Sistema de avaliação • Ausência total de gestão por objetivos • Inexistência de avaliação da eficiência no orçamento • Insuficiente qualidade dos indicadores • Fraca participação dos servidores na definição dos indicadores
→ Flexibilidade de gestão e responsabilização • Falta de flexibilidade e de responsabilização na gestão • Ausência de gestão contínua
→ Sistema de informação • Insuficiência de sistemas de informação pública • Inexistência de avaliação da eficiência no orçamento

Fonte: Bezerra (2008:30-36), onde transcreve estudos de Almeida e Nerosky.

[6] O PPA 2012-2015 do governo federal promoveu revisão substantiva do número de programas.

Os elementos constantes do quadro 2 abrangem e reforçam aspectos explorados anteriormente. Os "problemas técnicos" diagnosticados no âmbito federal foram observados nos estudos realizados sobre o contexto da administração pública estadual, conforme relato constante do capítulo 6, adiante. Detectar eventuais diferenças e as variáveis que possam explicá-las, como o ambiente político, foi alvo de especial atenção na pesquisa. Para isso, os "problemas políticos", listados na parte inicial do quadro 2, quando aplicados às realidades estaduais pesquisadas, constituíram-se em excelente fonte de inspiração para se entender possíveis diferenças das "realidades técnicas" dos processos orçamentários, nos níveis macro e micro.

Subsídios do mapeamento da experiência internacional

Ao se considerarem experiências estrangeiras, observou-se que o grau de insatisfação com conquistas, raramente alcançadas tal como pretendidas, poderia ser sintetizado nos itens a seguir, pela frequência com que costumam aparecer nos desafios reiteradamente manifestados:

- Dificuldades de integração entre lógica de desempenho e processo orçamentário;
- Informações críveis, relevantes e tempestivas;
- Qualidade de indicadores, em especial, os de efetividade;
- Sensibilização dos escalões superiores (de todos os poderes);
- Comprovação da eficácia de modelos de retribuição ao desempenho (órgãos e pessoas);
- Avaliações transversais entre programas (*cross-cutting analysis*); e
- Preparo técnico das diversas estruturas, notadamente em orientação para resultados e avaliação de programas.

O foco do levantamento da experiência internacional não foi sobre o orçamento como um instrumento de implementação de políticas públicas e provisão de serviços públicos, isto é, como instrumento de gestão nas organizações governamentais. No entanto, os sete itens mapeados, anteriormente listados, alguns de forma direta, outros, indireta, relacionam-se com o interesse do tema tratado no presente texto.

Muitos trabalhos publicados a partir dos anos 1980 relatam iniciativas de reformas da gestão pública mundo afora. Um dos aspectos mais instigantes desses relatos é a semelhança entre as iniciativas de reformas, não obstante os distintos contextos políticos, econômicos e culturais em que são aplicados.

> *The contemporaneous appearance of similar public sector in countries as varied in their economic and political systems as the United States, Korea, the United Kingdom, Portugal, France, Brazil, Australia, Sweden, New Zealand and Canada is a natural topic for scholarly investigation and discussion. Whether the innovations represent a "paradigm shift" in Thomas Kuhn's (1962) sense is an empirical question largely unanswered. That the characteristics elements of the innovations seem founded on a set of shared principles appears more evident.* [Kaboolian, 1998:189]

Assim, a pesquisa de campo sobre realidades da administração pública estadual brasileira, no nível das organizações, deveria gerar evidências quanto à tendência mencionada no que se refere à universalização de soluções de reformas da gestão pública, numa perspectiva comparada. Nesse sentido, entre as mudanças buscadas no processo orçamentário extraídas do contexto internacional, as seguintes proposições foram consideradas como inspiração relevante para a formatação dos questionários e entrevistas aplicadas na pesquisa relatada no capítulo 6:

(i) Exigir que os órgãos produzam planos estratégicos com metas de desempenho de médio prazo;

(ii) Focar as metas de desempenho em efeitos e impactos, além dos produtos e serviços;

(iii) Apresentar estimativas de custos sociais e ambientais, além de impactos financeiros nas propostas de novos programas e atividades;

(iv) Incorporação clara das linguagens orçamentárias que explicitem o que as organizações entregam à sociedade (os "produtos") e os efeitos pretendidos em decorrência desses "produtos", isto é, os resultados, junto às populações beneficiárias;

(v) Melhorar a qualidade das apresentações e dos relatórios que vinculem informações sobre programas, recursos e resultados;

(vi) Definir que os planos estratégicos dos órgãos, metas e efeitos desejados sejam a base para determinar o pagamento de prêmios de desempenho aos servidores e para outras decisões sobre pessoal;

(vii) Acentuar, no processo orçamentário, o uso da informação sobre desempenho para informar, e não para determinar, a alocação dos recursos;

(viii) O caráter de aprendizagem deve prevalecer sobre o de prestação de contas no uso das informações sobre o desempenho;
(ix) Cada órgão de governo deve tornar público no sítio da internet plano estratégico para período não inferior a quatro anos;
(x) Priorizar os usuários das informações — legisladores, mídia e público em geral —, considerando suas necessidades, para aumentar a utilidade dos relatórios de gestão;
(xi) Identificar área (no órgão central de planejamento e orçamento) especificamente voltada para orientar e assegurar que os planos estratégicos dos órgãos sejam consistentes com a proposta orçamentária do governo;
(xii) Realizar investimentos apropriados em capacitação em planejamento estratégico, mensuração, planos de desempenho com ênfase especial em como utilizar informações sobre o desempenho para melhoria dos programas;
(xiii) Estabelecer canal de consultas entre os órgãos do governo federal e comitês do Congresso, no mínimo a cada dois anos, para o desenvolvimento e ajustamento dos planos estratégicos; e
(xiv) Adotar a contabilidade e o orçamento por competência.

O orçamento público e o público

Os esforços de reforma do processo orçamentário devem necessariamente considerar: as percepções de diferentes segmentos da sociedade sobre o orçamento público; as medidas estruturais no setor público que viabilizem as decisões sobre políticas públicas; e as fragilidades institucionais e organizacionais que obstaculizam a implementação dessas políticas.

Rezende e Cunha (2002) manifestam a forte convicção de que o alcance da qualidade da receita e da despesa pública, numa perspectiva multifacetada, está condicionado pela conjunção de: (1) ideais de políticas públicas; (2) controle do desempenho do setor público; e (3) *accountability* de políticos, gestores, profissionais e demais servidores públicos em relação a diferentes *accountees* na busca pelo atendimento do que seja o interesse público.

Sobre a relação entre o processo orçamentário e o interesse público, a par de se atribuir à dimensão política uma importância dominante (as decisões no processo orçamentário são escolhas políticas), é interessante se ter em conta que a natureza dos mecanismos de escolhas orçamentárias pode determinar, ao menos em parte, o teor do interesse público. Entre outras questões relevantes, está a que se refere à divisão entre as funções políticas e técnicas para os "atores" no processo orçamentário: até que ponto os que exercem cargos políticos participam suficientemente do processo orçamentário ou, ao contrário, preferem deixar isso para os gestores técnicos e especialistas em orçamento? Nesta hipótese, os orçamentos expressariam a opinião de especialistas e não necessariamente uma expressão de escolhas de políticas públicas. Um dos espaços orgânicos nos quais esse fenômeno pode ocorrer com mais intensidade, e, portanto, gerando importantes consequências, é exatamente o órgão central de orçamento.

Tomando-se em conta os dois grandes grupos nos quais podem ser classificadas as concepções quanto à estrutura do interesse público, as de caráter unitarista e as de caráter individualista (Meyerson e Banfield, 1955), implicando, respectivamente, processos de escolhas cooperativos, e processos de escolhas conciliando fins competitivos, a experiência brasileira na área do orçamento governamental, refletindo o contexto político mais amplo, parece evidenciar a prevalência da concepção unitarista. A transição política em curso desde os anos 1980, contudo, poderá aumentar as pressões no sentido de uma concepção mais individualista do interesse público nos anos à frente. Tal fenômeno deverá exigir, entre outras coisas, a revisão do papel dos órgãos centrais de planejamento e orçamento.

Harmon (1969) argumenta que o interesse público deve ser visto como descrição e não como prescrição e, assim, como processo e não como substância. O pensamento do autor respalda a convicção aqui ressaltada de que a avaliação da política orçamentária no Brasil, como componente da política de gestão pública mais ampla, deve focar no processo (e não na substância das decisões) por meio do qual é formulada. Nessa perspectiva, a identificação do interesse público a ser projetado nas decisões orçamentárias dependerá da possibilidade de se garantir que valores, interesses e preferências sobre políticas públicas na sociedade possam fluir sistematicamente. Naturalmente, isso impõe a necessidade de se repensarem os mecanismos institucionais e organizacionais existentes para sustentar o processo orçamentário no setor público, em todos os níveis de governo e, muito provavelmente, a necessidade de se criarem novos mecanismos.

A visão de gestores e dirigentes no nível da macroestrutura do setor público

A observação das discussões e interpretações da realidade da ação governamental no país, sobretudo por ocasião de encontros direcionados para discutir reforma orçamentária nos últimos 15 anos, revela grande sensibilidade de gestores e dirigentes para as "influências políticas" nas decisões do macro-orçamento no setor público.

Deixando-se de lado os diferentes significados atribuídos ao que se denomina de "influências políticas", está subjacente a essa ideia a percepção de que a consolidação democrática no país deverá levar ao crescimento do grau de "incrementalismo" das decisões orçamentárias no nível macro, no qual se dá a formulação das políticas públicas.

Por outro lado, nesses encontros tem sido ressaltado que, "de uma forma geral", os órgãos centrais relacionados com o orçamento público (planejamento e fazenda) são "bem aparelhados". Já os órgãos responsáveis pela implementação das políticas e provisão dos serviços públicos são "extremamente desestruturados e fragilizados". Reconhece-se a dramática necessidade de se diminuir essa discrepância.

Não obstante, a interpretação é a de que os órgãos centrais são considerados "bem aparelhados" para desempenhar suas funções no nível do macro-orçamento, com todas as limitações existentes para isso, mas também têm fragilidades na sua gestão interna, o que acaba por repercutir nos órgãos da "ponta". Tomam iniciativas para desenvolver coisas interessantes e necessárias (por exemplo: análise de risco), mas que não têm continuidade.

Interpretações mais críticas de gestores e dirigentes sobre os paradigmas do gasto público no país indicam que os órgãos centrais atuam como se fossem trincheiras (os controladores), para defender o centro do governo dos "gastadores". Seria o paradigma da desconfiança. Criam-se burocracias gigantescas de controles, irradiando o medo nos "gastadores". Percebe-se uma clara consciência nos próprios órgãos centrais sobre o dilema implementar estratégias de governo *versus* controlar gastos. Lidar com esse dilema implica, certamente, desprendimento quanto a prerrogativas mantidas pelos órgãos centrais, mas não só.

Tais interpretações parecem sinalizar para dois importantíssimos aspectos que devem merecer atenção. Se a tendência ao "incrementalismo" orçamentário se acentuará com a maior vitalidade da democracia no país, ganha especial relevância a criação de capacidades nas organizações governamentais para elaborar e implementar orçamentos menos incrementais, como uma espécie de contraforça ao que tende a ocorrer no nível do macro-orçamento, "estabelecendo um padrão de gestão voltado para a melhor utilização dos recursos existentes" (Rezende e Cunha, 2005:20).

Ecos da conjuntura brasileira: a governança das organizações governamentais e a malversação de recursos públicos

Os acontecimentos recentes associados à conexão espúria entre organizações governamentais da administração direta e indireta do governo e o sistema político chamam a atenção dos cidadãos/eleitores/contribuintes para o que se passa para além do macro-orçamento no setor público, no qual preponderam as dimensões política e econômica do orçamento público.

Esses episódios estão iluminando, mais nitidamente, o que se passa no âmbito das organizações, onde se implementam as políticas e se prestam os serviços públicos de diferentes naturezas à sociedade. Evidenciam-se os efeitos perversos da negligência recalcitrante com a política de gestão pública e da falta de atenção aos novos conceitos e práticas administrativas e estilos de organização. Compreender essa realidade e identificar necessidades de mudanças nas dinâmicas internas e nas relações externas dessas organizações, num contexto de ação governamental que se caracteriza pela transição e pela pluralidade, é desafio fundamental para o aperfeiçoamento do processo orçamentário no setor público.

Repensando o papel dos órgãos centrais de orçamento

Schick (2001) chama a atenção de que o papel tradicional do órgão central de orçamento era o de funcionar como posto central de comando e controle, especificando itens de despesa, monitorando a adequação às normas, assegurando que os recursos fossem os definidos no orçamento e intervindo quando apropriado. Tal papel, segundo ele, está em contradição com as reformas de gestão pública que se intensificaram desde meados dos anos 1980.

Por outro lado, a definição de um novo papel para o órgão central de orçamento, no contexto de uma gestão voltada para resultados e com maior poder discricionário dos gestores, requer balanceamento entre a crítica necessidade de disciplina fiscal e maior liberdade de ação aos gestores.

Some-se ao aspecto anterior um conjunto de tensões que afetam a atividade governamental como pressões para eliminação de *déficits* e a perda de confiança na capacidade de os governos democráticos desempenharem o que é esperado deles:

> *Governments facing these tensions cannot effectively control the budget by operating the detailed controls that served them so well in the past. Trying to do so may weaken their control of the totals, hobbel efforts to reprioritise the budget, and degrade the efficiency of public expenditure. This is the paradox of contemporary budgeting: central control of the items of expenditure may not give the center effective control of the budget.* [Schick, 2001:10]

A propósito de um conjunto de mudanças requeridas no órgão central de orçamento, o autor indica:

> *In countries that have decided to transform public administration, the incompatibility of central control of operations and managerial freedom has forced the budget office to revamp its operations. In the typical case, the budget office has divested most (or all) ex ante control of running costs and now leads the effort for management improvement. It has a major role in devising new institutional arrangements, integrating budgeting with other management processes, prodding departments and other public entities to measure performance and evaluate results, developing new guidelines and methods for holding managers accountable, and installing new information and reporting systems. As they gave withdrawn from de old roles, reformed budget offices have beenbusy with the new ones.* [Schick, 2001:11]

As tentativas de inovação na gestão pública no contexto brasileiro, no sentido de se fortalecer a capacidade de os órgãos governamentais se aproximarem de um foco voltado para resultados, são uma realidade, em que pese uma série de lacunas e idiossincrasias que marcam o processo evolucionário de gestão pública no país.

Ainda segundo as indicações de Schick (2001), no período de transição de uma gestão burocrática para uma gestão focada em resultados, em muitos países, os órgãos centrais de planejamento e orçamento transformaram-

-se em verdadeiros postos centrais de inovação gerencial. Isso tem ocorrido justamente por terem a força da responsabilidade pela alocação de recursos, o que não necessariamente significa a manutenção desse papel com a mesma intensidade após a consolidação das novas práticas de gestão no país. Em geral, após esse período de transição, esses órgãos retomam seu papel central de alocação de recursos, no entanto, com um foco mais voltado para o monitoramento sobre os resultados que os órgãos executores entregam com os recursos recebidos.

A atuação dos órgãos centrais de orçamento está voltada para três funções básicas: garantir a disciplina fiscal agregada (o controle efetivo dos totais orçamentários); alocar recursos de acordo com as prioridades governamentais (que inclui a capacidade de mover recursos entre novas prioridades e de forma mais produtiva); e promover a eficiência na entrega dos serviços (o estímulo à redução progressiva dos custos da prestação dos serviços com os recursos disponibilizados).

Justamente a ênfase no papel de estimulador da eficiência na prestação dos serviços pelos órgãos executores é o que estabelece um contexto de maiores expectativas em torno de o órgão central de orçamento passar a incluir no rol de suas atribuições o desenvolvimento de competências como: aprimoramento dos sistemas de informação e controle, incentivos ao fortalecimento da capacidade de planejamento dos órgãos executores, novas formas de especificar e monitorar resultados, maior cobrança dos gestores como agentes de mudança e inovação nos órgãos, aplicação de ferramentas para avaliação de custos e produtividade, bem como de metodologias de apropriação de custos, entre outras atividades.

Argumento muito sólido é postulado pelo mesmo autor em publicação posterior, conforme a seguir:

> *To budget for results, governments must also manage for results; that is, they must organize administrative operations and deliver services to optimize the outputs that agencies produce. It is naïve to think that a government can manage on one basis and budget on an entirely different one. If management is regimented, with administrative actions centrally controlled and managers evaluated on the basis of compliance with procedural rules, it will be futile to try to budget for results. If managers do not care about results when they go about daily tasks, the budget will not care about results either. The practice of budgeting is encased in public management, and it is only*

when spending units are mobilized to perform well that government will be able to budget for performance. Government's dependence on transforming management vastly increases the difficulty of orienting the budget process to results. [Schick, 2004:97]

Em palestra proferida por ocasião do terceiro encontro promovido pela OECD em 2011 (Schick, 2011), foram apresentados pelo autor pontos adicionais que ressaltam os desafios associados à temática objeto deste estudo, destacando-se:

> Maior abertura e transparência dos governos, porém acompanhados de aumento na percepção dos cidadãos de que o governo não se tem desempenhado bem e desconsidera seus interesses;
>
> Baixos níveis de confiança no governo refletem o declínio real ou percebido do desempenho governamental, e a crise financeira pode proporcionar queda maior nos níveis de confiança dos cidadãos se a mesma proporcionar reduções significativas no volume ou na qualidade dos serviços, o que pode afetar, também, a necessária capacidade de mobilização de apoio a ajustes nos orçamentos;
>
> A crença de que os governos estão muito grandes, distantes e intrusivos;
>
> Aumento de expectativas superior à capacidade de os governos satisfazerem as demandas dos cidadãos, o que reforça o desapontamento e a descrença;
>
> A percepção de que o governo apenas retorna o que pega em impostos e o sentimento de traição, quando são cortados benefícios;
>
> A falta de *accountability* no reconhecimento de falhas pelo governo tem impacto maior na opinião pública do que os êxitos alcançados;
>
> O orçamento por desempenho pode ser um instrumento útil para aumentar o desempenho governamental e comunicar os resultados aos cidadãos. Para tanto, tem que ir além de uma mera lista de ações e entregas, incorporando de forma mais robusta a relação entre recursos e resultados;
>
> Desempenho deve ser uma medida de mudança, enfatizando-se alterações nos serviços relacionadas com os recursos, o que requer informações mais acuradas sobre custos e sua alocação; e
>
> A promessa de melhores resultados desacompanhada do provimento dos recursos necessários degrada o desempenho e a confiança. [Schick, 2011; tradução livre]

O controle externo sobre o orçamento público: reflexões sobre o papel dos tribunais de contas na atualidade

O controle externo na administração pública sofreu importantes alterações no Brasil a partir da Constituição de 1988.[7] Foram ampliadas as competências de fiscalização financeira e orçamentária que constavam da Carta anterior, acrescentando atribuições de fiscalização contábil, operacional e patrimonial. Outro reforço institucional à função de controle externo pode ser atribuído à Emenda Constitucional nº 19/1998 por meio da qual foi estabelecido o princípio da eficiência como um dos balizadores de todos os poderes das três esferas de governo, abrindo espaços na função de controle para além da verificação da legalidade da ação dos governos, reforçando o campo da auditoria de desempenho governamental.

Na esteira desse novo direcionamento, foi implantado o Projeto de Avaliação de Programas Públicos,[8] a partir de 1996, com o propósito de inaugurar uma nova dimensão de atuação do Tribunal de Contas da União (TCU), voltada para o desenvolvimento dos métodos necessários à avaliação da efetividade de programas e projetos governamentais.

Além da semente plantada para a quebra de paradigma do controle externo no país, o projeto mencionado resultou em produtos imediatos, cabendo citar o Manual de Auditoria de Natureza Operacional e a realização de programas-piloto de auditoria de desempenho governamental, conforme mencionado por Nardes et al. (2016:103), a seguir:

> Ainda em 1998, após enviar 24 servidores para treinamento em estratégia de implementação e disseminação das técnicas de avaliação de programas nas áreas de saúde, educação, meio ambiente e defesa, na cidade de Washington, Estados Unidos da América, o TCU realizou ampla auditoria de desempenho operacional no Projeto Educação Básica para o Nordeste (Projeto Nordeste), de responsabilidade da Secretaria de Educação Fundamental do

[7] Art. 70. A fiscalização contábil, financeira, orçamentária, operacional e patrimonial da União e das entidades da administração direta e indireta, quanto à legalidade, legitimidade, economicidade, aplicação das subvenções e renúncia de receitas, será exercida pelo Congresso Nacional, mediante controle externo, e pelo sistema de controle interno de cada Poder (CF/88). Nardes (2016).

[8] O Projeto surgiu por meio de parceria entre o TCU e a então Escola Brasileira de Administração Pública da Fundação Getulio Vargas (FGV/Ebap), envolvendo o Virginia Polytechnique Institute (VPI) e a National Academy of Public Administration (Napa), nos EUA.

MEC. O relatório que consolidou os achados da referida fiscalização apresentou um diagnóstico ainda atual sobre a situação da nossa educação.

Outra fonte de fortalecimento institucional dos tribunais de contas foi o Programa de Modernização do Controle Externo dos Estados e Municípios (Promoex), patrocinado pelo Banco Interamericano de Desenvolvimento (BID), a partir de 2004. O foco do Programa foi o investimento em competências de planejamento estratégico, soluções e gestão de tecnologia da informação, redesenho de procedimentos de controle externo, desenvolvimento de vínculos institucionais entre os tribunais de contas, gestão de pessoas e modernização administrativa.

Um dos resultados esperados de todo esse processo seria a instrumentalização do controle externo para a realização de auditorias de desempenho governamental. A compreensão desse direcionamento pode se beneficiar das definições apresentadas por Pollitt e colaboradores (1999:12) sobre o assunto:

> *Performance audit involves assessing whether government policies, programmes, and institutions are well managed and are being run economically, efficiently, and effectively. This is a task of potentially great significance — at a practical level for citizens, and at a more abstract level for the health and vitality of democratic governance.*
>
> *The most widely accepted definitions connect performance auditing with the review of the 'three Es' of public bodies or programmes:*
>
> - *Audit of the economy of administrative activities in accordance with sound administrative principles and practices, and management policies;*
> - *Audit of the efficiency of utilisation of human, financial and others resources, including examination of information systems, performance measures and monitoring arrangements, and procedures followed by audited entities for remedying identified deficiencies; and*
> - *Audit of the effectiveness of performance in relation to the achievement of the objectives of the audited entity, and audit of the actual impact of activities compared with the intended impact.*

O tema da auditoria de desempenho governamental recebe agregação importante de Barzelay (2002) ao instituir uma tipologia, conforme síntese apresentada no quadro 3.

Quadro 3
Tipos de auditoria de desempenho

Tipo	Abrangência da avaliação	Foco do trabalho
Auditoria de eficiência	Aspectos de operações governamentais ou de terceiros	Identificar oportunidades de diminuir o custo orçamentário para a produção de resultados
Auditoria de efetividade de programa	Aspectos selecionados do desenho e da operação do programa	Avaliar o impacto das políticas públicas, avaliar a efetividade do programa
Auditoria de capacidade de gerenciamento do desempenho	Aquela que afeta o desempenho das funções administrativas	Avaliar a capacidade de atingir objetivos genéricos de economia, eficiência e eficácia
Auditoria de informações de desempenho	Informação gerada pela medida do desempenho/sistemas de relatório	Validar/atestar a precisão da informação oferecida pela organização
Avaliação de risco	Todos os aspectos do desenho e da operação do programa	Identificar os principais riscos de interrupção do programa e suas fontes
Revisão da melhor prática de gestão	Aspectos da organização e operação do programa	Formular normas específicas para a melhor prática de gestão; revelar o desempenho relativo dos setores participantes
Revisão geral da gestão	Aspectos selecionados da estrutura organizacional, sistemas e programas	Avaliar a capacidade da organização para cumprir com sua missão no exercício de suas competências legais

Fonte: Barzelay (2002:25). Tradução autorizada pelo autor, realizada por Adriana Monteiro Vieira e Marcelo Barros Gomes.

O TCU, de forma mais intensa, e parte expressiva dos tribunais de contas nos estados, a exemplo de prática já consolidada nos países da OCDE, passaram a realizar auditorias de desempenho como parte de suas agendas de trabalhos. No entanto, ainda no esforço de mapeamento do atual estágio do controle externo no contexto brasileiro, cabe fazer menção ao avanço pretendido pelas cortes de contas quanto à governança pública.

Para ilustrar, o TCU, por meio do Acórdão nº 2.308/2010 — TCU — Plenário, recomenda a todos os órgãos governantes superiores que criem norma que torne obrigatório que a alta administração das instituições vinculadas estabeleça formalmente objetivos institucionais, indicadores e metas e os mecanismos pelos quais fará o acompanhamento da gestão para alcançar esses objetivos. Tal recomendação está lastreada na interpretação do já citado art. 70 da Constituição de 1988, que prevê que as instâncias do controle exerçam fiscalização sobre as operações do Estado para avaliar se está sendo alcançada a legitimidade, isto é, a "efetiva produção de serviços adequados ao interesse público", e que deva haver respeito à legislação (legalidade) e à "alocação adequada dos recursos disponíveis para produção do melhor resultado possível (economicidade)" (Nardes, 2013:21).

Ainda, no âmbito de iniciativas do controle externo voltadas para o papel de fortalecimento da governança, o TCU, em 2013, elaborou o Referencial Básico de Governança Aplicável a Órgãos e Entidades da Administração Pública Federal com o propósito de incentivar os agentes públicos na adoção de boas práticas de governança corporativa.

Posteriormente, em 2014, o TCU elaborou o *Referencial para avaliação de governança em políticas públicas*. O propósito foi o de orientar as unidades de controle na condução de trabalhos especificamente relacionados com a avaliação da governança em políticas públicas, identificando oito componentes de averiguação: (1) institucionalização; (2) planos e objetivos; (3) participação; (4) capacidade organizacional e recursos; (5) coordenação e coerência; (6) monitoramento e avaliação; (7) gestão de riscos e controle interno; e (8) *accountability*.

A Organização para a Cooperação e Desenvolvimento Econômico (OCDE) tomou a iniciativa de desenvolver estudo com vistas à identificação de boas práticas de governança pública adotadas por órgãos centrais dos governos nacionais — fazenda, planejamento e casa civil — e Entidades

Fiscalizadoras Superiores (EFS), no âmbito de um grupo de 10 países,[9] incluindo o Brasil. São contemplados, nesse estudo, sistemas de planejamento e orçamento público, sistemas de administração financeira, sistemas de controles internos, sistemas de gestão de riscos, sistemas de monitoramento e avaliação de políticas públicas e sistemas de prestação de contas.

Registre-se, ainda, o trabalho de fiscalização, iniciado em 4/8/2014 e encerrado em 23/5/2015, que teve por objeto a abordagem da governança pública em nível nacional a partir de levantamento realizado pelo TCU e a quase totalidade dos tribunais de contas do país, coletando-se informações junto a 380 organizações da administração pública federal, 893 organizações públicas estaduais e 6.497 organizações municipais. Nardes e colaboradores (2016:326) assim se referem ao trabalho:

> O diagnóstico obtido no levantamento sugeriu significativas deficiências na administração pública e confirmou a necessidade de um grande pacto nacional pela melhoria da governança pública. A maior parte das instituições apresentou baixa capacidade em quase todas as práticas do modelo de avaliação utilizado no trabalho.[10]

Como ilustração do quadro diagnosticado por meio desse esforço conjunto dos tribunais de contas, mencionam-se, a seguir, alguns exemplos dos resultados obtidos, conforme relatado por Nardes e colaboradores (2016:327-334):

- Mais da metade das organizações ainda em estágio inicial de capacidade em liderança;
- 31% das organizações em estágio inicial na prática de responsabilizar-se pelo estabelecimento de políticas e diretrizes para a gestão da organização e pelo alcance de resultados previstos;
- 24% das organizações não têm definido suas metas de resultado, ou seja, sem clareza sobre a adequação da aplicação dos recursos públicos;

[9] Brasil, Canadá, Chile, França, Coreia, Holanda, Polônia, Portugal, África do Sul e Estados Unidos

[10] Foi utilizado o Referencial Básico de Governança do TCU, que contempla três mecanismos de governança: liderança, estratégia e controle, que são divididos em 10 componentes, os quais possuem 32 práticas.

- 53% das organizações em estágio de capacidade inicial em estratégia, com baixo potencial de executar um processo de planejamento estratégico e em monitorar e avaliar o desempenho organizacional;
- Entre as organizações que realizam planejamento estratégico, 52% declaram que não executam a estratégia estabelecida ou o fazem de maneira inadequada;
- 54% das organizações encontram-se no estágio inicial da capacidade em controle (auditoria interna, gestão de riscos, transparência, responsabilização, prestação de contas etc.); e
- Quanto à gestão de riscos, 70% das organizações encontram-se no estágio inicial de capacidade dessa prática!

Com base nos referenciais de governança mencionados e no levantamento referido, foi estabelecido pelos tribunais um índice de governança pública (iGG) por meio de metodologia que atribui pesos aos quesitos avaliados. Os resultados desse trabalho, no âmbito estadual, são apresentados no quadro 4.

Quadro 4
iGG médio na esfera estadual, por região

Região	%
Centro-Oeste	44
Nordeste	41
Norte	39
Sudeste	52
Sul	55

Fonte: Nardes e colaboradores (2016:337).

Finalmente, cabe menção a outro esforço do controle externo voltado para o monitoramento e a avaliação da governança pública. O TCESP criou o índice de efetividade da gestão municipal (IEGM), que tem por finalidade avaliar a efetividade das políticas e atividades públicas desenvolvidas pelos gestores municipais. O índice é composto por 154 quesitos em sete áreas temáticas: educação, saúde, planejamento, gestão fiscal, proteção ao meio ambiente, cidadãos e governança da tecnologia da informação.

Outros tribunais de contas, como o TCEMG, passaram a desenvolver trabalhos dessa natureza, inspirados no modelo do TCESP, com tendência a montarem bases de dados que permitam comparação de desempenho.

Sobre a atuação das Entidades Fiscalizadoras Superiores (EFS) no plano internacional, cabe registrar estudo produzido pela OECD (2015:8-9),[11] o qual atesta que, embora a promoção da *accountability* por meio da supervisão continue a ser uma atividade essencial do trabalho das EFS, as mesmas também são ativas na avaliação de atividades-chave necessárias para a formulação de políticas e programas, implementação e avaliação, bem como seus resultados (programas e serviços). Além disso, as EFS estão cada vez mais usando seus conhecimentos para fornecer visão e previsão: uma visão sistêmica para identificar problemas e tendências transversais no curto prazo, assim como para prever as implicações e riscos a médio e longo prazos, avaliando o preparo do governo para enfrentar os desafios de política de longo prazo, tais como o clima e as alterações demográficas.

Acresça-se, ainda com base no relatório OECD referido, a riqueza de informações produzidas e comunicadas pelas EFS valendo-se das auditorias, de pesquisa e de seminários informativos. Parte do fortalecimento do papel das EFS em prol da governança deve-se ao fato de que essas entidades possuem olhar único sobre os governos e seguem como instituições com alta credibilidade entre as instituições públicas, mesmo diante da queda de confiança no Legislativo e no Executivo. Isso ganha maior importância ainda num contexto de descrença com o setor público, quando os responsáveis pela avaliação dos sucessos e dos fracassos de um programa são os mesmos responsáveis pelo seu desenho, aumentando o risco de que a avaliação resulte em tarefa meramente burocrática e produza resultados enviesados. Programas que tragam peso político ou sejam sensíveis aos cidadãos podem ser institucionalizados, mesmo que ineficientes, não efetivos e de alto custo. A fiscalização externa, a auditoria e a avaliação tornam-se mais pertinentes em um ambiente de falta de confiança e de intolerância ao mau uso de recursos públicos (OECD, 2015:14).

Os elementos anteriormente alinhados caracterizam, assim, um quadro atual de iniciativas do controle externo voltadas para um escopo de auditoria

[11] Tradução parcial de uma publicação da OCDE originalmente publicada em inglês sob o título: *Supreme audit institutions and good governance: overgisht, insight and foresigth* (Impressão preliminar). Secretaria de Macroavaliação Governamental (Semag para a tradução em português).

que abrange a governança, o desempenho e resultados, muito além, portanto, da auditoria restrita à legalidade e à *compliance*.

As reformas de gestão nas organizações do Poder Judiciário

Nos cenários de transformação institucional na área da Justiça no Brasil, a busca de maior vitalidade da gestão nas organizações da área ampara-se na constatação de que as tentativas voltadas para a eficiência econômica, para o progresso social e para a consolidação democrática nos últimos anos ressaltam que a observância das normas legais é crítica para esses propósitos. Não por acaso:

> Desde os anos 90 e, mais recentemente, no início de 2000, intensificaram-se os debates e a mobilização para a modernização das instituições judiciárias no País. Tal movimento é observável também no âmbito da América Latina e na atuação, inclusive, de organismos internacionais.
>
> Nesses cenários de transformação institucional, dois aspectos assumem especial importância como ponto de partida. Primeiro, quaisquer reformas têm na independência do Judiciário o principal alicerce para garantir, efetivamente, a prestação dos serviços jurisdicionais. Segundo, outras instâncias de decisão e a própria sociedade civil terão que ser envolvidas para a consecução das mudanças imprescindíveis. Serão necessárias novas bases legais, de adequado suporte administrativo e financeiro, além do envolvimento dos cidadãos, das empresas, dos partidos políticos, da imprensa e de outras organizações da sociedade.
>
> A grande discrepância hoje observada no contexto brasileiro entre o volume da demanda por decisões judiciais e o tempo necessário à sua solução afigura-se como alvo maior dos investimentos na reforma do Poder Judiciário. [Cunha, 2010:47]

Parece já haver razoável consenso de que a melhoria da capacidade do Judiciário em processar decisões, em tempo adequado, depende, entre outros fatores, de ações de inovação administrativa na busca de modelos de gestão mais inclusivos para os tribunais em todas as esferas da Justiça.

Assim, tem sido enfatizado que a vitalidade institucional das organizações do Poder Judiciário bem como a manutenção de sua imagem externa dependem de decisões conscientes de se reconstruírem, permanentemente, seus processos de trabalho e a qualidade de sua gestão.

> *An independent, competent, and efficient justice system is required to ensure that rights are made effective, that obligations are performed, and that rules are observed. Designing a justice system that encourages the creative resources of society and fosters exchange is a fundamental task that is not sufficiently valued. This task still lies ahead in many countries.*
>
> *Judicial reform should directly reduce waste and inefficiency and enable de judiciary to better serve its purpose. The effects of such improvement in the efficiency of justice will be felt outside the judicial system as well. To the extent that justice ensures that rights are effectively protected, obligations performed, and rules observed, squandering will be avoided, and incentives will be in place for creating, exchanging information, and strengthening the various sources of social well-being. Economic development and competitiveness gains are the concrete and specific results of those more general effects.*
>
> *In most Latin American countries, if not all, investing in judicial reform is profitable. The potential losers are individuals and groups who have stood to gain from inefficiency, bias, and incompetence, some living off idleness and others exploiting the flaws of the judiciary system to their own advantage.* [Pastor, 1998:64-65]

Em setembro de 2001, em iniciativa pioneira na vertente administrativa dos esforços de reforma do Judiciário no país, a FGV e o Tribunal de Justiça do Estado do Rio de Janeiro (TJRJ) firmaram acordo de cooperação técnico-científica que resultou em parceria institucional, que se estendeu por cerca de nove anos, para promover a "transformação administrativa indispensável à sustentação da independência, da competência e da eficiência da Justiça Estadual" (FGV, 2005:10), por meio de diferentes projetos específicos, consolidados num Programa de Fortalecimento e Modernização da Gestão do Poder Judiciário.

O Conselho Nacional de Justiça (CNJ) tem sido considerado uma das instituições responsáveis pela definição, orientação e controle dos esforços voltados ao aumento da eficiência e da eficácia da prestação jurisdicional no Brasil. Entre as várias atribuições nesse direcionamento exercidas pelo CNJ, destaque-se a definição do planejamento estratégico, de planos de metas e de programas de avaliação institucional do Poder Judiciário.

> Criar um sistema integrado de gestão e o planejamento estratégico é um desafio que levou o CNJ a firmar, em 25 de agosto de 2008, uma Carta do Judiciário com os órgãos desse Poder presentes no Encontro Nacional realizado naquela data em Brasília. Esta iniciativa foi um marco do projeto de planejamento estratégico nacional coordenado pelo CNJ. A Resolução nº 70 — CNJ, de 18 de março de 2009, formalizou e institucionalizou o Planejamento Estratégico do Poder Judiciário Brasileiro. [Amaral Jr., 2010:34]

O Tribunal de Contas da União (TCU), no mesmo ano de 2008 (Acórdão nº 1.603/2008 — Plenário), já indicava como essencial que o Judiciário promovesse ações visando disseminar a importância do planejamento estratégico e induzisse os órgãos de Justiça a efetuarem medidas para a elaboração, implementação e aperfeiçoamento do planejamento estratégico institucional.

Além da criação de mecanismos que visassem a ampliar o acesso à Justiça, ao aprimoramento da comunicação e atendimento ao público, ressalte-se a intenção de aproveitamento dos recursos humanos e materiais de forma racional e criativa, como o objetivo de otimização do uso dos recursos orçamentários.

No Planejamento Estratégico do Judiciário para 2015-2020,[12] dois grandes desafios foram transformados em objetivos estratégicos e que, notadamente, guardam relação entre si:

1. Aperfeiçoamento da gestão de custos:

   Refere-se à utilização de mecanismos para alinhar as necessidades orçamentárias de custeio, investimentos e pessoal ao aprimoramento da prestação jurisdicional, atendendo aos princípios constitucionais da administração pública. Envolve estabelecer uma cultura da redução do desperdício de recursos públicos, de forma a assegurar o direcionamento dos gastos para atendimento das necessidades prioritárias e essenciais aos órgãos da Justiça.

2. Instituição da governança judiciária:

   Formulação, implantação e monitoramento de estratégias flexíveis e aderentes às especificidades regionais e próprias de cada segmento de Justiça,

[12] Disponível em: <www.cnj.jus.br>.

produzidas de forma colaborativa pelos órgãos da Justiça e pela sociedade. Visa à eficiência operacional, à transparência institucional, ao fortalecimento da autonomia administrativa e financeira do Poder Judiciário e à adoção das melhores práticas de comunicação da estratégia, de gestão documental, da informação, de processos de trabalho e de projetos.

Os dois objetivos estratégicos estão fortemente associados ao foco no orçamento como instrumento de gestão nas organizações governamentais, objeto da pesquisa relatada mais adiante no presente texto. O tratamento do tema na estruturação da pesquisa, conforme descrito no capítulo 5, a seguir, foi desdobrado em seis dimensões de análise,[13] as quais abrigam um extenso conjunto de questões que abrangem todos os aspectos enunciados na descrição de cada um dos desafios/objetivos estratégicos do plano estratégico como anteriormente transcrito, em uma visão ampla da dinâmica orçamentária que, ao fim e ao cabo, dá condições de concretização, monitoramento e avaliação da estratégia.

Schick (1996) afirma que o investimento no planejamento estratégico poderá tornar as decisões orçamentárias menos arbitrárias. Mas a dinâmica orçamentária favorece tal condição, ou atrapalha, ou até mesmo impede? O orçamento é desdobrado em categorias que o integram ao plano? Qual é o grau de envolvimento de "atores" externos e internos no processo orçamentário? Que controles do orçamento são alinhados ao monitoramento do desempenho expresso no plano? Que práticas da execução do orçamento favorecem a gestão dos recursos na direção da eficiência operacional? Que "linguagem orçamentária" facilita a integração entre plano e orçamento e a indispensável transparência desse crítico processo de gestão?

Ao explorar caminhos para a maior vitalidade da gestão em organizações do Poder Judiciário, Cunha (2010) assim se manifesta:

> As decisões sobre alocação de recursos orçamentários, em qualquer organização do setor público, se dão sob três linguagens diferentes, embora inter-relacionadas. Os recursos são alocados com base nas unidades administrativas — a estrutura orgânica — responsáveis por realizar determinadas ações e tarefas. Os recursos são alocados, também, com base nos diversos

[13] As seis dimensões de análise da pesquisa: (1) conexão entre a organização e o sistema maior; (2) capacidade de antecipação; (3) transformar propósitos e objetivos em ações concretas; (4) congruência organizacional; (5) capacidade de reação; e (6) avaliação do desempenho organizacional.

itens de despesas — custeio e investimentos – que promoverão diferentes efeitos econômicos do gasto. E, a mais importante, os recursos são alocados pelos "produtos" que as organizações entregam à sociedade — a estrutura programática. É exatamente esta última linguagem orçamentária a de maior relevância para mostrar o que, de fato, se pretende entregar aos jurisdicionados, num determinado período, sob uma perspectiva individual e coletiva.

> Ao se examinarem os orçamentos dos tribunais, tal como constantes das leis orçamentárias, verifica-se que as estruturas programáticas adotadas podem ser muito aperfeiçoadas, de modo a propiciarem informações substanciosas sobre o que as organizações fazem com os recursos que lhes são disponibilizados.
>
> Em síntese, a linguagem orçamentária, além de se constituir a base para orientar a alocação, implementação e controle dos recursos orçamentários, pode moldar a própria imagem das organizações do Judiciário junto aos seus públicos.
>
> Assim, investir, por exemplo, no processo e na estrutura do orçamento dos tribunais, além de crucial para a qualidade da gestão, é requisito indispensável para aumentar a transparência e a "accountability" pública, vertical e horizontal (Bovens, 2005), de gestores e profissionais. [Cunha, 2010:51]

Os resultados de uma oficina de trabalho sobre o tema "orçamento como instrumento de gestão", organizada, em 2010, pelo Tribunal de Justiça de Minas Gerais,[14] com participação de magistrados e gestores, bem ilustram os desafios e questões que, em absoluto, se constituem em características específicas desse Tribunal. Ao contrário, os desafios e questões que emergiram durante a oficina refletem, de forma mais generalizada, o universo do Judiciário no país quanto a esse tema. A seguir, são listadas as seis principais propostas de recomendações que resultaram dos debates naquela ocasião:

1. Conscientização dos gestores e auto/alto envolvimento com a questão orçamentária;
2. Democratização do processo decisório do orçamento;
3. Capacitação dos servidores e magistrados no concernente ao planejamento e orçamento;
4. Adoção de linguagem orçamentária que traduza a substância do conteúdo da atividade-fim;

[14] Trabalho efetuado, sob o patrocínio da FGV Direito Rio, por Armando Cunha e Roberto Bevilacqua, em março de 2010.

5. Otimização das relações com os demais poderes; e
6. Adoção de estruturas e processos que viabilizem a prática do orçamento participativo no Tribunal.

Em síntese, avançar no conhecimento sobre a realidade do processo orçamentário nas organizações do Judiciário no âmbito estadual tem a ver, numa ótica mais alargada, com o fortalecimento institucional do Judiciário para que direitos sejam protegidos e obrigações e regras sejam cumpridas. Na perspectiva mais específica dos atuais esforços de aperfeiçoamento da gestão, não obstante os objetivos estratégicos já estabelecidos pelo CNJ para os próximos anos, o aperfeiçoamento das decisões orçamentárias e sua implementação constituem-se em crítico desafio aos tribunais no país.

Referências

ABRUCIO, Luiz Fernando. Reforma do Estado no federalismo brasileiro: a situação das administrações públicas estaduais. *Revista de Administração Pública*, Rio de Janeiro, v. 39, n. 2, p. 401-420, mar./abr. 2005.

AMARAL JR., José Bento. O Poder Judiciário e a gestão eficiente. *Cadernos FGV Projetos*, n. 12, maio/jun. 2010.

ARVIDSSON, Göran. Performance evaluation. In: KAUFMANN, Franz X.; MAJONE, Giandomenico; OSTROM, Vincent (Ed.). *Guidance, control and evaluation in the public sector*. Berlim: Walter de Gruyter, 1986.

BARZELAY, Michael. Instituições centrais de auditoria e auditoria de desempenho: uma análise comparativa das estratégias organizacionais na OCDE. In: SECRETARIA DE FISCALIZAÇÃO E AVALIAÇÃO DE PROGRAMAS DE GOVERNO (SEPROG). *O controle externo e a nova administração pública*: uma visão comparativa. Brasília, DF: TCU, 2002.

____; CAMPBELL, Colin. *Preparing for the future*. Strategic planning in the US Air Force. Washington, DC: Brookings Institution, 2003.

BEZERRA, Ricardo Alfredo Ribeiro. *Fortalecendo o vínculo entre recursos e resultados*. Monografia apresentada ao Prêmio SOF de Monografias da Secretaria de Orçamento Federal do Ministério do Planejamento, Orçamento e Gestão. Brasília: 2008.

CUNHA, Armando. A busca de maior vitalidade da gestão nas organizações do Poder Judiciário. *Cadernos FGV Projetos — Poder Judiciário e Gestão Eficiente*, v. 5, n. 12, p. 46-52, maio/jun. 2010.

____. Os desafios do Estado, da governança e da gestão orçamental. In: JEFATURA DE GABINETE DE MINISTROS DE LA NACIÓN. *Diálogo Argentina Brasil sobre gestión pública contemporánea*. Buenos Aires: Proyecto de Modernización del Estado, 2007.

DAHL, Robert; LINDBLOM, Charles E. *Politics, economics and welfare*. Nova York: Harper and Bros, 1957.

FUNDAÇÃO GETULIO VARGAS. *A reforma do Poder Judiciário no estado do Rio de Janeiro*. Rio de Janeiro: Editora FGV, 2005.

GOÑI, Eduardo Z. La integración de la evaluación de políticas públicas en el proceso presupuestario. *Revista do Serviço Público*, v. 52, n. 2, p. 5-17, abr./jun. 2001.

HARMON, Michael Mont. Administrative policy formulation and the public interest. *Public Administration Review*, v. 29, n. 5, p. 483-491, set./out. 1969.

KABOOLIAN, L. The new public management: challenging the boundaries of the management vs administration debate. *Public Administration Review*, v. 58, n. 3, p. 189-193, 1998.

LINDBLOM, Charles E. The science of the muddling through. *Public Administration Review*, v. 19, n. 2, p. 79-99, primavera 1959.

MEYERSON, Martin; BANFIELD, Edward C. *Politics, planning and the public interest*. Nova York: Free Press, 1955.

MINISTÉRIO DO PLANEJAMENTO, ORÇAMENTO E GESTÃO. *A experiência de contratos de gestão nos governos subnacionais brasileiros — produto 1*. Programa de estratégia e plano de ação para a efetividade do desenvolvimento do Brasil — Prodev. Brasília: MPOG, 2009.

____. *A experiência de contratualização de resultados no governo federal brasileiro* — pesquisa com órgãos supervisores de contrato de gestão. Relatório de pesquisa II. Programa de estratégia e plano de ação para a efetividade do desenvolvimento no Brasil — Prodev. Brasília: MPOG, 2009.

____. *Diagnóstico dos setoriais de planejamento e orçamento federal*. Parceria SOF-SPI e Assecor. Brasília, DF: MPOG, maio 2013.

NARDES, João Augusto Ribeiro. A prática de governança corporativa no setor público federal. *Revista de Tribunal de Contas da União*, Brasília, n. 127, p. 20-27, maio/ago. 2013.

____; AUTOUNIAN, Cláudio Sarian; VIEIRA, Luis Afonso Gomes. *Governança pública*: o desafio do Brasil. 2. ed. Belo Horizonte: Fórum, 2016.

OCDE. *Supreme audit institutions and good governance*: overgisht, insight and foresigth (Impressão preliminar). Paris: OCDE, 2015.

PASTOR, Santos. What to expect of judicial reform in justice delayed. Judicial Reform In: JARQUIN, Edmundo; CARRILLO, Fernando (Ed.). *Latin America*. Washington, DC: Inter-American Development Bank, 1998.

POLLIT, Christopher. A integração da gestão financeira e da gestão por desempenho. *Revista do Serviço Público*, Brasília, v. 50, n. 4, p. 48-80, out./dez. 1999.

____ et al. *Performance or compliance?* Performance audit and public management in five countries. Nova York: Oxford University Press, 1999.

PREMCHAND, Arigopudi. Temas e questões sobre a gestão da despesa pública. In: GIACOMONI, James; PAGNUSSAT, José Luiz (Org.). *Planejamento e orçamento governamental*: coletânea. Brasília: Enap, 2006. v. 2, p. 155-184.

REZENDE, Fernando; CUNHA, Armando. *Contribuintes e cidadãos*. Compreendendo o orçamento federal. Rio de Janeiro: FGV Editora, 2002.

____; ____. *Disciplina fiscal e qualidade do gasto público*. Fundamentos da reforma orçamentária. Rio de Janeiro: FGV Editora, 2005.

ROBERTS, Alasdair. The rise and fall of discipline: economic globalization, administrative reform, and the financial crises. In: MADUREIRA, César; ASENSIO, Maria. *Handbook de administração pública*. Lisboa: INA, 2013.

SCHICK, Allen. Repairing the budget contract: balancing high expectations and low trust. In: ANNUAL OECD MEETING OF PARLIAMENTARY BUDGET OFFICIALS, 3rd, Stockholm, Sweden, 28-29 abr. 2011. (slides).

____. The changing role of the central budget office. *OECD Journal on Budgeting*, v. 1, p. 9-26, 2001/2002.

____. *The spirit of reform*: managing the New Zealand state sector in a time of change. Wellington, New Zealand: State Services Commission and the Treasury, 1996. Disponível em: <www.ssc.govt.nz>.

____. Twenty-five years of budgeting reform. *OECD Journal on Budgeting*, v. 4, n. 1, p. 81-102, 2004.

SIMON, Herbert. *A behavioral model of rational choice in models of man, social and rational*: mathematical essays on rational human behavior in a social setting. Nova York: Wiley, 1957.

TRIBUNAL DE CONTAS DA UNIÃO. *Referencial básico de governança aplicável a órgãos e entidades da administração pública*. Brasília: TCU, Secretaria de Planejamento, Governança e Gestão, 2013.

____. *Referencial para avaliação de governança em políticas públicas*. Brasília: TCU, 2014.

WHOLEY, Joseph S.; HATRY, Harry P.; NEWCOMER, Kathryn E. *Handbook of practical program evaluation*. 3. ed. San Francisco, CA: JosseyBass, 2017.

WILDAVSKY, Aaron. *The politics of the budgetary process*. 2. ed. Boston: Little Brown, 1974.

5. As funções do processo orçamentário nas organizações: um quadro de referência para interpretação da realidade e para as transformações necessárias

Armando S. Moreira da Cunha
Roberto Bevilacqua Otero

O propósito do presente capítulo é duplo. O primeiro, e mais abrangente, é o de apresentar uma visão sobre a "fisiologia" orçamentária nas organizações do setor público, isto é, que funções o processo orçamentário pode idealmente exercer na gestão organizacional. Nessa perspectiva, espera-se que a visão apresentada possa servir como subsídio a interpretações sobre a realidade da dinâmica orçamentária nos diferentes tipos de organizações que integram a administração pública e, em consequência, fazer emergir agendas para inovação.

O segundo propósito, mais específico, é o de explicitar as bases conceituais que orientaram a concepção e o desenvolvimento do estudo teste-piloto sobre o processo orçamentário em organizações do setor público estadual no país, a partir das percepções de "atores" experientes em órgãos executivos estaduais, em tribunais de Justiça, em órgãos centrais de planejamento e orçamento no âmbito do Poder Executivo estadual e em tribunais de contas estaduais, conforme relatado a seguir.

1. A dinâmica orçamentária e os desafios da gestão pública contemporânea

A modernização do Estado brasileiro, a par da definição de seu papel na organização da economia, depende de reformas profundas na gestão pública.

Não obstante, a persistência da prática de se buscarem soluções *ad hoc* para o enfrentamento de problemas administrativos que desafiem a governabilidade do país já dava sinais claros ao longo dos anos 1990.

As transformações políticas, econômicas e sociais que têm marcado a sociedade brasileira desde os anos 1980 estão a exigir novas ideias, conceitos, práticas e métodos que promovam o aperfeiçoamento das decisões, e sua implementação, no processo orçamentário no setor público.

Qualquer esforço de inovação no processo orçamentário que tenha como propósito maior provocar mudanças na qualidade da gestão pública, seja no âmbito dos poderes da República, seja no âmbito federativo, implica a idealização de transformações nos níveis do macro-orçamento e do micro-orçamento (Cunha, 2014).

A observação da atual realidade sinaliza claramente que o problema tem menos a ver com o volume do gasto e mais com as fragilidades de controle da qualidade do dispêndio público.

De um lado, isso requer movimentos de inovação mais abrangentes, como a melhora da dinâmica da formulação e do teor das políticas públicas, como o aperfeiçoamento da lei de licitações, e da vitalidade do controle externo sobre a administração pública, por exemplo. Esses movimentos se refletirão no macro-orçamento.

Por outro lado, é preciso avançar na mensuração e na avaliação sistemática da implementação das políticas e da prestação dos serviços públicos, na capacidade de gerar boas ideias sobre gestão, na qualidade dos projetos, nos editais de licitação, e no reforço ao *éthos* do servidor público, não apenas em seletos e bem protegidos nichos, mas em todas as esferas da administração pública.

Já quase ao final da segunda década do novo milênio, os desafios no nível mais amplo da política de gestão pública ainda carecem de respostas contundentes: como melhorar o desempenho das organizações governamentais por meio de práticas organizacionais capazes de influenciar o exercício das funções essenciais de governo?

Essas mudanças, entre outras, longe de terem caráter revolucionário, podem se constituir em aperfeiçoamentos sustentados, de natureza incremental, no âmbito das diferentes organizações do setor público, impactando, assim, o micro-orçamento. Existem evidências para se acreditar que esse "investimento" poderá ter impactos de grande relevância para o desenvolvimento do país.

O papel dos dirigentes, gestores e profissionais que sustentam a ação governamental no nível das organizações, numa análise comparada no ambiente internacional, tem sofrido influências associadas às novas modelagens para a gestão pública que, supostamente, se adotadas, promoveriam um desempenho do setor público em consonância com o papel que lhe cabe na sustentação do progresso econômico e social.

Nessa direção, como enfatizado na literatura sobre reformas da gestão pública, vêm ganhando espaço, nos anos recentes, novas trilhas para inovação, tais como o uso de redes e a maior abertura para parcerias com a sociedade civil e o setor privado da economia, enfatizando a conexão como conceito na organização dos serviços públicos; a orientação voltada para o cidadão-eleitor-contribuinte; o aperfeiçoamento da qualidade; o desenvolvimento da capacidade de aprendizado dos indivíduos e das organizações; e a valorização do ambiente externo às organizações.

A experiência tem evidenciado que essas tentativas de inovação ganham ou não suporte político em função da capacidade de se mostrar congruência entre a retórica sobre a construção de organizações e os ambientes institucional, cultural e político; de se levar a audiência a tirar suas próprias conclusões sobre argumentação oferecida; da suspensão do descrédito na transformação das organizações governamentais; e da argumentação sempre em termos do interesse público (Barzelay, 2001).

Assim, parte-se, no presente estudo, da premissa de que o processo orçamentário pode desempenhar crítico papel para a diminuição do caráter aleatório da gestão nas organizações governamentais em prol da implementação das políticas públicas e da prestação dos serviços públicos, em consonância com os propósitos e objetivos definidos no macro-orçamento.

Sem qualquer pretensão de aqui propor ideias "prontas e acabadas" para as reformas orçamentárias no âmbito das organizações, entende-se que os esforços de construção da "inteligência orçamentária organizacional sustentada" (Cunha, 2013), conforme mencionado no capítulo 2, poderão se beneficiar das ideias a seguir alinhadas.

2. As funções do processo orçamentário na gestão organizacional

As principais funções que o processo orçamentário, em suas diferentes fases (capítulo 2), cumpre nas organizações do setor público, conforme ilustrado na figura 1, são:

(a) promover conexão entre a organização e o sistema maior
(b) sustentar capacidade de antecipação
(c) transformar propósitos em objetivos e ações concretas
(d) alcançar congruência organizacional
(e) garantir capacidade de reação
(f) servir de base para avaliação do desempenho organizacional

Figura 1
O orçamento e a gestão das organizações governamentais

Fonte: Os autores.

Explicitam-se, a seguir, o teor de cada uma das funções referidas e o detalhamento de práticas e procedimentos que lhes são inerentes e que podem subsidiar interpretações e reinterpretações sobre a realidade da dinâmica orçamentária organizacional e, se for o caso, definir o sentido das mudanças necessárias.

A compreensão do conjunto de funções, e respectivas práticas e procedimentos a elas associadas, evidencia duas importantes ideias complementares: (1) essas seis funções estão em permanente tensão; e (2) assumem importâncias diferenciadas em distintos momentos da realidade do macro-orçamento no setor público e da trajetória organizacional (nível micro).

Conexão entre a organização e o sistema maior

> Em que medida o processo orçamentário — elaboração, aprovação, execução e controle — contribui para a negociação sustentada entre a organização e os "órgãos controladores" (órgão central de planejamento e orçamento, Secretaria da Fazenda, Tribunal de Contas), bem como para a exploração das interdependências externas relevantes (órgãos equivalentes da esfera federal ou municipal, outros órgãos do Executivo, Legislativo e Judiciário) em face da missão institucional?

Nessa ótica, o ciclo orçamentário deve ser observado como uma sequência de decisões, conectando os contextos institucional e organizacional, verificando as interseções entre as perspectivas do orçamento público como expressão legal, como processo de escolhas e como instrumento de gestão.

Importa compreender as relações da organização no âmbito do Poder Executivo, consideradas as diferentes esferas governamentais na Federação, como também as conexões com os poderes Legislativo e Judiciário.

Práticas e procedimentos merecedores de avaliação:

- Iniciativa de se criarem categorias próprias da estrutura de programação orçamentária que comuniquem os principais produtos entregues à sociedade e que privilegiem a dimensão gerencial do orçamento, independentemente de como aparece na Lei Orçamentária Anual (LOA);
- Preocupação em se relacionarem as categorias de programação (programas, projetos e atividades) próprias do órgão com as categorias do macro-orçamento, conectando as dimensões gerencial e formal do orçamento;
- O órgão simplesmente reproduz o esquema que atende aos objetivos do sistema maior, sem maiores preocupações em organizar as informações para fins de gerenciamento interno;

- Importância atribuída ao esforço de planejamento dos recursos do órgão, independentemente de ser acionado pelo sistema maior, até mesmo para esticar o prazo de preparação das propostas a fim de dar respostas ao sistema maior e, ainda, para fortalecer as condições de negociação da proposta, a partir do acionamento do ciclo oficial;
- Empenho na identificação de oportunidades de integração entre programas e ações com os demais órgãos, ou de recursos entre iniciativas complementares, ou, ainda, de possíveis superposições que possam ser eliminadas em prol do uso racional dos recursos;
- Sensibilidade para a consideração de expectativas das partes interessadas dos demais poderes, no momento da elaboração do programa de trabalho do órgão e da projeção do seu desempenho;
- Predisposição à consideração de interdependências e complementaridades entre os programas propostos no orçamento e iniciativas de outras esferas de governo, no momento da elaboração da proposta orçamentária;
- Esforços para a consideração de expectativas dos *stakeholders* com o propósito de se moldar o conceito de desempenho e balizar a execução e o controle do orçamento;
- Grau de abertura dos órgãos centrais, na percepção dos executores de política pública, à consideração de objetivos, prioridades e resultados durante o processo negocial de fixação de valores aos orçamentos dos órgãos;
- Adequação e aderência do plano de governo no nível macro aos planos dos órgãos no nível micro e, consequentemente, o espaço de liberdade e criatividade dos órgãos para se organizarem com o propósito de cumprimento das diretrizes gerais de governo; e
- Percepção sobre o impacto de recursos provenientes de outros níveis de governo no orçamento do órgão.

Capacidade de antecipação

> O processo orçamentário reflete/contribui para o alargamento do horizonte temporal das ações organizacionais (o orçamento é anual, mas é formatado num quadro de previsões plurianuais)?

A verificação de como o processo orçamentário contribui para o desenvolvimento da capacidade de antecipação nas organizações se dá em três vertentes.

Numa primeira vertente, o foco está direcionado para as influências emanadas do sistema maior, compreendendo ações dos governos municipais, estaduais e as ações originadas no âmbito das instituições/programas do governo federal que transferem recursos diretamente para as organizações.

Uma segunda vertente tem a ver com a verificação da existência e o grau de institucionalização de planejamento estratégico organizacional, bem como a relação entre os propósitos e os objetivos derivados do processo de planejamento, qualquer que seja o horizonte temporal considerado, e as decisões anuais de alocação de recursos por meio do processo orçamentário.

A análise da capacidade de desenvolvimento de estratégias nas organizações pretende observar se estão ocorrendo, ou não, dois efeitos de grande importância para a qualidade da gestão organizacional (capítulo 2), conforme sugerido por Schick (1996):

(a) está servindo de contraforça à orientação de curto prazo associada à ênfase no planejamento orçamentário dos órgãos centrais do governo(?); e

(b) as decisões orçamentárias têm-se tornado menos arbitrárias?

Importante para essa finalidade é a verificação de como se dá, se for o caso, a integração planejamento/orçamento como um consciente processo intelectual na organização, reparando em especial, mas não exclusivamente, em que medida ocorrem: (1) a análise do ambiente global de atuação (levando à definição de políticas e estratégias); (2) a vinculação do planejamento de longo prazo com o planejamento de curto prazo (a organização e suas partes); (3) os objetivos específicos de cada unidade organizacional (acordos internos); (4) a elaboração do orçamento de cada unidade; e (5) a consolidação do orçamento anual.

Finalmente, a terceira vertente de observação diz respeito ao horizonte temporal das decisões orçamentárias no âmbito organizacional, independentemente da existência e do grau de intensidade e extensibilidade do esforço de planejamento e das influências emanadas do sistema maior.

Práticas e procedimentos merecedores de avaliação:

- Existência e níveis de estruturação e alcance do processo de planejamento estratégico do órgão;
- Condições de favorecimento à aderência interna ao plano estratégico do órgão;
- Informações sobre a abertura à participação e sobre a mobilização dos gestores e profissionais no processo de planejamento estratégico do órgão;
- Grau de alinhamento do plano do órgão ao *master plan* do governo;
- Nível de integração entre o processo de planejamento estratégico do órgão e o processo orçamentário;
- Extensão em que o processo de planejamento incorpora as variáveis externas como base para elaboração das estratégias do órgão; e
- Posicionamento sobre a base de critério adotado pelo órgão para a alocação dos recursos do orçamento.

Transformar propósitos e objetivos em ações concretas

> O processo orçamentário reflete adequadamente os propósitos e objetivos organizacionais?

Sobre essa função importa verificar, fundamentalmente, a linguagem orçamentária utilizada na organização, de forma a que se possam fazer inferências sobre se o processo orçamentário reflete adequadamente os propósitos e objetivos organizacionais, independentemente do grau de sua explicitação e institucionalização.

Nesse contexto, devem ser analisadas as estruturas para alocação de recursos (programática, econômica e orgânica) utilizadas, bem como suas relações e implicações para a tomada de decisões. Além da verificação sobre o teor das ações orçamentárias — são inteligíveis, objetivas e transparentes em relação aos propósitos e objetivos organizacionais a que supostamente se relacionam? —, deve ser, ainda, observado como se dá a preparação da proposta orçamentária no âmbito organizacional, buscando-se compreender como ocorre o fluxo de condicionamentos no processo decisório sobre a alocação de recursos, anualmente.

Práticas e procedimentos merecedores de avaliação:

- Alinhamento entre as decisões orçamentárias, os objetivos e as políticas do órgão;
- Congruência entre a nomenclatura adotada pelo orçamento e a preocupação com a clareza de informação sobre as principais entregas à sociedade;
- A apresentação do orçamento limitar-se à dimensão econômica e financeira das atividades do órgão; e
- O uso do orçamento como instrumento de gestão e de delegação no âmbito interno do órgão.

Congruência organizacional

> Em que medida a dinâmica orçamentária promove a visão e a implementação das ações de uma perspectiva transversal no órgão, evitando excessiva compartimentalização decorrente da "força" e preponderância dos espaços definidos pela estrutura orgânica?

Entre as variáveis observadas no âmbito dessa função, cabe destacar o grau de envolvimento dos gestores e profissionais dos diferentes setores organizacionais no processo orçamentário.

Outras variáveis de especial importância são os graus de flexibilidade, de descentralização, de autonomia de decisão e de transparência das informações na gestão orçamentária.

Práticas e procedimentos merecedores de avaliação:

- O processo orçamentário funciona como um promotor da integração interna ou como um reprodutor de tendências à manutenção do isolamento entre as áreas do órgão;
- Alcance das informações orçamentárias junto ao quadro de servidores;
- Papel da dinâmica orçamentária na interação entre as áreas do órgão;
- Existência de investimentos em capacitação dos gestores no desenvolvimento de competências em planejamento e orçamento;
- Preponderância da lógica de objetivos sobre a lógica de unidades orgânicas na dinâmica orçamentária do órgão;

- Níveis de delegação de competência na gestão interna do orçamento; e
- Percepção de gestores e profissionais sobre a força de integração exercida pelo orçamento nos demais processos do órgão.

Capacidade de reação

> Existem métodos e procedimentos voltados para lidar com situações não previstas que possam vir a ter impactos significativos na dinâmica orçamentária?

Essa função assume especial importância, sobretudo em face do alto grau de imprevisibilidade que é transferido do macro-orçamento para o micro-orçamento. Duas das expressões mais críticas dessa imprevisibilidade são a utilização frequente do contingenciamento, como decisão no nível do macro-orçamento, e o crescimento da inscrição de despesas em "restos a pagar" ao final do exercício fiscal.

Não obstante a relevância dos fatores de influência anteriormente apontados, a capacidade de reação das organizações, em todas as fases do ciclo orçamentário, ainda que haja esforço sistematizado de planejamento de curto, médio e longo prazos, é posta em causa, igualmente, em função de outros fatores intervenientes, sejam eles de natureza econômica, política, legal, social ou tecnológica.

Interessa compreender a natureza de tais métodos e procedimentos, sua efetividade na experiência acumulada — em que medida tem diminuído o grau de exposição da organização a "surpresas orçamentárias" — ou, ainda, os obstáculos que possam explicar a não existência desses mecanismos de "proteção".

Práticas e procedimentos merecedores de avaliação:

- Percepções de gestores e profissionais sobre os níveis de incerteza a que o órgão está submetido;
- Importância atribuída por gestores e profissionais a fatores que geram riscos e incerteza no processo orçamentário;
- Existência e abrangência de planos de contingência no órgão;
- Níveis de incerteza associados à transferência de recursos de outras esferas de governo ao órgão;
- Efeitos do contingenciamento do orçamento no órgão; e

- Fatores críticos para que o órgão desenvolva condições de reação rápida a contingências.

Avaliação do desempenho organizacional

> Em que medida o processo orçamentário gera elementos/evidências que são utilizadas para a avaliação do desempenho?

A resposta a essa indagação pode ser buscada por meio de dois focos distintos, ainda que relacionados.

Primeiro, quanto à avaliação do desempenho dos gestores e profissionais na utilização de recursos orçamentários: (a) gestores *accountable* por desempenho, com base em oportunidades e incentivos para gerir os recursos, custos, e metas e resultados alcançados?; (b) ênfase em indicadores de desempenho?; (c) negociação e observância de limites dos dispêndios?; (d) exigências quanto a relatórios e reavaliações?; e (e) papéis exercidos pelas lideranças políticas, pelos gestores e pelos profissionais?

Segundo, tomando como unidade de análise a organização como um todo, e suas unidades (programáticas e orgânicas), serão buscados elementos/evidências sobre:

1. Mensuração rotineira de *inputs*, produtos e resultados relacionados com as ações orçamentárias desenvolvidas para documentar o desempenho de programas e projetos;
2. Aplicação sistemática de métodos analíticos para se levantarem questões sobre a execução das ações orçamentárias, e seus resultados (impactos) de programas e projetos;
3. Controles sobre procedimentos *versus* controles sobre a substância das ações;
4. Existência de controles *versus* sua utilização efetiva;
5. Desafios (conhecimentos, competências técnicas e valores) associados à criação de uma cultura de avaliação do desempenho quanto à utilização dos recursos postos à disposição da organização; e
6. Transparência e credibilidade das informações sobre o desempenho do órgão.

Práticas e procedimentos merecedores de avaliação:

- Atual estado de utilização de indicadores que cubram as diversas vertentes do desempenho do órgão;
- Existência de consideração dos custos quando da estimativa de recursos para as ações do orçamento;
- O peso da consideração de resultados e efeitos dos programas na avaliação da execução do orçamento;
- Preponderância ou não da lógica de *compliance* sobre a lógica de resultados;
- Existência de um *lócus* exclusivo da atividade de controle dos recursos orçamentários;
- Grau de disseminação de práticas de avaliação de desempenho no órgão;
- Nível de envolvimento das lideranças com a questão da avaliação do desempenho;
- Existência da lógica de "contratualização" de resultados no órgão;
- Existência de um sistema de informação sobre o desempenho do órgão;
- Influência da avaliação do desempenho sobre a discussão em torno da alocação dos recursos do orçamento;
- Percepção dos gestores e profissionais sobre a relevância dos controles do orçamento;
- Existência de sistemas de retribuição do desempenho no órgão;
- Atual estágio de desenvolvimento de informações sobre desempenho no órgão; e
- Situação atual sobre transparência interna e externa do órgão.

Referências

BARZELAY, Michael. *The new public management*. Improving research and policy dialogue. Berkeley; Los Angeles, CA: University of California Press; Russel Sage Foundation, 2001.

CUNHA, Armando. Reformas do processo orçamentário: experiências internacionais e iniciativas recentes no Brasil. In: REZENDE, Fernando; CUNHA, Armando. *A reforma esquecida II*. Obstáculos e caminhos para a reforma do processo orçamentário. Rio de Janeiro: FGV Editora, 2014. p. 85-132.

____. Reformas na gestão pública e a reinvenção do orçamento: reflexões e perspectivas sobre o contexto brasileiro. In: REZENDE, Fernando; ____. *A reforma esquecida*. Orçamento, gestão pública e desenvolvimento. Rio de Janeiro: FGV Editora, 2013. p. 223-264.

SHICK, Allen. *The spirit of reform*: managing the New Zealand state sector in a time of change. Wellington, New Zealand: State Services Commission and the Treasury, 1996. Disponível em: <www.ssc.govt.nz>.

6. O processo orçamentário em organizações do setor público estadual: interpretações de "atores" experientes e uma reinterpretação inicial para reflexão e ação

Armando S. Moreira da Cunha
Roberto Bevilacqua Otero

Apresentação

Desde o início dos anos 2000, no âmbito da Escola Brasileira de Administração Pública e de Empresas da Fundação Getulio Vargas (FGV/Ebape), vem sendo desenvolvida uma linha de pesquisa aplicada voltada para o orçamento público. O propósito mais amplo é o de conceber, desenvolver, executar e promover estudos integrados sobre as distintas dimensões e perspectivas do tema no contexto brasileiro, focalizando prioritariamente o papel que o processo orçamentário no setor público deve desempenhar em quaisquer esforços direcionados: à sustentação do equilíbrio das contas públicas; à manutenção da responsabilidade fiscal e da competitividade da economia; a garantir adequada provisão dos serviços públicos; a restaurar o equilíbrio federativo; a contribuir para o aperfeiçoamento da gestão pública; e à promoção da transparência fiscal e do fortalecimento da democracia.

No âmbito dessa linha de pesquisa, o estudo ora relatado tem como base conceitual a proposição explicitada no capítulo 5, e foi direcionado às práticas orçamentárias no âmbito de organizações da esfera pública estadual.

O primeiro momento dos trabalhos, concluído no início de 2015, consistiu na exploração da visão de "atores" experientes (gestores e profissionais) de organizações governamentais estaduais do Poder Executivo. Buscava-se desenvolver experiência teste-piloto para estimular e aprofundar pesquisas aplicadas sobre o orçamento como instrumento de gestão nas organizações do setor público.

Não obstante as restrições e limitações, alinhadas mais adiante, as descobertas preliminares desse teste-piloto evidenciam nitidamente o potencial das reformas no processo orçamentário no nível do micro-orçamento, as quais carregam a vantagem de prescindir de grandes alterações na arquitetura legal em vigor, e de não provocar, dentro de certos limites, maiores embates no contexto político, quando comparadas com possíveis reformas no nível do macro-orçamento. Mais ainda, as reformas do micro-orçamento revestem-se de fundamental importância para que os inexoráveis esforços de ajuste fiscal na atualidade brasileira possam se dar para além do caminho "tradicional" (cortes lineares, *superávits* primários, desmanche de estruturas), sob o exclusivo domínio da dimensão macroeconômica do orçamento público.

O novo caminho passa pela "reinvenção da gestão pública", vale dizer, requer transformações qualitativas tais como: foco estratégico, alcance de resultados, qualidade do gasto, aumento da produtividade na administração pública, vitalidade institucional e organizacional, de forma a que o sacrifício imposto pelos ajustes seja socialmente tolerável.

No segundo momento, a pesquisa foi direcionada à interpretação de "atores" de órgãos centrais de planejamento e orçamento (OCPO). O propósito foi o de aprofundar estudos, de caráter preliminar e limitado, realizados no primeiro momento, desdobrado em dois objetivos específicos: primeiro, examinar a visão de "atores" experientes nos OCPO dos estados sobre as práticas orçamentárias das organizações governamentais do Poder Executivo; e, segundo, a interpretação sobre o papel exercido pelos próprios OCPO na articulação entre o macro-orçamento e o micro-orçamento.

A ótica de "atores" experientes dos OCPO sobre características do processo orçamentário nos órgãos executores é confrontada com interpretações obtidas junto a "atores" dos próprios órgãos executores. Tal procedimento permitiu revisitar e reinterpretar as inferências extraídas da experiência teste-piloto, enriquecendo-as e acrescentando pontos não identificados naquela oportunidade, o que propiciou a realização de inferências adicionais sobre a realidade da dinâmica orçamentária nos estados.

O relato enfatiza a visão de "atores" dos OCPO a respeito do papel que esses próprios órgãos atualmente desempenham na dinâmica orçamentária estadual, articulando as decisões e ações orçamentárias associadas às políticas públicas, às prioridades e programas de governo (o macro-orçamento), e à implementação das políticas e à provisão dos serviços públicos (o micro-orçamento). As 10 questões constantes do inquérito submetido a esses "atores" (apêndice II, bloco 2), para além de fazerem emergir interpretações sobre a realidade atual, propiciam, também, importantes pistas para a discussão de agendas de reformas do processo orçamentário no setor público estadual, bem como sobre os "novos papéis" a serem desempenhados pelos OCPO nos esforços de reformas.

As questões que subsidiaram as interpretações e reinterpretações ao longo do primeiro e do segundo momento da pesquisa serviram, igualmente, de base para orientar o terceiro momento, quando foram observadas e analisadas as percepções sobre o processo orçamentário nos ambientes do controle externo e do Poder Judiciário.

Quanto ao universo de "atores" experientes do controle externo nos estados, a pesquisa foi orientada para que respondessem a três classes de indagações principais:

1. Como avaliam as funções que o processo orçamentário exerce, de fato, nas organizações do Poder Executivo estadual?
2. Como avaliam o papel que os órgãos centrais de planejamento e orçamento (OCPO) do estado têm desempenhado na sustentação das relações entre o macro-orçamento e o micro-orçamento?
3. Como avaliam o papel que o próprio controle externo tem desempenhado sobre o processo orçamentário no âmbito das organizações governamentais?

O detalhamento dessas três classes de questões por meio de perguntas específicas (apêndice IV) dirigidas a "atores" experientes em tribunais de contas estaduais (TCE), em linha com os propósitos da pesquisa sobre o micro-orçamento, teve como foco a atuação dos TCE em relação ao processo orçamentário nas organizações do setor público, seja em sua perspectiva como expressão legal e de relações de poder, seja como processo de escolhas no nível micro, seja como instrumento de planejamento e de controle das ações organizacionais, e seja, ainda, em seu alinhamento com as políticas públicas emanadas do governo central.

A opção por incluir, no terceiro momento do estudo, a visão de "atores" experientes dos tribunais de Justiça como foco da pesquisa sobre o micro-orçamento está menos amparada na ideia de se fechar o ciclo de análises, abrangendo o processo orçamentário em organizações dos três poderes na esfera estadual e mais na enorme importância do Poder Judiciário para a eficiência econômica, para o progresso social e para a governança democrática que vêm desafiando a sociedade brasileira desde os anos 1980, conforme ressaltado no capítulo 4.

Não é por outras razões que, no início dos anos 2000, se intensificaram os debates sobre as necessárias reformas do Judiciário no país que suscitavam, entre outros, os temas da morosidade na solução de conflitos, do acesso à Justiça, da legitimação democrática da magistratura, da maior interação com a opinião pública e, no que interessa mais de perto a esta pesquisa, o tema da reinvenção do modelo de organização e gestão dos órgãos desse Poder.

Entre os esforços iniciais voltados para as mudanças em busca de um novo modelo de gestão nas organizações do Judiciário, antes mesmo da criação do CNJ, teve destaque a disseminação do planejamento estratégico como método para o desenvolvimento de estratégias, estimulando uma mobilização mais coletiva na gestão dos tribunais de Justiça, envolvendo dirigentes, gestores magistrados e demais profissionais.

> A prática do planejamento estratégico parece constituir-se em potencial e poderosa alavanca para melhorar a gestão no Poder Judiciário como um todo, isto é, a metarreforma.
>
> O desenvolvimento de estratégias, como conceito, por outro lado, remete ao âmbito mais específico de cada organização do Judiciário, com suas respectivas características e desafios, isto é, a pararreforma. Nessa perspectiva, o desenvolvimento de estratégias depende da situação em dado momento, dos contextos interno e externo, bem como das estruturas e culturas organizacionais. [Cunha, 2010:50]

A investigação, nesse caso específico, foi contemplada com particular interesse em verificar as implicações, para o processo orçamentário, decorrentes da decisão (Resolução nº 70, de 18/3/2008) do Conselho Nacional de Justiça (CNJ), que tornou mandatória a prática do planejamento estratégico em todos os tribunais brasileiros: (1) as decisões orçamentárias tornaram-se menos arbitrárias (Schick, 1996), apresentando um contraponto às pressões direcionadas ao curto prazo próprias dos órgãos centrais de coordenação? (2) As resoluções do CNJ em 2009, repercutindo a legislação federal, voltadas para ampliar o grau de transparência na gestão pública, resultaram em fazer do orçamento nos tribunais um instrumento para alavancar maior transparência interna e externa sobre a gestão pública do Judiciário?

Para além dos exemplos anteriores sobre questões de interesse da pesquisa, com relação específica à atuação dos tribunais de contas e dos tribunais de Justiça, aplicou-se o conjunto de questões utilizadas nos dois momentos anteriores do estudo (apêndices III e IV, bloco 1). Tal opção permitiu comparações entre as percepções de "atores" experientes nos diferentes espaços institucionais na esfera estadual (órgãos do Poder Executivo, órgãos centrais de planejamento e orçamento, tribunais de contas estaduais e tribunais de Justiça estaduais), de cujas percepções foi possível extrair inferências, ancoradas na intersubjetividade, com o propósito de subsidiar os debates e a identificação de agendas de reformas no processo orçamentário no nível do micro-orçamento no contexto brasileiro.

Na parte 1, a seguir, apresentam-se as percepções de diferentes "atores" experientes sobre o processo orçamentário nas organizações do setor público estadual.

Na parte 2 oferece-se uma interpretação sintética comparativa da visão de todos os quatro conjuntos de "atores" consultados.

Na parte 3 são exploradas as interpretações de "atores" dos OCPO e dos TCE sobre o papel desempenhado pelos órgãos centrais de planejamento e orçamento em relação ao processo orçamentário nas organizações do setor público estadual, configurando as relações entre o macro-orçamento e o micro-orçamento.

Na parte 4, trata-se do papel dos tribunais de contas estaduais, exercendo o controle externo, no processo orçamentário do setor público estadual.

Finalmente, na parte 5, são feitas considerações complementares ao relato do estudo.

Nos apêndices I, II, III e IV são detalhadas as informações sobre os procedimentos da pesquisa, contendo os questionários, respectivamente, de cada categoria de "atores" experientes que participaram do processo: Poder Executivo estadual, órgãos centrais de planejamento e orçamento (OCPO), tribunais de Justiça estadual (TJ) e tribunais de contas dos estados (TCE).[1]

[1] A pesquisa, em seus três momentos, contou com um universo de 107 respondentes e abrangeu as seguintes unidades da Federação: AL, AM, AP, BA, CE, DF, ES, GO, MG, MS, MT, PA, PB, PE, PI, PR, RJ, RN, RO, RR, RS, SC, SE, SP e TO.

1. Percepções e análise sobre a dinâmica orçamentária em organizações do setor público estadual

A pesquisa de campo, com o propósito de se constituir em experiência teste-piloto, conforme anteriormente mencionado, deu-se por meio da aplicação de questionário estruturado junto a "atores" experientes em organizações da administração pública em estados nas diferentes regiões do país.

A seguir, considerando cada uma das seis funções que se atribui à dinâmica orçamentária organizacional, conforme explicitado no capítulo 5, apresenta-se uma síntese das interpretações de "atores" experientes de órgãos do Executivo, dos OCPO, de tribunais de Justiça, e dos TCE sobre a realidade do processo orçamentário em organizações do setor público estadual, bem como as inferências que delas se extraem para reflexão e ação futura.

1.1 Promover a conexão entre a organização e o sistema maior

Em que medida o processo orçamentário — elaboração, aprovação, execução e controle — contribui para a negociação sustentada entre a organização e os "órgãos controladores" (órgão central de planejamento e orçamento, Secretaria da Fazenda, Tribunal de Contas), bem como para a exploração das interdependências externas relevantes (órgãos equivalentes da esfera federal ou municipal, outros órgãos do Executivo, Legislativo e Judiciário) em face da missão institucional?

1.1.1 As interpretações

Formato do PPA e categorias programáticas internas

A visão dos "atores" experientes em órgãos do Executivo

Embora uma parcela expressiva dos respondentes afirme que o formato sob o qual aparecem os programas e as ações no Plano Plurianual (PPA) atende às necessidades de informação no nível macro e deixa espaço para ▶

detalhamento de ações e recursos no âmbito do órgão para alinhamento com o nível macro, ainda resta, em muitos casos, o entendimento de que o PPA seja muito agregado, oferecendo pouca informação sobre os programas de governo para favorecer a discussão e programação dos recursos e ações do órgão.

Identifica-se um movimento dos órgãos com iniciativa de criar categorias próprias da estrutura de programação orçamentária que privilegiem a dimensão gerencial do orçamento. Desses, a maioria preocupa-se em relacionar as categorias próprias com as do sistema maior, em contraposição a uma parcela de órgãos que simplesmente reproduz o esquema de categorias de programação que atende aos objetivos do sistema maior, sem maiores preocupações em organizar as informações para fins de gerenciamento interno.

A visão dos "atores" experientes dos OCPO

Os "atores" dos OCPO entendem que o formato do PPA favorece a iniciativa de os órgãos abrirem categorias próprias para organizarem as ações em alinhamento com o nível macro. Cabe lembrar que, neste caso específico, a avaliação tem mais a ver com o esforço do próprio órgão central que com o dos órgãos executores, considerando-se a preponderância daquele órgão na formatação das categorias de programas do governo.

Quanto à adoção de categorias programáticas internas nas organizações executoras (a par da classificação adotada na linguagem do macro-orçamento), com o propósito de favorecer as decisões sobre a alocação e o controle dos recursos orçamentários, uma parcela expressiva das interpretações dos "atores" experientes nos OCPO indica que as organizações têm tal iniciativa, privilegiando a dimensão gerencial do orçamento, independentemente de como aparece na LOA. Tal quadro já se constitui em avanço, embora ainda haja espaço razoável a se explorar nessa vertente.

Esforço antecipado de planejamento

A visão dos "atores" experientes em órgãos do Executivo

É pouco significativa a parcela de órgãos que atribuem importância ao esforço antecipado de planejamento dos recursos, por meio de calendário próprio, independentemente de ser acionado pelo sistema maior.

A visão dos "atores" experientes dos OCPO

É muito pequena a iniciativa das organizações quanto a adotar "identidade orçamentária própria" no que se refere à definição do cronograma para a preparação das propostas orçamentárias anuais. Os prazos impostos pelo sistema maior acabam sendo adotados na dinâmica interna das organizações, constrangendo fortemente, entre outros efeitos, a possibilidade de que se possa alcançar alto envolvimento de gestores e profissionais no processo de formulação da proposta orçamentária.

Integração entre programas e ações com os demais órgãos

A visão dos "atores" experientes em órgãos do Executivo

Os órgãos não apresentam evidências de identificação de oportunidades de integração entre programas e ações com os demais órgãos, ou de recursos entre iniciativas complementares, ou, ainda, de possíveis superposições que possam ser eliminadas em prol do uso racional dos recursos, na etapa de elaboração e aprovação do orçamento. Quando o fazem, é de forma parcial.

A visão dos "atores" experientes dos OCPO

Na questão sobre a consideração e a gestão das interdependências quando da formulação dos orçamentos, na perspectiva dos OCPO, não é uma prática intensa o empenho das organizações na identificação de oportunidades de integração entre programas e ações com os demais órgãos no âmbito do Poder Executivo, ou de recursos entre iniciativas complementares, ou, ainda, de possíveis superposições que possam ser eliminadas em prol do uso racional dos recursos.

Consideração de expectativas dos demais poderes

A visão dos "atores" experientes em órgãos do Executivo

Não há evidências de esforços expressivos para a consideração das expectativas das partes interessadas dos demais poderes no momento da elaboração do programa de trabalho do órgão e da projeção do seu desempenho.

A visão dos "atores" experientes dos OCPO

É menor a sensibilidade das organizações para a consideração de expectativas das partes interessadas dos demais poderes no momento da elaboração do programa de trabalho e da projeção do desempenho organizacional.

Integração com outras esferas de poder

A visão dos "atores" experientes em órgãos do Executivo

Embora uma parcela não desprezível dos órgãos não tome iniciativas para negociações com outras esferas (federal e municipal) em torno ▶

de temas, programas e ações de interesse comum (interdependências e complementaridades) no momento da elaboração da proposta orçamentária, já se evidencia um movimento de ações dessa natureza, porém de forma parcial.

A visão dos "atores" experientes dos OCPO

Prepondera, também, a interpretação dos "atores" em OCPO de que é baixa a predisposição dos órgãos de considerarem interdependências e complementaridades entre os programas propostos no orçamento e iniciativas de outras esferas de governo no momento da elaboração da proposta orçamentária.

Natureza das negociações com os OCPO

A visão dos "atores" experientes em órgãos do Executivo

Para um conjunto não desprezível de respondentes, é pequeno o grau de abertura dos órgãos centrais, na percepção dos executores de política pública, à consideração de objetivos, prioridades e resultados durante o processo negocial de fixação de valores aos orçamentos dos órgãos. Afirmam que ajustam os valores a tetos preestabelecidos pelo órgão central.

Uma parcela expressiva dos respondentes informa que o desempenho, entendido como aferição da eficiência, eficácia e efetividade das áreas ou unidades orgânicas, não é tomado como base para a negociação de recursos orçamentários para os anos seguintes; outra entende que sim, porém de forma parcial.

A visão dos "atores" experientes dos OCPO

Prevalece a "coluna do meio" quanto às oportunidades para as organizações discutirem/negociarem com o próprio órgão central a respeito de objetivos, prioridades e resultados durante o processo de elaboração da proposta orçamentária anual.

1.1.2 Uma reinterpretação visando agendas de reformas

(A) As visões dos "atores" experientes dos órgãos do Executivo

Quanto ao formato que favoreça a dimensão gerencial e congruência com o Plano Plurianual (PPA), observa-se que o PPA é uma realidade nos estados, em geral, com nível de agregação que deixa espaço para detalhamento de ações no âmbito dos órgãos e com atendimento às necessidades de informação no nível macro. Parece ser crescente a iniciativa de se criarem categorias próprias da estrutura de programação orçamentária (orçamento interno) que privilegiem a dimensão gerencial e que sejam alinhadas ao PPA, embora ainda haja um campo fértil de trabalho para que essa circunstância se dê de forma generalizada e integral.

A adoção de uma semântica orçamentária, com categorias de programação que melhor sirvam de base à tomada de decisões quanto à alocação dos recursos e à sua implementação deverá se intensificar à medida que se evolua para uma prática de alto envolvimento, com base em maior transparência no processo orçamentário e na responsabilização de gestores e profissionais na definição de objetivos, metas e sua implementação.

Quanto ao grau de dependência em relação ao sistema maior, constata-se que as organizações do setor público tendem a ser reativas ao comando dos órgãos centrais para elaborarem suas propostas orçamentárias. É tímida, ainda, a prática de esforço antecipado de planejamento dos recursos. Esse quadro decorre, em parte, do papel que os órgãos centrais de planejamento e orçamento continuam a exercer — mais de cobrança e alinhamento e menos de apoio e consultoria, e com atenção às especificidades dos diferentes órgãos.

Por outro lado, o baixo grau de descentralização da dinâmica orçamentária nas organizações, conforme ressaltado no item anterior, não pressiona pela adoção de uma semântica que faça do orçamento um importante instrumento de gestão. Como consequência, a preparação das propostas orçamentárias se dá num prazo muito estreito, sem tempo para a necessária interação que garanta a qualidade das decisões orçamentárias, reforçando a lógica incremental.

A observação das iniciativas voltadas para a gestão das interdependências revela que os esforços de identificação de oportunidades de integração entre programas e ações com os demais órgãos no âmbito estadual, ou de recursos entre iniciativas complementares, ou, ainda, de possíveis superposições que possam ser eliminadas em prol do uso racional dos recursos, na etapa de elaboração e aprovação do orçamento, não chegam a se constituir em uma das marcas do processo orçamentário e, quando existem, costumam ser parciais ou episódicos.

A mesma situação de esforços parciais se repete quanto à integração com outros poderes e esferas de governo, não se constituindo em uma prática robusta do processo orçamentário.

A consideração de expectativas de atores externos, no âmbito mais amplo da sociedade, associadas ao desempenho do órgão segue a tendência identificada nas categorias anteriores: existe, mas costuma ser de forma parcial.

Por último, destaca-se que o espaço para as negociações dos recursos com o sistema maior (junto ao órgão central de planejamento e orçamento) em torno de objetivos, programas e resultados, quando há, é pequeno. Prepondera a prática de ajustamento dos valores do orçamento a tetos preestabelecidos.

(B) As visões dos "atores" experientes dos OCPO

Quanto à adoção de uma linguagem orçamentária própria nas organizações, que favoreça a dimensão gerencial e seja congruente com o PPA, os "atores" em órgãos centrais entendem que o PPA é adotado como um referencial de análise, pelo menos da consistência das propostas de orçamento no que diz respeito a programas e ações.

A dispersão identificada nas interpretações dos "atores" dos OCPO quanto à consideração, pelos órgãos centrais, do plano estratégico dos órgãos executores na atribuição prévia de tetos ou negociação de valores, na etapa da elaboração da proposta orçamentária, fortalece a interpretação, inferida anteriormente junto aos "atores" em órgãos executivos, de que é fraca a iniciativa dos OCPO em desenvolver mecanismos de estímulo ao desenvolvimento da visão estratégica nos órgãos executores.

A fragilidade em relação aos esforços de integração com os demais órgãos da administração pública estadual no processo orçamentário, como já constatado na realidade percebida na ótica dos órgãos executores, é acentuada com tintas mais fortes, segundo a interpretação dos "atores" experientes dos OCPO. Muitas vezes, essa fragilidade já se encontra instalada no âmbito central do próprio governo.

A mesma situação de esforços tímidos se repete e intensifica quanto à integração com os outros poderes e outras esferas de governo; não se constituindo, assim, em uma prática robusta do processo orçamentário. É baixa a predisposição, na oportunidade da elaboração da proposta orçamentária, de as organizações considerarem interdependências e complementaridades entre os programas propostos no orçamento e iniciativas de outras esferas de governo.

O espaço que os órgãos executores têm para negociação de recursos em torno de objetivos, programas e resultados com os OCPO é reconhecido como pequeno, confirmando as interpretações dos "atores" naqueles órgãos sobre o assunto. Considera-se, entretanto, a existência de alguma janela de oportunidade para os órgãos negociarem com o próprio OCPO, ainda limitada, por certo, ao somatório do baixo grau de abertura desses órgãos centrais e da incapacidade e falta de iniciativa dos órgãos executores nesse sentido.

Reforce-se, ainda, a constatação, junto aos "atores" dos OCPO, de que, embora com um peso não desprezível, a negociação dos valores do orçamento não é fundamentalmente influenciada pela avaliação do desempenho dos órgãos.

(c) As visões dos "atores" experientes do Poder Judiciário estadual — tribunais de Justiça (TJ)[2]

A interpretação de "atores" experientes do Poder Judiciário estadual aponta para um estágio mais avançado de práticas relacionadas com a "conexão

---

[2] Optou-se por apresentar de forma sumária as respostas dos "atores" experientes dos órgãos do Executivo e dos OCPO sobre os primeiros, acompanhadas de reinterpretações de ambos realizadas pelos autores do texto. No que concerne às visões dos "atores" dos tribunais de contas estaduais sobre os primeiros, assim como dos "atores" dos tribunais de Justiça sobre sua própria dinâmica, os resultados das respostas obtidas são apresentados por meio das reinterpretações realizadas pelos autores do texto.

entre as organizações e o sistema maior" do que as colhidas junto a "atores" do Executivo estadual, com destaque para os itens a seguir:

(i) A prática predominante de adoção de calendário próprio pelos TJ, independentemente do estabelecido pelos OCPO para a elaboração da proposta orçamentária, significa a manifestação da independência entre os poderes, reforçada, ainda, pela definição de categorias internas de programas dos TJ, mesmo que convergentes com as constantes da LOA?

(ii) A constatação de que uma parte expressiva dos respondentes acentua como desenvolvida a capacidade de monitoramento, pelos tribunais, do processo de estimativa da receita orçamentária estadual, como ponto de partida para definição do volume de recursos que estarão disponíveis para o Judiciário, reforçaria a posição de independência inferida anteriormente?

(iii) A maior intensidade de iniciativas dos TJ que as tomadas pelos órgãos do Executivo na busca de convergência entre os programas com os demais órgãos da Justiça estadual, e até mesmo com os outros poderes, poderia refletir o avanço recente quanto aos investimentos na dimensão estratégica do Poder Judiciário brasileiro?

(iv) O papel do CNJ no processo de elaboração, aprovação, execução e controle do orçamento dos TJ, se não chega a ser de uma intensidade extrema, existe e não pode ser desprezado.

(d) As visões dos "atores" no âmbito dos TCE

No que se refere à "conexão entre as organizações e o sistema maior", as interpretações de "atores" no âmbito dos TCE quanto às práticas do processo orçamentário nas organizações executoras confirmam, em grande medida, os resultados das interpretações de "atores" experientes dos OCPO dos estados, já mencionados, cabendo ressaltar alguns aspectos que demandam atenção especial:

(i) A adoção de linguagem orçamentária própria nas organizações, mediante a criação de categorias programáticas internas que favoreçam a maior qualidade das decisões e o controle sobre as despesas, mesmo não se constituindo em um fenômeno robusto, já é uma prática em desenvolvimento nas organizações. Na mesma medida, o PPA é percebido como uma forte referência para a elaboração dos orçamentos nas organizações, embora haja muito espaço para avanços nesse sentido.

(ii) A fragilidade em relação aos esforços de integração com os demais órgãos da administração pública estadual no processo orçamentário, constatada quando se focalizou a realidade percebida na ótica dos órgãos executores, e acentuada com tintas mais fortes, segundo a interpretação de "atores" experientes dos OCPO, é agravada, na visão de "atores" dos TCE. Tal como já mencionado, muitas vezes essa fragilidade já se encontra "instalada" no âmbito dos próprios OCPO.

(iii) O aumento da fragilidade relatada, quanto aos esforços de integração com os demais poderes da mesma esfera e, ainda, quanto à consideração de interdependências e complementaridades com as outras esferas de governo, já constatado pelas organizações executoras e pelos OCPO, nos momentos anteriores da pesquisa, foi confirmado pela visão de "atores" dos TCE.

(iv) O espaço que os órgãos executores têm para negociação de recursos em torno de objetivos, programas e resultados com os OCPO é desprezível, segundo "atores" dos TCE, confirmando as interpretações de "atores" naqueles órgãos sobre o assunto. Isso se deve ao baixo grau de abertura dos órgãos centrais para tal? Ou deve-se à incapacidade ou falta de iniciativa das organizações nesse sentido? Ou, ainda, pode-se atribuir o resultado a uma combinação entre as duas razões? Na visão de "atores" dos OCPO, o espaço para negociação é mais favorável, ainda que se reconheça sua fragilidade.

(v) A quase ausência percebida de iniciativas das organizações quanto a adotar "identidade orçamentária própria" no que se refere à definição do cronograma para a preparação das propostas orçamentárias anuais, por certo, reforça o quadro de pouco espaço para negociações.

1.2 Capacidade de antecipação

O processo orçamentário reflete/contribui para o alargamento do horizonte temporal das ações organizacionais, ou não? Em outras palavras: não obstante o orçamento seja anual, ele é formatado em quadro de previsões plurianuais?

1.2.1 As interpretações

Planejamento estratégico e orçamento

A visão dos "atores" experientes em órgãos do Executivo

Uma parcela ínfima dos respondentes confirma a existência de processo de planejamento estratégico sistematizado no órgão, alcançando todas as áreas/unidades orgânicas e atividades. No entanto, a prática de planejamento estratégico, mesmo que parcial, é constatada por mais da metade dos órgãos.

O esforço de o planejamento estratégico do órgão contemplar uma análise do ambiente global de sua atuação de forma abrangente, quando acontece, é de forma parcial.

Há um reconhecimento predominante sobre a falta de condições de favorecimento à aderência interna ao plano estratégico do órgão. Os produtos do processo de planejamento estratégico, quando do conhecimento e entendimento pelo corpo funcional, o são de forma parcial.

Igual circunstância constatada anteriormente se manifesta sobre a abertura à participação e à mobilização dos gestores no processo de planejamento estratégico do órgão.

A visão dos "atores" experientes dos OCPO

Na ótica dos "atores" dos OCPO, prepondera a interpretação de que a existência, os níveis de estruturação e o alcance do processo de planejamento estratégico ainda não se constituem em práticas instituídas pelos órgãos executivos nos estados, muito embora se observem iniciativas nessa direção, em alguma medida.

Alinhamento dos planos do órgão ao "master plan" do governo

A visão dos "atores" experientes em órgãos do Executivo

> A prática de aferir o grau de alinhamento do plano do órgão ao *master plan* do governo do estado dá-se de forma parcial, quando há tal alinhamento.

A visão dos "atores" experientes dos OCPO

> Por outro lado, é considerado mais intenso o grau de alinhamento dos planos dos órgãos ao *master plan* do governo do estado, independentemente dos níveis de sofisticação dos processos internos de planejamento existentes nos órgãos do Executivo.

Integração entre planejamento e orçamento

A visão dos "atores" experientes em órgãos do Executivo

> A integração entre o planejamento estratégico do órgão e o orçamento, quando acontece, dá-se de forma parcial.

A visão dos "atores" experientes dos OCPO

> O nível de integração entre os processos de planejamento e orçamento, embora predomine, não o é na intensidade desejável para os "atores" dos OCPO. Continua sendo um grande desafio na gestão pública, em todos os níveis, contrastando com os esforços de planejamento no âmbito macro da ação governamental.

Critério para a alocação dos recursos

A visão dos "atores" experientes em órgãos do Executivo

Quanto a um posicionamento a respeito da base de critério adotada pelo órgão para as decisões anuais sobre a alocação dos recursos do orçamento, parcela expressiva dos respondentes afirma preponderar a reprodução do que se vem realizando e gastando nos anos anteriores, enquanto outros não conseguem identificar um critério que explicite as decisões sobre a alocação dos recursos.

A visão dos "atores" experientes dos OCPO

Uma parcela mais expressiva dos "atores" das OCPO afirma preponderar a reprodução do que se vem realizando e gastando nos anos anteriores, enquanto outros atores, com incidência menor que a primeira, conseguem identificar, como critério, as prioridades constantes do plano estratégico. Resta uma pequena parte dos respondentes que não conseguem identificar um critério que explicite as decisões sobre a alocação dos recursos.

1.2.2 Uma reinterpretação visando agendas de reformas

(a) As visões dos "atores" experientes dos órgãos do Executivo

Um processo de planejamento estratégico que alcance todas as áreas/unidades orgânicas e atividades ainda está longe de ser a tônica nos órgãos. Há um movimento crescente nesse sentido, porém, de escopo parcial, mesmo que, em geral, alinhado ao *master plan* do governo do estado.

Nas organizações que já evidenciam a prática de planejamento estratégico, na maioria dos casos, ainda há dificuldades em se favorecer o conhecimento e o entendimento do corpo funcional sobre os planos elaborados, o que se repete quanto à inclusão dos gestores dos diversos escalões do órgão. Isso dificulta fortemente a aderência às estratégias.

Essa constatação, em adição ao que está anteriormente inferido, indica outra questão que merece atenção especial — para além da verificação de que o desenvolvimento de estratégias ainda é um fenômeno restrito —, qual seja: em que medida tal esforço, como um consciente processo intelectual nas organizações respondentes, reflete uma conquista organizacional?

Como era de se esperar, o desafio de integração entre o planejamento e as decisões orçamentárias continua a representar forte obstáculo à tradução do ideário em ação. Quando acontece, é apenas em parte.

O reflexo dos planos e prioridades organizacionais nas decisões orçamentárias ainda é uma questão desconhecida. Não obstante alguns pontos mais genéricos sobre essa questão possam ser considerados numa ótica mais abrangente, o tema requer esforço adicional de investigação em face dos diferentes fatores — estruturais, comportamentais, tecnológicos, culturais e políticos — que influenciam, com variados pesos, tal integração no âmbito das distintas organizações que integram o setor público.

A importância dessa questão para os esforços de aperfeiçoamento do processo orçamentário no nível do micro-orçamento está assentada em, pelo menos, três premissas, conforme já se fez menção em capítulos anteriores: (1) um dos requisitos para se ampliar o grau de inovação na gestão organizacional no setor público é o desenvolvimento de estratégias; (2) a necessidade de se ampliar o horizonte temporal das decisões orçamentárias; e (3) criar-se um referencial claro para justificar as decisões orçamentárias nas organizações.

O investimento em planejamento estratégico nas organizações não necessariamente contempla a análise do ambiente global de atuação do órgão de forma abrangente. O olhar prospectivo e de fora para dentro da instituição ainda se revela como algo a ser conquistado em muitos casos.

Nessa perspectiva, as respostas de "atores" experientes sinalizam no sentido de que o aprofundamento das pesquisas no âmbito do micro-orçamento deva privilegiar dois aspectos: como se dá a modelagem do processo de desenvolvimento de estratégias (quem participa, as agendas, os modelos/construtos utilizados, como as ideias são geradas etc.) e, ainda, o papel exercido pelas lideranças organizacionais nesse processo.

Contrariando todos os esforços e tentativas de ingressar no mundo das estratégias e resultados a serem alcançados, de se preparar para atuar em cenários futuros, a lógica retrovisora e incremental continua presente e muito atuante na cesta dos critérios adotados para orientar as decisões anuais sobre a alocação dos recursos do orçamento. Vence, com destacada margem, a reprodução do que se vem realizando e gastando nos anos anteriores. Não deixa de ser coerente com o diminuto espaço de negociação de resultados no momento de fixação de tetos para o orçamento.

(b) As visões dos "atores" experientes dos OCPO

A interpretação obtida junto aos "atores" experientes dos OCPO corrobora a percepção de que os níveis de estruturação e o alcance do processo de planejamento estratégico ainda não se constituem em prática instituída pelos órgãos dos estados.

Cabe registrar, também, a fragilidade da atuação dos OCPO como agentes de estímulo à adoção da prática de planejamento estratégico nos órgãos, outro "novo papel" esperado dos órgãos centrais de planejamento e orçamento governamental, com base nas experiências inovadoras contemporâneas nas reformas de gestão pública.

Muito embora a interpretação dos "atores" experientes dos OCPO aponte para a predominância de esforço de integração entre os processos de planejamento e orçamento nos órgãos que desenvolvem planos estratégicos, tal circunstância é restrita a um pouco mais da metade das opiniões coletadas. Fortalece-se, assim, a constatação obtida, quando da pesquisa realizada junto aos órgãos executores, de que tal integração continua a representar um enorme desafio, com avanços isolados e parciais.

A lógica retrovisora e incremental, como constatado na visão dos "atores" dos órgãos executores, é reafirmada, na interpretação dos "atores" dos OCPO, como preponderante nas decisões sobre alocação dos recursos no processo orçamentário.

(c) As visões dos "atores" experientes do Poder Judiciário estadual — tribunais de Justiça

A interpretação dos "atores" experientes do Poder Judiciário estadual aponta para um estágio mais avançado de práticas do que foi inferido junto a "atores" do Executivo estadual, com destaque para os itens a seguir:

(i) O predomínio da existência de processo de planejamento estratégico sistematizado, alcançando a totalidade das unidades orgânicas dos tribunais de Justiça estaduais, para mais da metade das respostas obtidas, mesmo que não se constituindo, ainda, em unanimidade. Para isso, é preciso se ter em consideração a obrigatoriedade da formulação de planos estratégicos alinhados ao Plano Estratégico Nacional instituída pela Resolução CNJ nº 70, de 18/3/2009.

(ii) Expressiva parcela dos respondentes afirma que os produtos do planejamento estratégico nos tribunais de Justiça são de conhecimento dos magistrados e servidores, mesmo que de forma parcial.

(iii) A indicação de que, em geral, o esforço de planejamento nos tribunais incorpora a influência de variáveis externas — cenários, expectativas da sociedade, conexões com outros programas e órgãos — para a definição das categorias estratégicas do plano.

(iv) A constatação do predomínio de experiência de participação ativa dos servidores e gestores no processo de planejamento dos tribunais de Justiça, mesmo que com intensidades variadas, experiência que inclui esforço de mobilização dos gestores para o processo.

(v) Não obstante essa mobilização em torno do planejamento organizacional estratégico, também para os "atores" dos TJ, o alinhamento entre planejamento e orçamento, embora um pouco superior às demais experiências, continua a se constituir em desafio a ser enfrentado, visto que o caráter "parcial" predomina sobre o "integral", na visão dos respondentes. Tal situação é reforçada ao se verificar a divisão quase igualitária entre as interpretações a respeito do critério adotado para orientar as decisões anuais sobre a alocação dos recursos orçamentários: prioridades do plano *versus* reprodução dos recursos aprovados nos anos anteriores.

(vi) De qualquer forma, a constatação de que o desempenho dos tribunais seja considerado nas análises para as decisões sobre a alocação dos recursos orçamentários, mesmo que predominantemente de forma parcial, reforça a presunção de um avanço nessa matéria no âmbito das organizações da Justiça estadual.

(d) As visões dos "atores" no âmbito dos TCE

As principais inferências que se podem extrair das interpretações dos "atores" no âmbito dos TCE quanto à contribuição do processo orçamentário ao desenvolvimento da capacidade de antecipação nas organizações executoras são:

(i) "Atores" experientes dos TCE corroboram a percepção anterior de "atores" dos órgãos executores e dos OCPO: os níveis de estruturação e o alcance do processo de planejamento estratégico ainda não se constituem em prática instituída pelos órgãos dos estados. No entanto, os "atores" dos TCE são mais críticos que os dos OCPO quanto ao alinhamento entre os planos na perspectiva macro e micro do governo.

(ii) Cabe registrar, como já dito anteriormente, a fragilidade da atuação dos OCPO como agentes de estímulo à adoção da prática de planejamento estratégico nos órgãos, outro "novo papel" esperado dos órgãos centrais de planejamento e orçamento governamental, com base nas experiências inovadoras contemporâneas nas reformas de gestão pública. Tal fragilidade dos OCPO é confirmada, também, por "atores" dos TCE, como estará demonstrado mais adiante, ao interpretarem que o próprio controle externo não atribui a atenção requerida ao tema em questão.

(iii) A lógica "retrovisora" e incremental, preponderante nas decisões sobre alocação dos recursos no processo orçamentário, constatada originalmente na visão de "atores" nos próprios órgãos executores, reafirmada, na interpretação de "atores" dos OCPO, finalmente é, também, homologada no entendimento de "atores" dos TCE. Não se pode ignorar, no entanto, junto aos OCPO, uma tendência de inflexão, com a incorporação de um dos "novos papéis" esperados desses órgãos, o de oferecimento de oportunidades de fortalecimento das organizações estaduais em competências relacionadas com o foco da gestão em resultados. Tal tendência, que já se constitui em realidade em grande parte dos estados, confirmada, também, por "atores" dos TCE, já é um fenômeno, compensado que o seja, e de forma paradoxal, por uma parcela expressiva entre os órgãos centrais que não considera o plano estratégico na negociação de valores, não estimula a elaboração desses planos e não toma o desempenho dos órgãos como base para a discussão das propostas orçamentárias.

1.3 Transformar propósitos em objetivos e ações concretas

O processo orçamentário reflete adequadamente os propósitos e objetivos organizacionais?

1.3.1 As interpretações

NOMENCLATURA DO ORÇAMENTO

A visão dos "atores" experientes em órgãos do Executivo

> Avança a percepção sobre a existência de congruência entre a nomenclatura adotada pelo orçamento e a preocupação com a clareza da informação sobre as principais entregas à sociedade, mesmo que parcial.

A visão dos "atores" experientes dos OCPO

> A congruência entre a nomenclatura adotada pelo orçamento e a clareza da informação sobre as principais entregas à sociedade já seria, segundo as interpretações da realidade, uma preocupação nos órgãos executores, apesar de merecer esforços para avanços significativos nessa dimensão.

ALINHAMENTO ENTRE ORÇAMENTO E PROPÓSITOS ORGANIZACIONAIS

A visão dos "atores" experientes em órgãos do Executivo

> Predomina a visão de que o alinhamento entre as decisões sobre as despesas, no que concerne às ações a serem desenvolvidas (programas, projetos e atividades) e os propósitos e objetivos organizacionais constantes da estrutura
>
> ▶

regimental, da missão institucional, e das políticas e planos em vigor, é parcial, quando existe.

O detalhamento do orçamento em ações (projetos e atividades) com metas e recursos associados às mesmas se dá para parcela significativa dos respondentes, enquanto para outra parcela, também representativa, acontece de forma parcial.

A visão dos "atores" experientes dos OCPO

O alinhamento referido anteriormente é parcial para uma parcela expressiva de "atores" dos OCPO, complementado por parcelas próximas que se distribuem entre integral e inexistente.

Mesmo assim, a apresentação do orçamento não se limita à vertente econômica e financeira das atividades dos órgãos. A identificação de ações, metas e recursos parece ser uma realidade.

Orçamento como instrumento de gestão

A visão dos "atores" experientes em órgãos do Executivo

O uso do orçamento como instrumento de gestão e de delegação no âmbito interno do órgão — por meio do seu desmembramento entre as áreas ou unidades orgânicas com a correspondente identificação de valores, programas e ações — acontece para uma parcela significativa dos respondentes, enquanto para outra parcela, também representativa, se manifesta de forma parcial.

A visão dos "atores" experientes dos OCPO

Para os "atores" dos OCPO, há evidências de iniciativas, mesmo que parciais, sobre o uso do orçamento como instrumento de gestão e de delegação no âmbito interno dos órgãos, sem se constituir, no entanto, em prática generalizada.

1.3.2 Uma reinterpretação visando agendas de reformas

(a) As visões dos "atores" experientes dos órgãos do Executivo

Em relação ao alinhamento entre recursos e objetivos da missão institucional, observa-se que os casos em que essa associação é límpida, de forma integral e facilmente observável, são os de menor número. O que prepondera são esforços em que tal identificação se dá apenas parcialmente quanto ao total dos recursos. Há casos onde sequer isso acontece.

Essa constatação está em linha com as fragilidades do esforço de desenvolvimento de estratégias, como ressaltado na parte anterior. Na medida em que a missão institucional não está claramente traduzida em questões e objetivos estratégicos, reforça-se a tendência, junto a outros fatores, de que as decisões orçamentárias não estejam em consonância com a missão institucional.

A nomenclatura adotada no processo orçamentário não serve como informação clara sobre as "entregas" da organização à sociedade. Essa questão assume crescente relevância em face da ênfase na transparência que se observa no contexto da gestão pública no país (ver a Lei complementar nº 131, de 27/5/2009, e a Lei nº 12.527, de 18/11/2011).

Além de moldar o caráter das decisões orçamentárias nas organizações, a clara explicitação dos produtos postos à disposição da sociedade por meio do processo orçamentário influenciará a imagem e as relações entre as organizações e seus públicos, num ambiente de maior transparência, sobre como os órgãos utilizam os recursos que lhes são colocados à disposição.

Por outro lado, o detalhamento em projetos e atividades, com metas e recursos que lhes são associados, é uma conquista praticamente consolidada. Não obstante, as constatações do questionário teste-piloto confirmam o que outros modos de observação sobre a realidade do micro-orçamento no contexto brasileiro têm indicado: o uso do conceito de orçamento-programa está longe de ter sido incorporado à filosofia e prática de gestão nas organizações do setor público.

Abre-se, assim, outra janela para os esforços adicionais de pesquisa visando o aperfeiçoamento do processo orçamentário no nível organizacional. Quais são os principais obstáculos que impedem que o conceito de orçamento-programa influencie efetivamente a lógica das decisões orçamentárias e sua avaliação, em vez de se constituir tão somente na linguagem para apresentar o documento orçamentário? Alcançar sucesso nessa direção é condição necessária para se avançar noutra direção: a do "orçamento para resultados".

(B) As visões dos "atores" experientes dos OCPO

A interpretação dos "atores" experientes dos OCPO, mais uma vez, corrobora a constatação, efetuada junto aos "atores" do Executivo, de que a nomenclatura adotada pelo orçamento evidencia uma dificuldade em expressar com clareza os principais produtos e serviços fornecidos pelos órgãos à sociedade.

O uso do orçamento como instrumento de gestão e de delegação no âmbito interno dos órgãos não se constitui em prática generalizada, tal como identificado pelos "atores" experientes dos OCPO, embora já seja constatado em parte expressiva nos órgãos, ainda que predominantemente de forma parcial. Infere-se, igualmente, que, por parte dos OCPO, não há um movimento de estímulo à ampliação da discricionariedade (descentralização) da gestão dos recursos no âmbito dos órgãos governamentais. Isso se dá em contradição com a tendência apontada pelos mesmos "atores" experientes dos OCPO de estímulo ao alto envolvimento de gestores e profissionais das organizações no processo orçamentário.

(C) As visões dos "atores" experientes do Poder Judiciário estadual — tribunais de Justiça

Na categoria em análise, a visão dos "atores" do Judiciário acompanha a interpretação geral predominante.

(d) As visões dos "atores" no âmbito dos TCE

Os destaques sobre as interpretações dos "atores" no âmbito dos TCE quanto às características do processo orçamentário nas organizações executoras, no que se refere à categoria de análise ora focalizada, são:

(i) Tais interpretações corroboram a constatação junto a "atores" dos órgãos do Executivo e dos OCPO de que a nomenclatura adotada pelo orçamento evidencia uma dificuldade em expressar com clareza os principais "produtos" fornecidos pelas organizações à sociedade.

(ii) O uso do orçamento como instrumento de gestão e de delegação no âmbito interno dos órgãos não se constitui em prática generalizada, tal como identificado por "atores" experientes dos TCE e dos OCPO, embora já seja constatado em parte expressiva nos órgãos, ainda que, predominantemente, de forma parcial. Cabe lembrar a constatação mencionada anteriormente de que por parte dos OCPO não há movimento de estímulo à ampliação da discricionariedade (descentralização) da gestão dos recursos no âmbito dos órgãos governamentais. Isso se dá em contradição com a tendência apontada pelos mesmos "atores" experientes dos OCPO de estímulo ao alto envolvimento de gestores e profissionais das organizações no processo orçamentário, situação negada por "atores" experientes do TCE – outro paradoxo da dinâmica orçamentária em setores das administrações públicas estaduais cobertos pela pesquisa ora relatada.

1.4 Congruência organizacional

Em que medida a dinâmica orçamentária promove a visão e a implementação de ações de uma perspectiva transversal nas organizações, evitando excessiva compartimentalização decorrente da "força" e preponderância dos espaços definidos pela estrutura orgânica?

1.4.1 As interpretações

O orçamento como promotor da integração

A visão dos "atores" experientes em órgãos do Executivo

É muito fraca a percepção de que o processo orçamentário funciona, na prática, como um promotor da integração interna. Quando muito, acontece de forma parcial.

É quase desprezível a parcela de respondentes que afirmam que a dimensão de objetivos e programas prepondera sobre quaisquer outras. Predomina o registro de que isso se dá de forma parcial, e que o peso das áreas ou unidades orgânicas prepondera sobre a visão de programas.

A visão dos "atores" experientes dos OCPO

É dispersa a interpretação, no âmbito dos OCPO, sobre se o processo orçamentário funciona como um promotor da integração interna ou, ao contrário, como um reprodutor de tendências à manutenção do isolamento entre as diferentes áreas dos órgãos. Há um predomínio do entendimento de que a prática não oferece evidências de o orçamento funcionar como um fator integrador.

Investimento em capacitação

A visão dos "atores" experientes em órgãos do Executivo

A opinião dos "atores" se divide entre um investimento eventual (o que prepondera) e um investimento regular em capacitação dos gestores no desenvolvimento de competências em planejamento e orçamento.

A visão dos "atores" experientes dos OCPO

Prevalece a interpretação de que há investimento em capacitação de gestores e profissionais, de todas as áreas, no desenvolvimento de competências em planejamento e orçamento, a par da constatação de que se possa realizar muito mais nesse sentido.

Autonomia de gestão

A visão dos "atores" experientes em órgãos do Executivo

Prepondera a visão de que a autonomia das áreas ou unidades orgânicas quanto à gestão do orçamento, quando há, é parcial.

Também assim se comporta a percepção sobre o alcance das informações orçamentárias junto ao quadro de servidores do órgão.

A opinião dos respondentes se divide entre a inexistência de transparência sobre as decisões e reformulações do orçamento e transparência parcial.

A visão dos "atores" experientes dos OCPO

Os "atores" dos OCPO entendem que a delegação de competência na gestão interna do orçamento nos órgãos não prepondera nas organizações. A condição ora examinada é reforçada pelas respostas ao grau de descentralização orçamentária nos órgãos (já comentada anteriormente), em que houve a prevalência de identificação de iniciativas neste sentido, mas de forma parcial — a "coluna do meio".

Contribuição para a integração dos demais processos

A visão dos "atores" experientes em órgãos do Executivo

> A parcela de respondentes que admite que a dinâmica orçamentária promove interação entre as áreas do órgão é a menor.

A visão dos "atores" experientes dos OCPO

> As percepções sobre a contribuição da dinâmica orçamentária para a integração dos demais processos de gestão dos órgãos são de que tal função não ocorre, dificultando, em consequência, a consolidação de uma política de gestão nas organizações.

1.4.2 Uma reinterpretação visando agendas de reforma

(a) As visões dos "atores" experientes dos órgãos do Executivo

Fica evidenciada a força da compartimentalização. Um dos fundamentos originais do orçamento-programa como processo promotor da prevalência de objetivos e programas sobre a tradicional visão funcional e hierárquica como base primária para as decisões sobre alocação de recursos, e o controle de sua implementação, ainda sofre mais reveses do que décadas de adoção da lógica por programas sugeririam. A manutenção de tendências de isolamento entre as áreas ou unidades orgânicas, antítese do caráter integrativo esperado, ainda tem peso significativo.

O desenvolvimento da capacidade de pensar e agir estrategicamente nas organizações, visando a combater uma das mais importantes fragilidades na administração pública brasileira — a forma por meio da qual são estabelecidos os objetivos e metas organizacionais —, em princípio pode também favorecer essa perspectiva mais transversal na dinâmica orçamentária, em linha com o conceito de orçamento-programa. Abre-se, assim, outra questão para maior investigação: até que ponto isso está ocorrendo efetivamente?

O aprofundamento da investigação nessa direção exige atenção a pelo menos três aspectos de grande relevância associados ao desenvolvimento de estratégias nas organizações do setor público na atualidade brasileira: primeiro, as suas relações com o contexto interno das organizações, em especial, sua estrutura orgânica e cultura; segundo, suas relações com momentos específicos na trajetória do órgão e do ambiente político, econômico e social; e terceiro, suas relações com estilos de liderança.

Quanto à aderência ao orçamento e à transparência interna, observa-se que a dificuldade de se levar o entendimento às pontas do sistema não é uma prerrogativa do planejamento estratégico. Avança de forma contundente no orçamento. O alcance das informações orçamentárias junto aos quadros dos servidores, quando há, dá-se de forma parcial. A percepção de fragilidade quanto à transparência das decisões orçamentárias reforça a lacuna observada.

O que está evidenciado nas respostas ao questionário teste-piloto confirma o que se tem observado por meio dos contatos diretos com gestores e profissionais da administração pública, em diferentes esferas de governo e áreas de políticas públicas, em programas de capacitação e de consultoria técnica desenvolvidos nos últimos 25 anos: tanto o conteúdo dos orçamentos das organizações quanto o processo orçamentário são realidades muito pouco conhecidas, exceto no caso de alguns raros "atores" e observadores, especialmente interessados e muito bem posicionados na estrutura orgânica.

Tal situação, sem dúvida, requer atenção especial para os esforços voltados ao aperfeiçoamento do micro-orçamento no setor público: como desenvolver processos e sistemas orçamentários de "alto envolvimento" (capítulo 2), isto é, que a dinâmica orçamentária mobilize amplamente gestores e profissionais — não seja um domínio de "especialistas" —, lastreada no acesso às informações e na definição de responsabilidades?

Há que se reconhecer o esforço das organizações em investir na capacitação de gestores e profissionais para o desenvolvimento de competências em planejamento e orçamento, mesmo que preponderando, ainda, iniciativas eventuais. Incrementar a adoção de programas regulares para formação de massa crítica, presentes somente em poucos contextos, pode vir a ser a próxima onda.

Não obstante, o retrato da realidade ora estudada precisa ser ampliado por meio de mais investigação, de forma a aumentar a nitidez sobre teor dos esforços de capacitação referidos. Nessa perspectiva, pesquisas adicionais seriam orientadas para se poder responder à seguinte questão: a capacitação existente está direcionada para reforçar os conceitos, ideias, procedimentos e práticas de planejamento e orçamento alinhadas ao que se denomina de "administração pública tradicional" ou, sob outra ótica, a capacitação está orientada para o desenvolvimento de capacidade crítica e inovação na gestão orçamentária ("orçamento para mudança"), em linha com novos conceitos sobre a doutrina administrativa e o estilo de organização na gestão pública, que se vêm intensificando desde os anos 1980?

A fragilidade do orçamento como promotor da integração entre os demais processos gerenciais — gestão de pessoas, compras de bens e serviços, por exemplo — dá-se na mesma proporção da lacuna constatada quanto ao esperado caráter integrador nos órgãos.

Essa questão exige uma análise entre a gestão pública numa ótica macro de setor público e a gestão no ambiente mais restrito das organizações. Em síntese, as dificuldades de integração observadas nas organizações entre o orçamento e a gestão de pessoal, e a aquisição de bens e serviços, e a organização e os métodos de trabalho, e a auditoria e avaliação do desempenho, refletem, seguramente, as fragilidades de definição de uma política de gestão pública no nível macro da ação governamental.

À luz do propósito maior de aperfeiçoamento do micro-orçamento, o foco para investigação adicional poderá ser o de explorar as possibilidades de se promover maior conexão do orçamento com as demais áreas da política de gestão no ambiente micro, tendo como eixos de sustentação dessa conexão os processos de inovação e o de "entrega" de programas/projetos/prestação de serviços públicos.

(b) As visões dos "atores" experientes dos OCPO

Tal como constatado na investigação realizada junto aos "atores" nas organizações executoras, os "atores" experientes dos OCPO confirmam que o processo orçamentário naqueles órgãos não contribui para amenizar a tradicional visão funcional e hierárquica como base primária para as decisões sobre alocação de recursos e o controle de sua implementação. A manutenção de tendências de isolamento entre as áreas ou unidades orgânicas, antítese do caráter integrativo esperado da prática do orçamento-programa, ainda tem peso significativo.

Pode-se afirmar, também, que a fraca ou parcial aderência dos OCPO ao papel de incentivador da gestão descentralizada do orçamento nas organizações agrava a dificuldade, já constatada, quanto à obtenção de adequado grau de transparência do processo orçamentário. Isso, em que pese, contraditoriamente, o movimento que prepondera nos OCPO, de estímulo à ampliação da participação de gestores e profissionais de todas as áreas dos órgãos na dinâmica orçamentária.

Os esforços dos órgãos executores na capacitação dos gestores para o desenvolvimento de competências em planejamento e orçamento, ainda que eventualmente, são confirmados por "atores" experientes dos OCPO. Os respondentes dos órgãos centrais sinalizam, também, iniciativas crescentes de promoção de oportunidades de fortalecimento em competências relacionadas com o foco em resultados, já ressaltado anteriormente.

Obteve-se interpretação semelhante entre "atores" experientes das organizações estaduais e dos OCPO em relação à fragilidade do orçamento tanto como promotor da integração entre os demais componentes de uma política de gestão (gestão da força de trabalho, compras de bens e serviços, entre outros) quanto, na mesma proporção, ao esperado caráter integrador entre as diferentes unidades da estrutura dos órgãos.

(c) As visões dos "atores" experientes do Poder Judiciário estadual — tribunais de Justiça

Os "atores" do Judiciário apresentam uma visão não tão distante da dos demais "atores" consultados (órgãos do Executivo, OCPO). No entanto, cabe registrar dois aspectos em que, no Judiciário estadual, a situação parece ser um pouco mais favorável que no Executivo estadual:

(i) A dimensão de programas e ações, mesmo que de forma parcial para uma parte expressiva, e de forma intensa, para uma parcela menor de "atores", prepondera sobre a consideração das unidades orgânicas, no momento da discussão e aprovação do orçamento interno dos tribunais.

(ii) Uma ligeira situação de "vantagem" em relação ao Executivo estadual no que diz respeito ao grau de autonomia das unidades orgânicas da instituição quanto à execução e ao controle do orçamento aprovado.

(d) As visões dos "atores" no âmbito dos TCE

As principais inferências que se podem extrair das interpretações de "atores" no âmbito dos TCE quanto às práticas do processo orçamentário nas organizações executoras, sob a ótica da "congruência" organizacional, são a confirmação, de forma mais veemente, das interpretações de "atores" das próprias organizações executoras e dos OCPO, como se segue:

Preponderância da tradicional visão funcional e hierárquica como base primária para a decisão sobre a alocação dos recursos, e implementação e controle do orçamento, em oposição às expectativas em torno da ideia de orçamento por programas e projetos.

Fraca manifestação de autonomia de áreas e unidades orgânicas nas organizações para a gestão dos recursos orçamentários.

A condição anterior é reforçada, em especial na visão de "atores" dos TCE, pela incipiência de investimento em competências de planejamento e orçamento; neste caso, uma interpretação mais crítica que a efetuada por "atores" dos OCPO.

Para completar o quadro de fragilidades, identifica-se que o processo orçamentário está longe de cumprir o papel de integrador de processos e sistemas nas organizações. Uma visão um pouco mais crítica que as dos demais universos de "atores".

1.5 Capacidade de reação

Existem métodos e procedimentos voltados para se lidar com situações não previstas, e que tenham impacto significativo na dinâmica orçamentária?

1.5.1 As interpretações

Rapidez de reação

A visão dos "atores" experientes em órgãos do Executivo

> Para lidar com mudanças no contexto externo que possam afetar os serviços críticos, a maior incidência de respondentes afirma que há planos de contingência apenas em algumas áreas específicas, seguida dos que negam haver planos de contingência.
>
> ▶

Um relativo grau de incerteza a que está sujeito o orçamento do órgão é percebido pela parte predominante dos respondentes, seguido, em escala menor, dos que consideram alto esse grau de incerteza.

A maior parcela de respondentes avalia os efeitos do contingenciamento do orçamento no órgão como devastadores na programação e execução dos recursos e ações, seguida daqueles que os veem como danosos, mesmo havendo mecanismos para atenuar parcialmente os prejuízos decorrentes. Poucos respondentes afirmam haver mecanismos no órgão que eliminem as dificuldades proporcionadas pela prática referida.

A autonomia decisória dos gestores dos programas ou de unidades orgânicas sobre realocação de recursos para lidar com as instabilidades, em nome do alcance dos objetivos acordados, é parcial para uma significativa parcela de respondentes; seguida dos demais que consideram nula a existência de autonomia.

A visão dos "atores" experientes dos OCPO

As condições de reação rápida a contingências — como a capacidade de gerenciar riscos e incertezas — não integram o rol de competências visíveis nos órgãos, segundo a ótica dos "atores" experientes nos OCPO.

1.5.2 Uma reinterpretação visando agendas de reformas

(A) As visões dos "atores" experientes dos órgãos do Executivo

Sob o ponto de vista das relações entre o macro-orçamento e o micro-orçamento, as reações às questões propostas pelo questionário teste-piloto inerentes à contribuição do orçamento para o desenvolvimento da "capacidade de reação" — como atributo da gestão organizacional — ratificam a importância de um dos aspectos mais críticos na atualidade orçamentária brasileira: em que medida o orçamento público orienta as decisões e ações dos agentes públicos e dos agentes privados.

O ambiente de incerteza a que está sujeito o orçamento prepondera para a maioria. Os fatores apontados como campeões de incerteza, por ordem de impacto no orçamento, são os de natureza: política, econômica, legal, social e tecnológica.

Essa ordem de importância, entre os fatores percebidos como geradores de incerteza no processo orçamentário das organizações, ratifica um aspecto crítico sobre as relações entre o macro e o micro-orçamento, o qual deve ser objeto de aprofundamento nos esforços de reinvenção do processo orçamentário: a busca para diminuir o grau de incerteza orçamentária no macro-orçamento está-se dando por meio do repasse de maior incerteza ao micro-orçamento?

A discussão sobre o grau de autonomia ou de discricionariedade dos gestores nas organizações do setor público pode, certamente, ser identificada como uma das questões fundamentais associadas às fragilidades na administração pública brasileira, o que é verdade, também, noutros contextos. A observação da experiência internacional evidencia que em poucos países se avançou na direção de concessão de maior poder discricionário aos gestores.

Deixando-se de lado os diferentes fatores relacionados com essa importante discussão, numa perspectiva mais ampla, entende-se aqui ser recomendável explorar o possível fortalecimento do papel dos gestores e profissionais para que as organizações possam lidar mais efetivamente com a incerteza a partir do redesenho dos sistemas orçamentários que sejam mais inclusivos e de alto envolvimento, conforme já se fez referência anteriormente.

(b) As visões dos "atores" experientes dos OCPO

Confirmando a interpretação dos "atores" experientes em organizações dos executivos estaduais, a visão dos "atores" experientes dos OCPO indica que as condições de reação rápida a contingências derivadas de mudanças no contexto externo que possam afetar o orçamento e os serviços críticos não integram o rol de competências visíveis nos órgãos. Quando há, costumam-se cingir a algumas áreas específicas.

Sob a ótica dos "atores" dos OCPO, ratifica-se, igualmente, que a autonomia decisória dos gestores dos programas ou unidades orgânicas sobre realocação de recursos para lidar com as instabilidades, quando há, é apenas parcial. O recurso da autonomia para dar respostas rápidas ao grau de incerteza não prepondera nas organizações.

O desafio não é pequeno, considerando-se, ainda, que o estímulo à ampliação das condições de autonomia da gestão dos recursos orçamentários nos órgãos não integra de forma expressiva a agenda dos OCPO, conforme verificado na pesquisa. Os "atores" experientes desses OCPO entendem ser baixo o grau de autonomia de gestão nas organizações. O que parece faltar é a convicção sobre a importância e o grau da autonomia desejável.

(c) As visões dos "atores" experientes do Poder Judiciário estadual — tribunais de Justiça

No entendimento de "atores" experientes do Judiciário, a situação relatada não chega a ser diferente de forma expressiva. Entretanto, não se podem desconsiderar os seguintes aspectos:

(i) Mesmo prevalecendo a interpretação de que é parcial a capacidade de o tribunal atenuar os efeitos da incerteza, tal capacidade se dá em escala superior à visão de "atores" do Executivo.

(ii) Some-se ao constatado anteriormente, a predominância da interpretação de que os tribunais estão sujeitos a menor grau de incerteza com relação aos recursos orçamentários.

(iii) Finalmente, também o recurso à autonomia das unidades orgânicas para lidar com a incerteza, no âmbito dos tribunais, é um tanto superior à declarada por "atores" do Executivo.

(d) As visões dos "atores" no âmbito dos TCE

As interpretações de "atores" no âmbito dos TCE quanto à capacidade de reação das organizações a situações/eventos não previstos que afetam o processo orçamentário podem assim ser sintetizadas:

(i) Trata-se de uma unanimidade entre "atores" experientes das organizações estaduais, dos OCPO e dos TCE — neste caso, de forma mais intensa ainda — a convicção de que as condições de reação rápida a contingências derivadas de mudanças no contexto externo que possam afetar o orçamento e os serviços críticos não integram o rol de competências visíveis nos órgãos. Quando há, costumam-se cingir a algumas áreas específicas.

(ii) "Atores" dos TCE ratificam, assim, a interpretação de "atores" dos OCPO de que a autonomia decisória dos gestores dos programas ou unidades orgânicas sobre realocação de recursos para lidar com as instabilidades, quando há, é apenas parcial. O recurso da autonomia para dar respostas rápidas ao grau de incerteza não prepondera nas organizações.

(iii) Conforme se chamou a atenção anteriormente, o estímulo à ampliação das condições de autonomia da gestão dos recursos orçamentários nos órgãos não integra de forma expressiva a agenda dos OCPO — cientes do problema, sem convicção, porém — sobre a importância da autonomia. A questão se agrava, considerando-se que "atores" experientes dos TCE — também cientes do problema — reconhecem que o tema não é foco de verificação por parte do controle externo, como se verá posteriormente.

1.6 Avaliação do desempenho organizacional

Em que medida o processo orçamentário gera elementos/evidências que são utilizadas para a avaliação do desempenho do órgão?

1.6.1 As interpretações

INDICADORES DE DESEMPENHO

A visão dos "atores" experientes em órgãos do Executivo

> A existência de indicadores — que permitam estabelecer metas de recursos, de produtos e de resultados ou efeitos no orçamento do órgão — é parcial para quantidade expressiva dos respondentes, seguida de integral, para uma parcela menor.

A visão dos "atores" experientes dos OCPO

> As interpretações sobre a atual situação quanto à utilização de indicadores que cubram as diversas vertentes de desempenho dos órgãos apontam para o predomínio da fragilidade dessa prática.

Estimativa dos recursos

A visão dos "atores" experientes em órgãos do Executivo

> Prepondera a visão de que a consideração de todos os custos pertinentes, quando da estimativa de recursos para as ações do orçamento do órgão, é realizada de forma não muito acurada, acompanhada, em segundo plano, de uma parcela menor de respondentes que identifica uma sistemática definida para essa finalidade.

A visão dos "atores" experientes dos OCPO

> A incorporação de todos os gastos, por ocasião da estimativa de recursos para as ações incluídas nos orçamentos dos órgãos, não é o que predomina, embora já seja uma prática intensa para uma parcela das situações, considerando-se a ótica dos "atores" nos OCPO. Essa realidade sinaliza para os enormes desafios associados à trajetória para a consideração de custos no setor público, para além de despesas (fluxo).

Avaliação da efetividade

A visão dos "atores" experientes em órgãos do Executivo

> Quando há monitoramento e avaliação sistemática da execução do orçamento que favoreça a análise sobre os resultados e impactos dos programas do órgão na sociedade, isso acontece, preponderantemente, de forma parcial.

A visão dos "atores" experientes dos OCPO

O peso da consideração de resultados (efeitos) dos programas junto à sociedade, quando da avaliação da execução do orçamento, ainda é pequeno. A dimensão processualística e legal prevalece sobre a de resultados.

Controle do orçamento

A visão dos "atores" experientes em órgãos do Executivo

A preocupação e a assunção de responsabilidade sobre os controles do emprego dos recursos orçamentários são, para grande parte dos respondentes, essencialmente centralizadas em um órgão específico; porém, para outro conjunto de respondentes, há um relativo envolvimento dos gestores das áreas ou unidades orgânicas no exercício desses controles.

A visão dos "atores" experientes dos OCPO

Estes "atores" apontam para a existência de lócus exclusivo e centralizado da atividade de controle dos recursos orçamentários nos órgãos.

Aspecto importante subjacente a essa constatação é: em que medida tal centralização contribui para que a função de controle do orçamento seja usurpada dos gestores/profissionais nas diferentes áreas e níveis de gestão das organizações?

Cultura de avaliação de desempenho

A visão dos "atores" experientes em órgãos do Executivo

Um universo expressivo de respondentes afirma não haver uma cultura disseminada de avaliação do desempenho no órgão, ficando ao sabor da liderança de ocasião; enquanto outra parcela de respondentes indica sua existência em certos setores do órgão.

A visão dos "atores" experientes dos OCPO

A se considerar as interpretações na perspectiva dos OCPO, é muito incipiente, ainda, a cultura de avaliação de desempenho nas organizações.

Retribuição ao desempenho

A visão dos "atores" experientes em órgãos do Executivo

O incentivo e a cobrança pelas lideranças políticas do alcance de metas físicas e financeiras de desempenho, como parte do processo de planejamento e orçamento no órgão, inexistem ou são parciais.

Prepondera a visão de que o trabalho com indicadores de custos, processos e resultados (acordos internos) — como base para aferição do desempenho de gestores e profissionais de diferentes áreas ou unidades orgânicas — existe de forma parcial; seguida da sua inexistência, para um segundo conjunto de respondentes.

Não há, para um universo expressivo de respondentes, uma forma regular de retribuição aos gestores e ao corpo funcional pelo alcance de metas e resultados no órgão; sendo parcial para um segundo conjunto relevante de respondentes.

A visão dos "atores" experientes dos OCPO

A se considerar as interpretações na perspectiva dos OCPO, é muito incipiente, ainda, a cultura de avaliação de desempenho nas organizações.

A retribuição ao desempenho de gestores e profissionais não é necessariamente influenciada pelo processo de controle orçamentário.

A predominância da inexistência e da fragilidade de sistemas de retribuição ao alcance de resultados corrobora o quadro anteriormente descrito.

É também visto como precário o estágio de desenvolvimento das informações sobre desempenho nos órgãos.

O USO GERENCIAL DO CONTROLE ORÇAMENTÁRIO

A visão dos "atores" experientes em órgãos do Executivo

Prepondera a interpretação dos que apontam que os controles do orçamento no órgão são utilizados apenas de forma parcial pelos responsáveis pelo gerenciamento das ações das áreas ou unidades orgânicas; enquanto uma parcela significativa dos respondentes refuta tal circunstância.

Para um conjunto significativo de respondentes, o processo de controle do orçamento no âmbito do órgão carrega a preponderância da dimensão processualística e legal. É absolutamente burocrático e legal, para uma segunda categoria expressiva de respondentes.

A visão dos "atores" experientes dos OCPO

Para a menor parcela dos "atores" dos OCPO, os controles orçamentários existentes são plenamente utilizados na gestão das organizações do setor público. Esses números sinalizam um possível baixo prestígio dos controles orçamentários, em face do pouco uso das informações produzidas.

Transparência

A visão dos "atores" experientes em órgãos do Executivo

> Os respondentes interpretam que as informações sobre desempenho no órgão se encontram em processo de aperfeiçoamento, requerendo, ainda, melhorias substantivas; para outro intervalo de respondentes, são incompletas, precárias e defasadas no tempo.
>
> Uma parte razoável de respondentes indica que não há transparência das informações sobre o desempenho do órgão, considerando-se, fundamentalmente, a preocupação com o uso de uma linguagem orçamentária acessível ao público em geral; outra parte expressiva de respondentes declara haver alguma informação, porém ainda com um hermetismo técnico.

A visão dos "atores" experientes dos OCPO

> Quanto à transparência, as informações sobre desempenho dos programas, recursos e resultados não são consideradas predominantemente completas, críveis e tempestivas. Tal situação contrasta com os recentes esforços de se ampliar a transparência no setor público brasileiro, a partir da Lei da Transparência e da Lei de Acesso à Informação.

1.6.2 Uma reinterpretação visando agendas de reformas

(a) As visões dos "atores" experientes dos órgãos do Executivo

A leitura das respostas ao questionário teste-piloto quanto à existência de indicadores que permitam estabelecer e medir o alcance de metas de recursos, de produtos e de resultados ou efeitos na dinâmica orçamentária, embora de forma parcial para a maioria dos respondentes, permite inferir que já consta da agenda dos esforços para o aprimoramento do processo de controle nas organizações.

Nessa perspectiva, dois aspectos emergem para orientar o prosseguimento das pesquisas sobre o tema. Primeiro, conhecer as motivações originais que respondem pela definição desses indicadores para mensurar eficiência, eficácia e a efetividade na aplicação dos recursos: imposição do sistema maior? Exigências associadas às transferências de recursos de outros níveis de governo? Pressões dos destinatários dos serviços? Necessidades da gestão organizacional? Quais seriam os impactos dessas múltiplas pressões na configuração do sistema de controle, e seus custos?

Um segundo aspecto a se observar mais atentamente diz respeito à real utilização desses indicadores na formulação e no controle dos orçamentos. A existência de indicadores — e até mesmo sua utilização na mensuração de programas, projetos e atividades executadas — não significa necessariamente que estejam sendo utilizados para fins de controle, conforme se pode extrair claramente das respostas. Quais seriam as principais razões para a ocorrência dessa situação?

Os esforços voltados para reformas do processo orçamentário organizacional devem incluir a identificação de elementos relevantes que possam melhor orientar a forma como se deve dar o avanço na capacidade de utilizar informações de custos nas decisões e avaliações sobre utilização dos recursos organizacionais.

Isso requer adequada compreensão sobre iniciativas, em diferentes esferas, para desenvolver sistemas de informações de custos. Implica, igualmente, levantar percepções e expectativas de gestores e profissionais quanto aos principais desafios relacionados com a disponibilização e a utilização das informações de custos nos distintos tipos de organizações e setores da ação governamental.

O processo de controle do orçamento carrega a preponderância da dimensão financeira, processualística e legal. No entanto, começa a incorporar alguns aspectos que direcionam para o desempenho (metas, eficiência e efeitos).

Não se estaria exagerando ao afirmar que, em face da sua importância para a ação governamental (macro e micro), o controle orçamentário, tal como refletido na reação às questões formuladas, pode ser considerado um dos sustentáculos ao modelo denominado "administração pública tradicional", alvo dos esforços de reforma da gestão pública desde meados dos anos 1980.

A preocupação e a assunção de responsabilidades sobre o controle do emprego dos recursos orçamentários são centralizadas em uma unidade orgânica específica, muito embora se venha ampliando um relativo envolvimento dos gestores das diferentes áreas da atuação organizacional no exercício desses controles.

Como os gestores interpretam esse maior envolvimento no exercício do controle orçamentário, considerando, sobretudo, o baixo grau de autonomia decisória existente nas organizações do setor público? É possível identificar padrões distintos de maior envolvimento em função de diferenças quanto aos tipos de organização e áreas de ação governamental? O maior envolvimento dos gestores é replicado aos demais profissionais, ou fica naqueles centralizado? Essas e outras questões merecem ser exploradas por meio de esforços adicionais de investigação.

O monitoramento e a avaliação sistemática da execução do orçamento que favoreça a análise sobre os resultados e impactos dos programas na sociedade, quando acontecem, tendem a ser parciais e limitados a aspectos específicos. Tal situação contrasta fortemente com a importância desse foco para o alcance de uma gestão orçamentária estratégica nas organizações governamentais.

A inexistência de uma "cultura disseminada" de mensuração e avaliação do desempenho, qualquer que seja o significado atribuído a isso, ainda prepondera. Quando há, segundo os respondentes, restringe-se a alguns setores da organização. E fica ao sabor da liderança de ocasião.

Nessa perspectiva, pesquisas adicionais são necessárias para identificar os diferentes fatores — institucionais, governamentais, ambiente político e social etc. — que podem influenciar os esforços de mensuração e avaliação.

A se considerar a experiência acumulada em diferentes países, muitas discussões sobre mensuração e avaliação do desempenho têm sido direcionadas para a adoção de uma mesma orientação, prática e técnica — de forma indistinta — nas organizações do setor público.

Os insucessos acumulados nessa direção talvez sejam a principal razão para a contestar, abrindo-se espaço ao argumento de que as orientações, práticas e técnicas devam considerar as diferentes funções cumpridas pelo setor público. A realização de mais pesquisas nessa ótica — da diferenciação — parece ser mais condizente para a construção de uma "cultura" de mensuração e avaliação no contexto do setor público brasileiro.

Começa a aumentar o esforço de utilização de indicadores — e de acordos internos — para a aferição do desempenho de gestores e profissionais. Incrementa-se, ainda, o desenvolvimento de sistemas de informação sobre o desempenho, mesmo que, preponderantemente, de forma parcial. A garantia da regularidade de sistemas dessa natureza e a ampliação de sua abrangência continuam a ser uma meta.

A pergunta constante do questionário teste-piloto sobre esse tema teve o propósito de estimular a reflexão e conhecer a realidade das relações entre o desempenho de indivíduos (e de equipes) e o desempenho de programas, projetos e atividades organizacionais.

A aferição da eficiência, eficácia e efetividade das áreas ou unidades orgânicas não se constitui no principal item para apoiar a negociação dos recursos orçamentários. Nada mais "lógico", diante da confirmação sobre a preponderância, ainda, da lógica incremental.

Predomina o sentimento de que as informações sobre o desempenho se encontram em processo de aperfeiçoamento, requerendo, ainda, melhorias substantivas — o que é reforçado por parcela não desprezível de situações de incompletude, precariedade e defasagem no tempo.

É ínfima, também, a parcela dos responsáveis pelo gerenciamento das ações das áreas ou unidades orgânicas que se valem de fato dos controles do orçamento como base para apoiar o gerenciamento das ações. Uma característica muito próxima da prevalência da dimensão burocrática/legal sobre a gerencial, também constatada.

(b) As visões dos "atores" experientes dos OCPO

Da mesma forma como evidenciado nas interpretações de "atores" em órgãos do Executivo, os "atores" experientes dos OCPO confirmam a existência de indicadores que permitem estabelecer e medir o alcance de metas de recursos, de produtos e de resultados ou efeitos na dinâmica orçamentária, embora de forma parcial para a maioria. Acentuam, entretanto, a fragilidade da prática de utilização de indicadores que cubram as diversas vertentes do desempenho dos órgãos.

A pesquisa revela que, no âmbito dos órgãos centrais, não há evidências de uma preocupação marcante com as formas de controle de desempenho realizado pelos órgãos executores.

Indica, igualmente, a ausência de iniciativas dos OCPO para desenvolver sistemas de informações de custos — mesmo sabedores, que o são, da precariedade da inclusão, pelos órgãos executores, dos itens de gastos pertinentes, quando do cálculo dos recursos necessários aos projetos e atividades do orçamento.

Tal constatação é corroborada pela ainda tímida utilização dos indicadores de desempenho como uma das bases para a negociação do orçamento.

Não se estaria exagerando ao afirmar que, em face da sua importância para ação governamental (macro e micro), o controle orçamentário, tal como refletido na reação às questões formuladas, pode ser considerado um dos sustentáculos ao modelo denominado "administração pública tradicional", alvo dos esforços de reforma da gestão pública desde meados dos anos 1980.

A presente afirmação é apoiada nas interpretações, tanto dos "atores" experientes dos OCPO quanto dos órgãos do Executivo, ao indicarem que o peso da consideração de resultados e efeitos dos programas junto à sociedade, quando da avaliação do orçamento, ainda é muito pequeno.

O controle orçamentário centrado na dimensão financeira e legal, típico da "administração pública tradicional", prevalece na administração pública estadual.

Quanto à institucionalização da responsabilidade sobre o controle do emprego dos recursos orçamentários, interpretações obtidas junto aos "atores" experientes dos OCPO confirmam constatação já relatada no capítulo anterior, em relação à visão dos "atores" em órgãos do Executivo.

A centralização do controle do emprego dos recursos orçamentários em uma unidade específica vence de forma contundente, muito embora já se observe um relativo envolvimento dos gestores das diferentes áreas de atuação dos órgãos executores no exercício desses controles.

"Atores" experientes dos OCPO confirmam como muito incipiente, ainda, uma cultura disseminada de mensuração e avaliação do desempenho que abranja as diferentes áreas de atuação dos órgãos executores.

Na opinião dos "atores" nos órgãos executores, como se constatou anteriormente, o incentivo e a cobrança pelas lideranças políticas para o alcance de metas físicas e financeiras de desempenho como parte do processo de planejamento e orçamento são parciais ou inexistem, ainda.

As informações obtidas junto aos OPCO, já mencionadas, de baixa preocupação com as formas de controle do desempenho, acompanhadas de parcial utilização das informações sobre desempenho na negociação dos valores orçamentários, agravam o quadro relatado.

Confirmam, também, a percepção de que a retribuição dos gestores e profissionais dos órgãos executores estaduais não é necessariamente influenciada pelo processo de controle orçamentário, situação "fortalecida" pela fragilidade dos sistemas de retribuição ao alcance de resultados e pelo precário estágio de desenvolvimento de informações sobre o desempenho nos órgãos.

Quanto ao teor das negociações internas nos órgãos executores, visando a alocação dos recursos orçamentários anualmente, corroborando a interpretação dos "atores" nesses órgãos, os "atores" nos OCPO entendem que a aferição da eficiência, eficácia e efetividade das áreas ou unidades orgânicas não se constitui na principal informação para apoiar essas negociações.

Com relação à qualidade e utilidade das informações sobre o desempenho dos órgãos executores, os "atores" experientes dos OCPO atestam sobre o baixo prestígio dos controles orçamentários, em face do pouco uso das informações produzidas.

Para o desenvolvimento de uma cultura de desempenho nas organizações governamentais, como um fenômeno plural, e considerando as evidências citadas anteriormente, a qualidade e a utilidade da informação gerada por meio da mensuração e avaliação devem ser questões tratadas conjuntamente. Nesse sentido, a sustentação e o desenho de modelos de mensuração e avaliação do desempenho passarão pela conjunção de argumentos de diferentes naturezas.

(c) As visões dos "atores" experientes do Poder Judiciário estadual — tribunais de Justiça

A interpretação de "atores" experientes do Judiciário apresenta algumas nuances que merecem destaque:

(i) Converge com as demais interpretações, especialmente no que diz respeito a:
- Precariedade de informações e indicadores de desempenho, mesmo considerando razoável investimento em aperfeiçoamento nessa área;
- Informações incompletas sobre a consideração de necessidade de recursos, embora em situação um pouco superior à interpretação dos "atores" do Executivo;
- Prevalência da dimensão processualística sobre a dimensão de resultados na atividade de controle, embora, também neste caso, um pouco mais favorável que a interpretação dos "atores" do Executivo;
- Centralização do controle do emprego dos recursos orçamentários, embora com relativo envolvimento dos gestores das unidades orgânicas, situação ligeiramente superior à visão de "atores" do Executivo;

- Fragilidade do processo de controle orçamentário como base para retribuição ao desempenho dos gestores e demais profissionais; e
- Inexistência de forma regular de retribuição ao alcance de metas orçamentárias.

(ii) A fragilidade, ainda, da disseminação de uma cultura de avaliação nos TJ, embora em situação mais promissora que a interpretação de "atores" do Executivo estadual, alinha-se ao fato de que mais da metade dos "atores" do Judiciário estadual atestam que os controles do orçamento são utilizados de forma *parcial* pelos responsáveis pelo gerenciamento das ações das áreas ou unidades orgânicas e com preponderância da dimensão processualística e legal, conforme já citado.

(iii) Quanto à transparência, o "estado de aperfeiçoamento" de informações e indicadores sobre o desempenho dos programas indica o início de uma preocupação no âmbito dos TJ, não traduzida, no entanto, em produtos que reflitam avanços significativos na qualidade da informação.

(d) As visões dos "atores" no âmbito dos TCE

Em síntese, as interpretações de "atores" no âmbito dos TCE quanto às relações entre práticas do processo orçamentário e avaliação do desempenho nas organizações executoras indicam que:

(i) Nos oito temas abordados sobre a relação entre o processo orçamentário e a avaliação do desempenho organizacional observa-se uma unanimidade: todos, sem exceção, refletem interpretações da realidade nas quais predomina um posicionamento de fragilidade, cabendo ressaltar:

- Precariedade de indicadores de desempenho;
- Informações incompletas sobre consideração de necessidades de recursos;
- Prevalência da dimensão processualística sobre a dimensão de resultados na atividade de controle;
- Fraca instrumentalização do controle nas pontas do sistema, e que é centralizado;
- Ausência de cultura de avaliação do desempenho;
- Inutilidade do controle do orçamento para os gestores. Em consequência, o controle não serve de base para a avaliação

do desempenho, não se constituindo em fonte de incentivo e retribuição aos gestores e demais profissionais, que não têm acesso a informações integradas, completas, críveis e tempestivas; e

- Inexistência de transparência com relação às informações e indicadores de desempenho dos programas, recursos e resultados dos órgãos.

(ii) Reforça-se e se amplia, de forma contundente, o que já fora constatado junto aos "atores" experientes dos OCPO: o controle orçamentário ainda se encontra eivado das práticas da dita "administração pública tradicional".

(iii) Se já havia indícios marcantes sobre as fragilidades apontadas anteriormente (item I), segundo a visão de "atores" dos órgãos executores, confirmados pelos dos OCPO, juntando-se à opinião dos do controle externo, não restam dúvidas sobre o sentido das mudanças necessárias ao aperfeiçoamento da função do orçamento como importante mecanismo de avaliação do desempenho das organizações do setor público estadual.

2. Comparação sintética das interpretações de "atores" experientes do setor público estadual visando à identificação de pistas para os esforços de reinvenção do processo orçamentário no âmbito do micro-orçamento

Em complemento às comparações das interpretações obtidas, e inferências delas colhidas, constantes das partes anteriores do presente capítulo, apresenta-se uma nova agregação dos dados colhidos junto a "atores" experientes, reforçando as análises e extraindo algumas conclusões e pistas para futura investigação.

Primeiramente, faz-se, a seguir, um esforço de síntese analítica — a partir da consolidação das respostas de "atores" experientes de órgãos do Executivo, dos OCPO e dos TCE — às questões propostas cobrindo as seis funções que o processo orçamentário supostamente exerce na gestão organizacional, de acordo com o balizamento conceitual explicitado no capítulo 5, conforme ilustrado nos gráficos 1, 2 e 3, e detalhado nos gráficos 4 a 10.

Posteriormente, e em separado — a fim de se estabelecer um contraponto e o destaque de possíveis diferenças que o estudo permita identificar — apresenta-se a síntese da investigação baseada nas visões de "atores" experientes do Poder Judiciário estadual, conforme ilustrado nos gráficos 11 a 16.

2.1 A consolidação das interpretações de "atores" experientes de órgãos do Executivo, dos OCPO e dos TCE sobre o processo orçamentário nas organizações

O que se observa à primeira vista — ao se considerarem as interpretações de cada segmento de "atores" experientes representado, em uma visão de conjunto das seis funções do processo orçamentário, tal como apresentado nos gráficos 1, 2 e 3 — é a fragilidade das funções do orçamento como instrumento de gestão em quase todas as dimensões, excetuando-se a de "transformar propósitos em objetivos e ações concretas". Nesta, sobressai uma visão mais positiva na ótica de "atores" experientes em órgãos "controladores", isto é, os órgãos centrais de planejamento e orçamento (OCPO) e os tribunais de contas (TCE).

Gráfico 1
Distribuição (%) das interpretações de "atores" experientes dos órgãos executores sobre as funções do processo orçamentário na gestão das organizações do setor público estadual

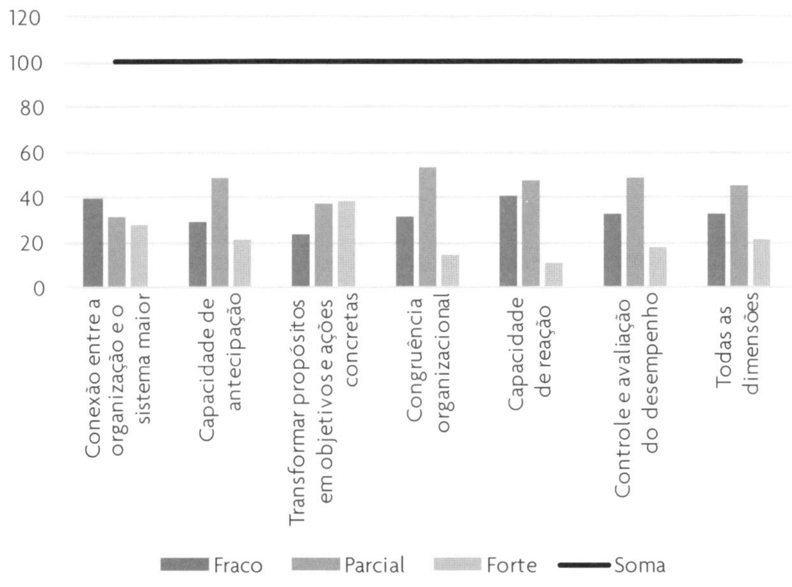

Fonte: Os autores.

Tais interpretações não surpreendem, pois os esforços para aperfeiçoar as classificações orçamentárias parecem se constituir, efetivamente, em iniciativa marcante das reformas orçamentárias conduzidas nas décadas recentes no contexto brasileiro.

Mesmo na ótica de "atores" dos órgãos executores, as percepções de "fraco" e "parcial" quanto às dimensões abordadas preponderam fortemente.

O que se depreende das interpretações de "atores" experientes, por si só, fortalece a hipótese de que as práticas orçamentárias nas instituições governamentais brasileiras, no âmbito estadual, estão bem distantes de um padrão esperado, tanto sob o ponto de vista teórico-conceitual quanto em relação às experiências estrangeiras recentes, que podem servir de *benchmarking* sobre reformas orçamentárias.

Gráfico 2

Distribuição (%) das interpretações de "atores" experientes dos OCPO sobre as funções do processo orçamentário na gestão das organizações do setor público estadual

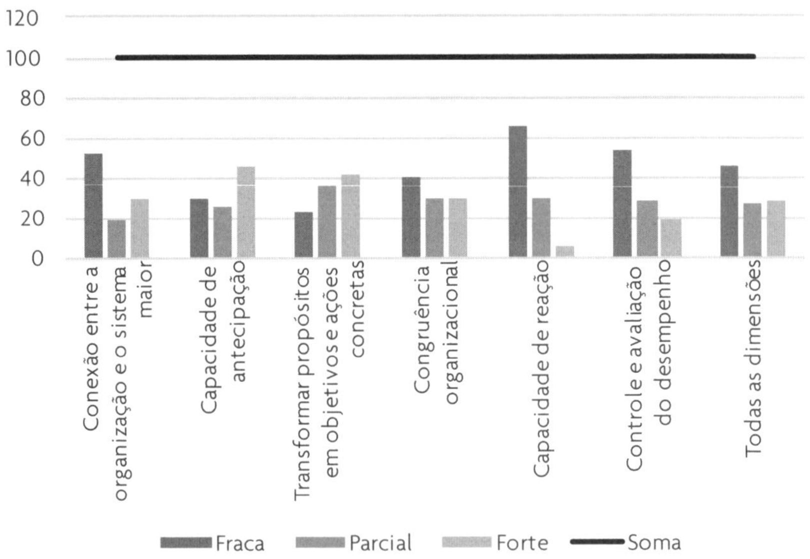

Fonte: Os autores.

Gráfico 3
Distribuição (%) das interpretações de "atores" experientes dos TCE sobre as funções do processo orçamentário na gestão das organizações do setor público estadual

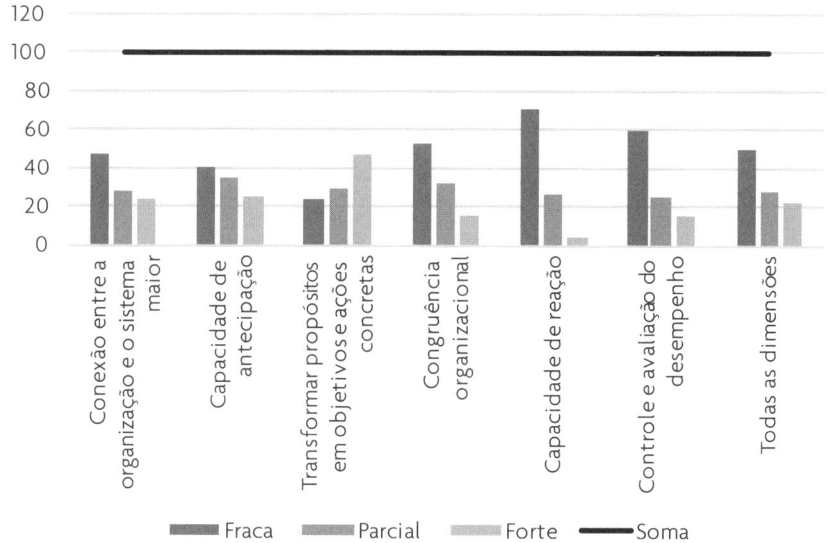

Fonte: Os autores.

Uma segunda observação, de caráter geral, que a análise dos três gráficos permite fazer é quanto à visão mais crítica de "atores" dos OCPO e dos TCE do que a de "atores" dos órgãos executores. O mesmo se repete, porém de forma mais suave, entre "atores" do TCE e os dos OCPO, sendo aqueles mais críticos. Isso não é de se estranhar, ao contrário, considerando-se os perfis profissionais e as perspectivas de cada segmento representado por "atores" experientes.

Finalmente, uma terceira observação resulta da comparação dos três conjuntos de percepções quanto a um aparente consenso entre os extremos:

(a) A percepção de que a dimensão mais carente de fortalecimento no processo orçamentário é a "capacidade de reação" das organizações governamentais;

(b) Em relação às percepções de "atores" dos órgãos executores, verifica-se maior fragmentação (distribuição de visões sobre "fraco", "parcial" e "forte") em relação a três funções: "conexão entre a organização e o sistema maior", "capacidade de antecipação" e "transformar propósitos e objetivos em ações concretas". Nessas três funções concentram-se, por outo lado, as percepções mais destacadas quanto a práticas "fortes"; e

(c) Já em relação a "atores" experientes dos "órgãos controladores" (OCPO e TCE), a observação descrita em (b) aplica-se, igualmente, acrescentando-se, também, a dimensão "congruência organizacional".

A fragmentação de percepções referidas nos itens (b) e (c) pode retratar tanto eventuais diferenças de interpretações entre "atores" sobre as mesmas realidades quanto, por outro lado, diferentes realidades sobre o processo orçamentário em organizações do setor público estadual.

A seguir, são feitas observações pontuais a partir do detalhamento das percepções de cada um dos três grupos de "atores" experientes sobre as seis funções.

Gráfico 4. Conexão entre a organização e o sistema maior. Comparação das três visões de "atores" experientes (%)

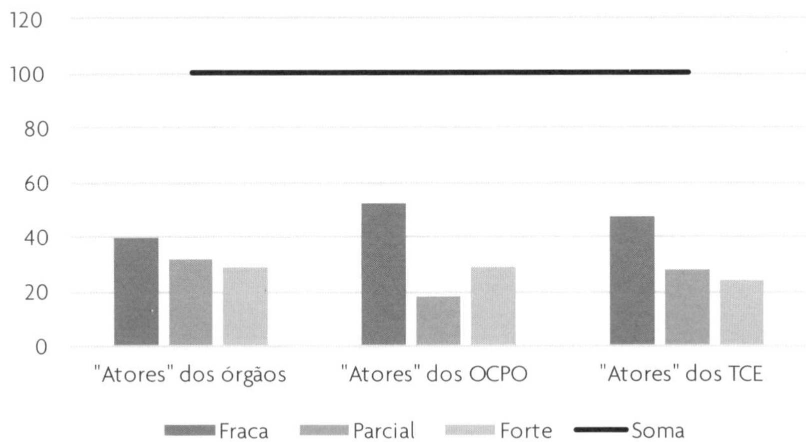

Fonte: Os autores.

Trata-se de uma das funções de destaque quanto à preponderância da fragilidade das práticas, cuja constatação é unânime entre os três grupos de "atores".

Cabe lembrar que, nessa função, três temas gozam de baixíssimo prestígio nas práticas orçamentárias vigentes: a gestão da interdependência intragovernamental, entre poderes e entre esferas de governo; o espaço para negociação do orçamento entre os órgãos executores e os OCPO; e o protagonismo dos órgãos executores no processo de elaboração do orçamento.

Certamente, as "falhas" anteriormente indicadas devem contribuir fortemente para que não sejam alcançados os desejáveis níveis de eficiência e eficácia na implementação de políticas públicas, programas e projetos definidos no macro-orçamento.

Gráfico 5. Capacidade de antecipação
Comparação das três visões de "atores" experientes (%)

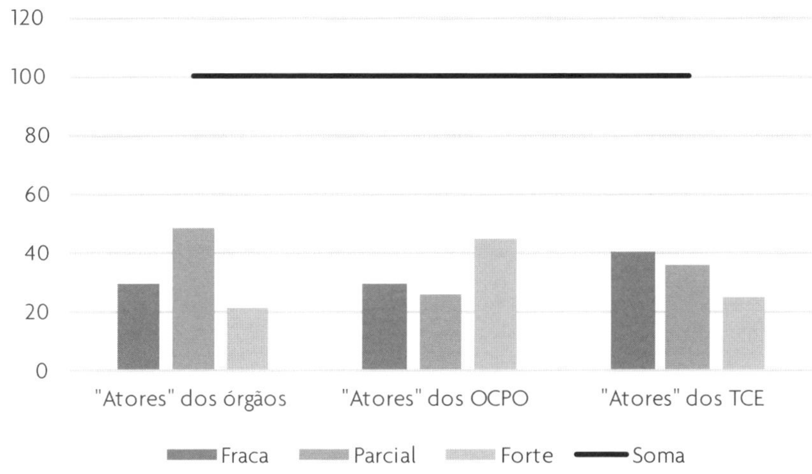

Fonte: Os autores.

Função um pouco mais favorável, sobretudo sob a ótica de "atores" dos órgãos executores e dos OCPO. Não obstante, emerge a crítica necessidade de se realizar maior investimento na capacidade de desenvolvimento de estratégias nas organizações, da qual resulte o trânsito da ainda prevalecente lógica incremental e "retrovisora" para a lógica prospectiva do orçamento.

A consolidação de uma visão estratégica com horizonte ampliado, e que se constitua no motor do processo orçamentário, continua a ocupar o espaço dos sonhos e utopias da prática governamental vigente. Enquanto isso, vigora o alto grau de arbitrariedade das decisões orçamentárias (Schick, 1996).

Gráfico 6. Transformar propósitos e objetivos em ações concretas. Comparação das três visões de "atores" experientes (%)

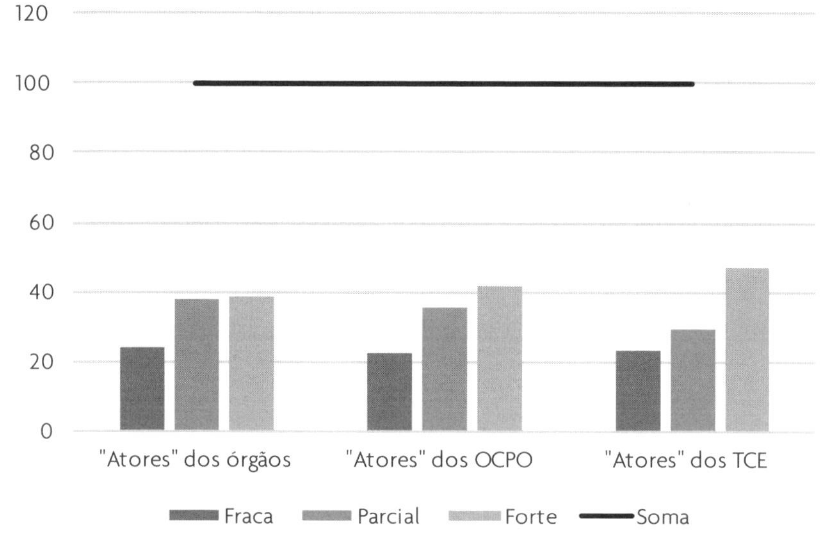

Fonte: Os autores.

Das seis funções do processo orçamentário focalizadas, essa é a única em que predominam práticas mais favoráveis, unanimidade entre os três grupos de "atores".

Ainda assim, as percepções sobre práticas "fortes" nunca chegam a 50% das práticas avaliadas pelos "atores", sendo, então, sobrepujadas pelas percepções de práticas "fracas" e "parciais".

O que pareceria uma contradição, à primeira vista, entre a avaliação obtida dos "atores" nesta categoria e nas demais, explica-se pela possibilidade, na primeira, de prevalecer a percepção de aspectos formais da adoção da técnica de "orçamento-programa": objetivos são, de fato, traduzidos em programas e projetos/atividades.

Na categoria em foco não se entra no mérito, entretanto, de como são estabelecidos os referidos objetivos, como são implementadas, controladas e avaliadas as ações, ou como são adotados mecanismos para alterar as ações em face de mudanças não previstas — aspectos abordados no âmbito das demais funções do processo orçamentário, as quais exploram uma dimensão mais qualitativa das iniciativas.

Registre-se, ainda, no âmbito da função ora analisada, a fragilidade na descentralização e autonomia de gestão do orçamento nas organizações.

Em que pese tratar-se de função na qual mais se tem avançado na prática orçamentária, tal fragilidade acaba por reforçar o caráter arbitrário das decisões orçamentárias, como se chamou a atenção anteriormente. Outra implicação dessa realidade tem a ver com a falta de estímulos e aderência, por parte de gestores e profissionais em diferentes níveis nas organizações, para a implementação de programas e projetos num contexto de forte centralismo de meios e recursos.

Gráfico 7. Congruência organizacional. Comparação das três visões de "atores" experientes (%)

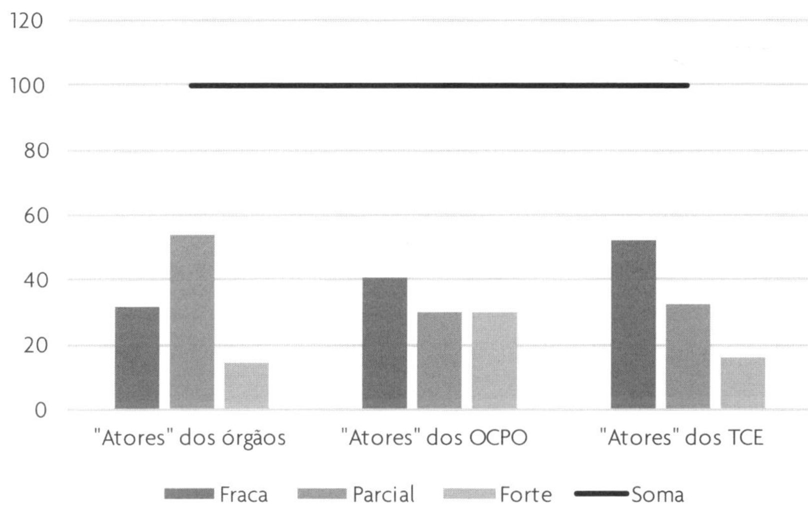

Fonte: Os autores.

As percepções sobre o processo orçamentário no nível do micro-orçamento, no que se refere à sua contribuição para a promoção da "congruência organizacional", apontam que é predominantemente "fraca" na ótica de "atores" dos TCE e de "atores" dos órgãos executores, e um pouco mais fragmentada na visão de "atores" dos OCPO.

Continuam a ocupar o pódio: a visão funcional e hierárquica, o centralismo na gestão dos recursos orçamentários e a falência da condição de o orçamento atuar como elemento integrador dos demais processos que devem ser abrangidos por uma política de gestão nas organizações governamentais.

Para além das dificuldades que essa realidade impõe ao alcance das metas estabelecidas nas políticas públicas, tal situação acaba por se constituir, provavelmente, em uma das principais fontes de elevação dos seus custos de implementação.

Gráfico 8. Capacidade de reação. Comparação das três visões de "atores" experientes (%)

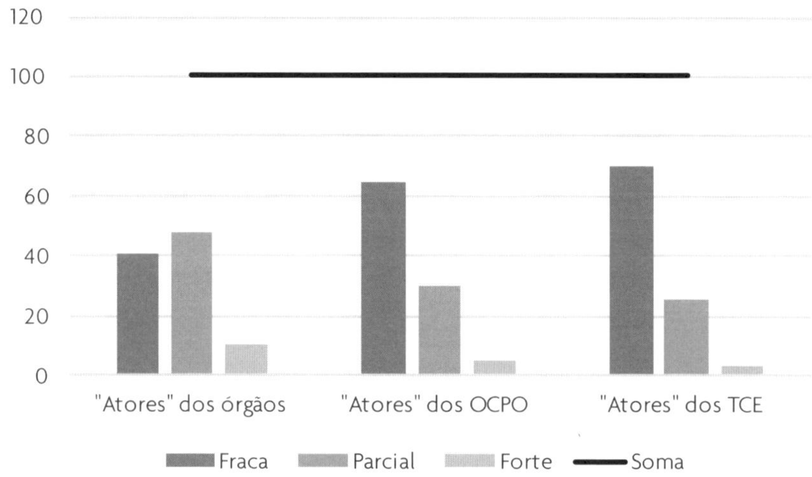

Fonte: Os autores.

A função "capacidade de reação" — que se traduz na resposta adequada, oportuna e rápida a contingências e a situações circunstanciais que influenciam as diferentes fases do processo orçamentário — é a que se apresenta como a mais "fraca" das seis funções do processo orçamentário.

Não por acaso, a função que se mostra como a segunda mais "fraca" — "controle e avaliação de desempenho" — deveria ser um dos sustentáculos para a promoção de respostas rápidas a ocorrências que signifiquem riscos à consecução das atividades e ao alcance de metas.

Os baixos níveis de autonomia de gestão, que sequer é estimulada pelos "órgãos controladores", respondem, também, pela situação diagnosticada.

Tomando-se em conta a atual realidade do macro-orçamento no contexto do setor público brasileiro, em todos os três níveis de governo, na qual sobressai o alto grau de incerteza como uma de suas características marcantes, a fragilidade anteriormente apontada aumenta consideravelmente a vulnerabilidade das organizações governamentais que implementam políticas e prestam os serviços públicos, na medida em que terão mais dificuldade em lidar com as consequências da transferência da incerteza do macro-orçamento para o nível do micro-orçamento por meio de mecanismos tais como o contingenciamento da despesa, entre outros.

Gráfico 9. Controle e avaliação do desempenho. Comparação das três visões de "atores" experientes (%)

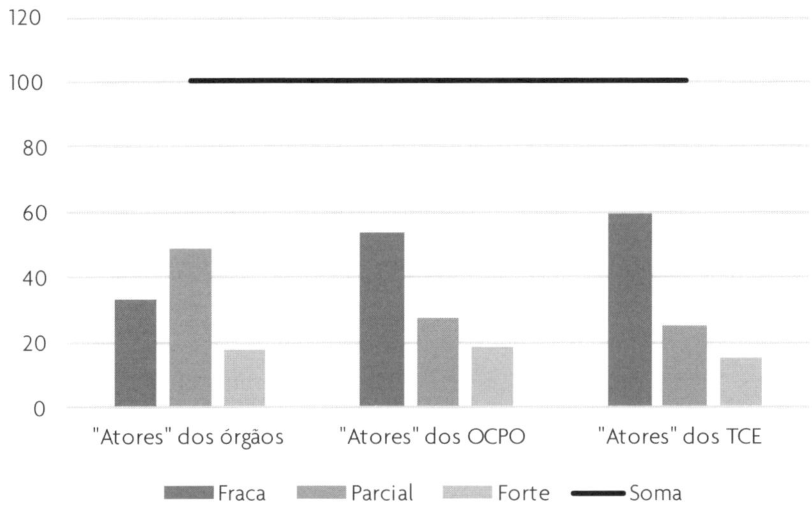

Fonte: Os autores.

Pode-se observar, nessa função — de forma mais contundente, na visão de "atores" do controle externo e dos OCPO, e um pouco suavizada, na ótica de "atores" dos órgãos executores —, a falência da contribuição do processo orçamentário ao desenvolvimento da capacidade de controle e avaliação do desempenho nas organizações governamentais.

Nada escapa às interpretações de "atores" dos três segmentos focalizados: qualidade e oportunidade das informações, noção de custos, credibilidade dos dados e sua utilidade para a gestão.

Entre as 10 questões que serviram de base para a avaliação do atual estado de controle orçamentário nos órgãos — especialmente quanto ao controle voltado para resultados —, todas, sem exceção, obtiveram predomínio de respostas desfavoráveis.

Pode-se afigurar como preocupante o fato de nenhum dos itens associados a práticas de controle voltado para resultados gozar de avaliação favorável pelos participantes da pesquisa. Pode-se até inferir sobre uma forte correlação entre a fragilidade de controles atestada e a precária "capacidade de reação rápida".

Vale reproduzir, a seguir, conclusão explicitada anteriormente, derivada da visão apresentada por "atores" dos órgãos executivos colhida nos estágios iniciais da pesquisa de campo ora apresentada neste capítulo, visão também partilhada por "atores" dos TCE:

> Os principais requisitos para uma prática moderna de controle e avaliação do desempenho não integram o arsenal em uso nas organizações da administração pública estadual, com todas as sabidas implicações que dessa fragilidade resultam para a qualidade do gasto público e, consequentemente, para a implementação das políticas públicas e prestação dos serviços à sociedade.

No nível do micro-orçamento, o fortalecimento do papel do processo orçamentário como base para o controle e avaliação do desempenho de ações e gestores — até agora "adormecido" — tem importantíssimas implicações, não só para aumentar os níveis de eficiência e eficácia, mas, igualmente, para promover maior transparência e *accountability* por parte de dirigentes políticos, gestores e profissionais no setor público.

Gráfico 10
Consolidação das três visões de "atores" experientes em relação às seis funções do processo orçamentário (%)

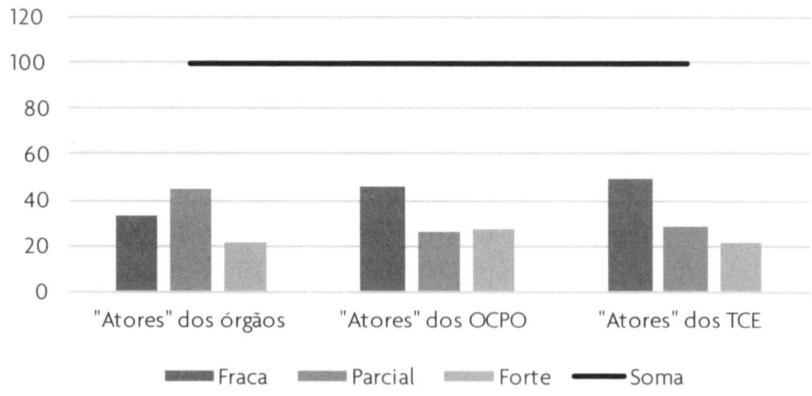

Fonte: Os autores.

Ao se considerar o conjunto de práticas orçamentárias inerentes às seis funções do processo orçamentário nas organizações, detalhadas em 49 questões submetidas aos "atores" experientes, fica límpido o predomínio da fragilidade do processo orçamentário como instrumento de gestão nas organizações governamentais da esfera estadual, como evidenciado no gráfico 10. As percepções sobre práticas "fortes" oscilam entre 30%, no caso de "atores" dos OCPO, e 22%, na visão dos outros "atores".

As percepções diferenciadas entre "atores" dos órgãos executores e demais "atores" no que se refere à intensidade de práticas "parciais" (mais intensa para aqueles) são explicadas, possivelmente, pelas diferentes capacidades de gestão existentes entre organizações do setor público estadual e, também, pela visão mais próxima dessas distintas realidades que "atores" de órgãos executores têm em relação aos outros dois grupos de "atores".

Com todos os devidos cuidados com o uso dessa informação para fazer inferências, a distância para uma gestão idealizada do orçamento poderia se aproximar de um acréscimo de 80% ao caminho trilhado até agora.

2.2 O processo orçamentário no âmbito das organizações do Poder Judiciário estadual: avanços?

Observam-se diferenças entre organizações, no âmbito dos poderes Executivo e Judiciário, no que diz respeito à dinâmica do orçamento? O que cabe ressaltar sob um ponto de vista mais agregado?

A tentativa de responder a essas indagações se dá, a seguir, utilizando-se, igualmente, as categorias de análise inerentes às funções idealizadas do orçamento na gestão das organizações.

Nas duas funções do processo orçamentário ilustradas nos gráficos 11 e 12 pode-se vislumbrar posição de vantagem do Poder Judiciário estadual, tomando-se como base as visões de "atores" experientes do Executivo e do Judiciário sobre as realidades específicas.

Seriam essas diferenças resultantes dos investimentos efetuados recentemente — há mais de uma década intensos e continuados — para o fortalecimento das capacidades de gestão e, em especial, de planejamento estratégico no âmbito do Judiciário, com aderência, protagonismo e inegável incentivo do Conselho Nacional de Justiça? Um resgate à situação secular de verdadeiro desprezo do Judiciário com o tema *administração*? Tudo leva a crer que sim.

Nem por isso pode-se festejar com muitas pompas, pois, considerando--se os resultados apresentados nos gráficos 11 e 12, está-se, quando muito, antes da metade de um longo caminho a ser percorrido.

Gráfico 11. Conexão entre a organização e o sistema maior. Comparação entre as visões de "atores" do Executivo e do Judiciário estadual (%)

Fonte: Os autores.

Gráfico 12. Capacidade de antecipação. Comparação entre as visões de "atores" do Executivo e do Judiciário estadual (%)

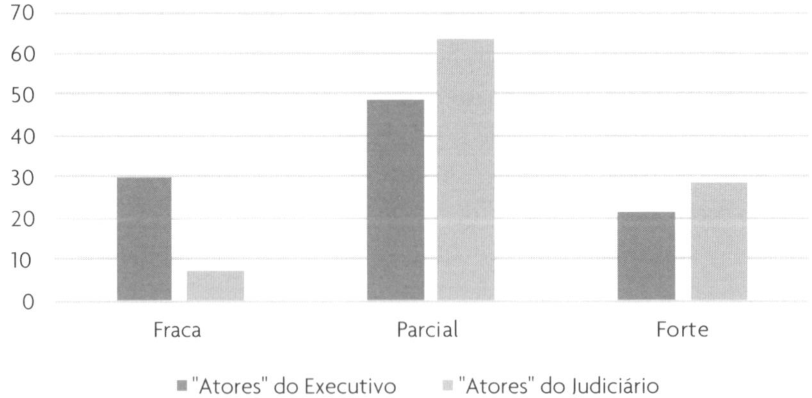

Fonte: Os autores.

Na função ilustrada no gráfico 13, a seguir, as posições praticamente se equivalem — como já visto anteriormente —, constituindo-se numa das mais favoráveis entre as seis funções focalizadas.

O peso da prática disseminada de orçamento por programas pode "compensar" as fragilidades detectadas com respeito à descentralização e à autonomia de gestão do orçamento nas organizações do setor público.

Gráfico 13. Transformar propósitos e objetivos em ações concretas. Comparação entre as visões de "atores" do Executivo e do Judiciário estadual (%)

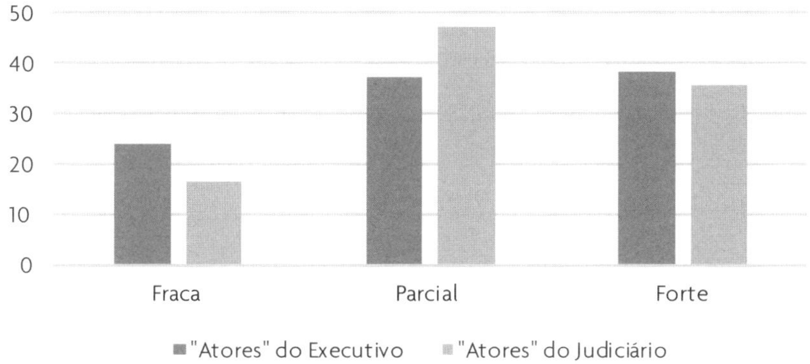

Fonte: Os autores.

Gráfico 14. Congruência organizacional. Comparação entre as visões de "atores" do Executivo e do Judiciário estadual (%)

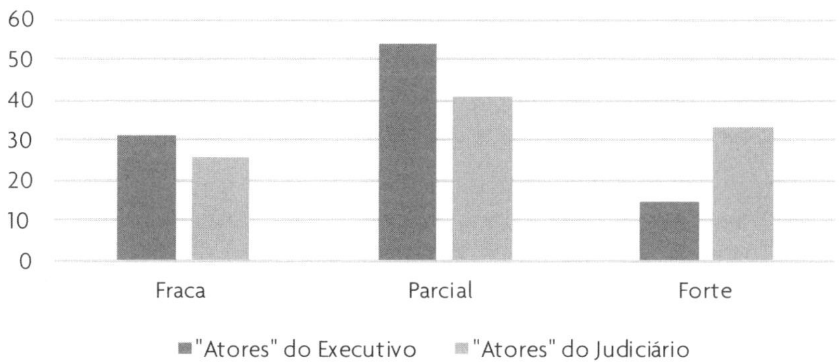

Fonte: Os autores.

Na função "Congruência Organizacional" (gráfico 14), as diferenças entre os poderes não chegam a ser significativas — uma pequena vantagem para o Judiciário — especialmente no que tange a níveis superiores de intensidade em algumas experiências.

A força da visão funcional e hierárquica, do centralismo — desprovido, no entanto, de caráter integrador na gestão dos recursos — persiste em minar os incansáveis esforços de modernização do processo orçamentário.

Gráfico 15. Capacidade de reação. Comparação entre as visões de "atores" do Executivo e do Judiciário estadual (%)

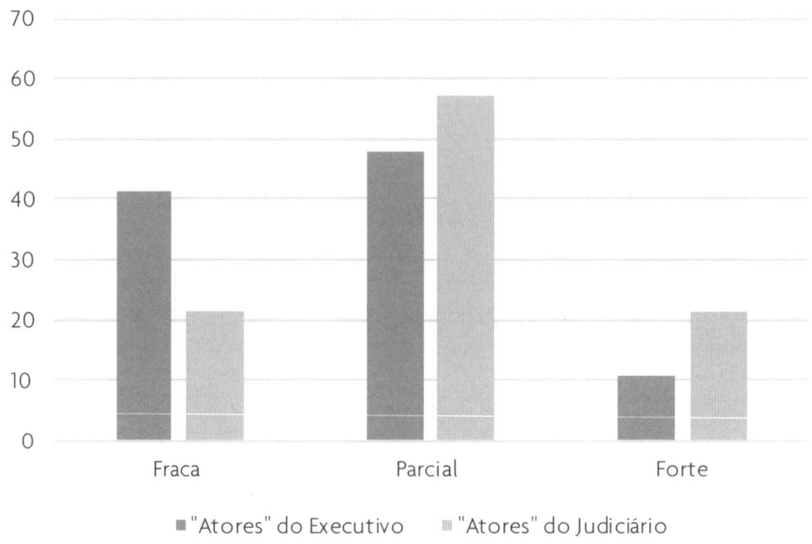

Fonte: Os autores.

Situação também ligeiramente superior do Judiciário estadual no que se refere à "Capacidade de Reação" (gráfico 15).

Para além de uma percepção de menor sujeição a instabilidades, pode-se atribuir essa superioridade a efeitos do citado fortalecimento em planejamento estratégico, somados à maior autonomia, mesmo que parcial, das unidades orgânicas no enfrentamento das incertezas.

Gráfico 16
Avaliação do desempenho organizacional.
Comparação entre as visões de "atores" do Executivo
e do Judiciário estadual (%)

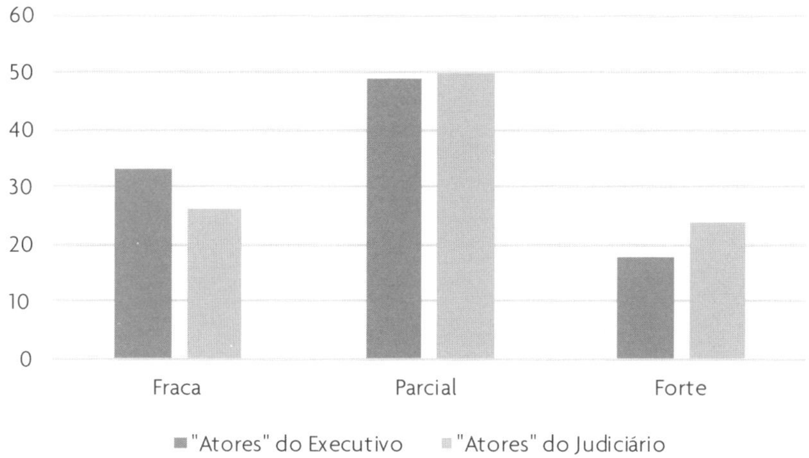

Fonte: Os autores.

Se os poderes se equivalem — de forma positiva — na função "transformar propósitos em objetivos e ações", o mesmo acontece — de forma negativa — na função "avaliação do desempenho organizacional" (gráfico 16), que disputa — de forma solene — o pódio das campeãs em falência do processo orçamentário no setor público brasileiro.

Controle prospectivo, com ênfase em resultados, é, ainda, um sonho em uma noite de verão na atual realidade. Um reservatório de transbordamentos de corrupção, alimentado, ainda, por intenso fluxo de práticas lesivas ao patrimônio público, abafa os esforços de inteligência de controle, imprescindíveis para reverter esse quadro.

3. A atuação dos órgãos centrais de planejamento e orçamento (OCPO) junto às organizações que implementam as políticas públicas e fazem a provisão dos serviços públicos

O relato e a análise que se apresentam a seguir, dando sequência ao propósito mais amplo de contribuir para o conhecimento sobre a realidade do micro-orçamento e, a partir desse conhecimento, fazer emergirem boas ideias visando ao aperfeiçoamento da dinâmica orçamentária nas organizações do setor público brasileiro, resultam da tentativa de responder a duas questões de pesquisa voltadas para o universo da administração pública estadual:

1. Como os OCPO interpretam o próprio papel que desempenham na sustentação das relações entre o macro-orçamento e o micro-orçamento?
2. Como os TCE interpretam o papel que os OCPO desempenham na sustentação das relações entre o macro-orçamento e o micro-orçamento?

Para isso, buscou-se uma aproximação tão segura quanto possível da realidade estudada — o processo orçamentário nas organizações governamentais — por meio da confrontação de interpretações de "atores" experientes dos OCPO e dos TCE sobre essa realidade.

Da mesma forma como foi feito em relação ao estudo sobre como "atores" experientes interpretam o processo orçamentário em organizações do Poder Executivo estadual, como descrito na parte 1 deste capítulo, a análise ora apresentada resulta, igualmente, da consolidação dos dados obtidos por meio de questionários estruturados, complementados por entrevistas selecionadas, e da reinterpretação das inferências resultantes das informações geradas pelo estudo anterior.

Novos elementos mapeados na literatura internacional quanto ao papel dos órgãos centrais de planejamento e orçamento subsidiaram a identificação de aspectos e questões que foram considerados para a formulação dos questionários e das entrevistas realizadas.

Em contraponto ao foco constante da parte 1, nesta parte relata-se o esforço de "autoanálise" solicitado a "atores" experientes nos OCPO sobre o papel atualmente exercido por esses órgãos centrais na articulação da dinâmica orçamentária nos estados, em face das novas ideias, práticas, métodos e procedimentos inerentes às iniciativas de reformas de gestão pública, sobretudo a partir dos anos 1990.

A síntese apresentada a seguir reflete a visão de "atores" experientes dos OCPO sobre as 10 questões constantes do apêndice II (bloco 2), consolidadas, igualmente, em termos percentuais para as escalas de 1 (não se pratica) a 5 (pratica-se fortemente e de maneira generalizada), como, também, o que se pode inferir da visão de "atores" experientes dos órgãos do Executivo sobre o papel desempenhado pelos OCPO, confrontadas com a percepção dos "atores" experientes dos TCE sobre as mesmas questões, constantes do apêndice IV (bloco 2).

Planejamento estratégico e orçamento

Na visão de "atores" experientes dos OCPO, observa-se dispersão nas interpretações sobre a consideração do plano estratégico dos órgãos executores na atribuição prévia de tetos orçamentários ou na negociação de valores na etapa de elaboração da proposta orçamentária. Uma leitura sobre essa dispersão pode ser a de que, em alguns estados, o processo de planejamento estratégico nos órgãos tem peso na negociação dos recursos orçamentários com os OCPO, noutros estados isso não ocorre.

Fenômeno semelhante é identificado quanto ao desenvolvimento de mecanismos de estímulo, por parte do órgão central, à elaboração de planos estratégicos pelas organizações. É de se pressupor que haja correlação entre este tema e o mencionado no parágrafo anterior, e que o fortalecimento das competências em planejamento estratégico seja um processo em curso nos estados, mesmo que nos seus primórdios, ainda.

Mediante a interpretação dos "atores" experientes dos TCE, o planejamento estratégico dos órgãos não é considerado pelos OCPO para a atribuição de tetos ou negociação de valores na etapa de elaboração da proposta orçamentária.

Não é de se estranhar, ainda, a visão dos "atores" do TCE sobre o desinteresse, por parte dos OCPO, ao estímulo ao desenvolvimento de mecanismos que favoreçam a elaboração de planos estratégicos pelos órgãos.

Desempenho como base para a negociação do orçamento

Também nessa questão, na visão dos "atores" experientes dos OCPO, tem-se a percepção de que a negociação dos valores do orçamento não é fundamentalmente influenciada pelo desempenho dos órgãos, embora tenha um peso não desprezível, em harmonia com as duas constatações anteriores.

Consentâneo com a interpretação nos temas anteriores, a visão dos "atores" dos TCE é a de que não há indícios sobre a consideração de desempenho dos órgãos pelos OCPO como fonte importante para a negociação dos valores orçamentários

Oportunidades de fortalecimento em competências relacionadas com o foco em resultados

Verifica-se, mais uma vez, na ótica de "atores" experientes dos OCPO, tendência de inflexão nas atribuições dos OCPO, em consonância com os "novos papéis" que devem ser desempenhados por esses órgãos centrais em face dos desafios da gestão pública contemporânea.

Neste item, identifica-se, segundo a interpretação dos "atores" dos TCE, iniciativas, mesmo que de forma parcial, em torno de incentivos ao fortalecimento de competências associadas ao planejamento e controle com foco em resultados.

PPA como um guia

Segundo "atores" experientes dos OCPO, indubitavelmente, o *master plan* do governo é um referencial para análise das propostas orçamentárias dos órgãos executores, pelo menos no que concerne à consistência das propostas no que diz respeito a programas e ações.

Os "atores" dos TCE constatam a prevalência da análise pelos OCPO sobre a consistência do conteúdo das ações, produtos e indicadores das propostas dos órgãos com os programas do PPA.

Estímulo ao alto envolvimento de gestores/profissionais no processo orçamentário nas organizações

Essa parece se constituir noutra tendência identificada de protagonismo do órgão central no fortalecimento da dinâmica orçamentária nas organizações, conforme opinaram "atores" experientes dos OCPO.

Já o estímulo à ampliação da discricionariedade (descentralização) da gestão dos recursos no âmbito dos órgãos não chega a receber o mesmo peso que os temas anteriores.

De forma distinta à interpretação dos "atores" dos OCPO, os "atores" dos TCE não constatam iniciativas daqueles órgãos voltadas para incentivar a participação de gestores e profissionais na discussão interna da proposta orçamentária no âmbito dos órgãos, apesar do reconhecimento de uma possível tendência nesse sentido.

Situação não muito diferente da verificação sobre a atuação dos OCPO para favorecer a descentralização da gestão do orçamento nos órgãos. As fragilidades identificadas pelos "atores" dos TCE se fortalecem mutuamente.

Preocupação com a forma de controle do desempenho

Não há evidências, com base na visão de "atores" experientes dos OCPO, de que essa questão se constitua em preocupação marcante por parte do órgão central.

Os "atores" experientes dos TCE interpretam que é parcial a atenção dos OCPO com a forma por meio da qual são feitos o monitoramento e a avaliação das ações pelos órgãos, não integrando a agenda dos órgãos centrais de planejamento e orçamento.

O orçamento como instrumento de planejamento e de controle

Verifica-se uma propensão dos órgãos centrais nessa direção, mediante a oferta, aos órgãos executores, de modelos de planejamento e monitoramento das ações. Não é o que ocorre, com a mesma intensidade, no que diz respeito ao controle do desempenho, conforme visto anteriormente.

Também neste tema, os "atores" experientes dos TCE identificam fragilidade na atuação dos OCPO voltada para a instrumentalização dos órgãos por meio da oferta de modelos de planejamento, monitoramento e avaliação das ações.

Incentivo ao aprimoramento da transparência

As interpretações de "atores" dos OCPO fornecem alguma base para se inferir pela incorporação desse tema na agenda dos órgãos centrais.

Uma visão mais crítica de "atores" do controle externo anuncia uma precariedade da atuação dos OCPO como incentivadores de processos mais transparentes nos órgãos.

A revisão do papel dos órgãos centrais de planejamento e orçamento

A seguir, os gráficos 17 e 18 consolidam as avaliações de "atores" experientes dos próprios OCPO e de "atores" experientes dos TCE, respectivamente, avaliando em que medida os órgãos centrais de planejamento e orçamento nos estados desempenham os novos papéis idealizados para esses órgãos, considerando-se a experiência internacional e os desafios que se apresentam à gestão pública no contexto brasileiro.

Gráfico 17
Visão de "atores" experientes dos OCPO sobre as "novas funções" a serem exercidas pelos órgãos centrais em busca de maior vitalidade do processo orçamentário nas organizações governamentais (%)

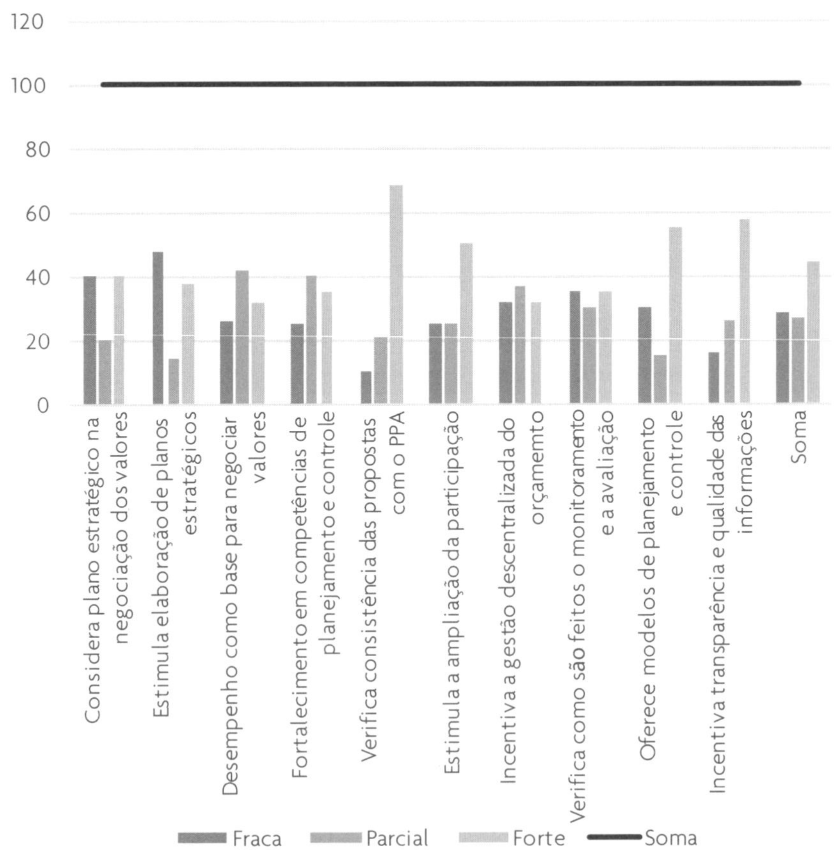

Fonte: Os autores.

Gráfico 18
Visão de "atores" experientes dos TCE sobre as "novas funções" a serem exercidas pelos órgãos centrais em busca de maior vitalidade do processo orçamentário nas organizações governamentais (%)

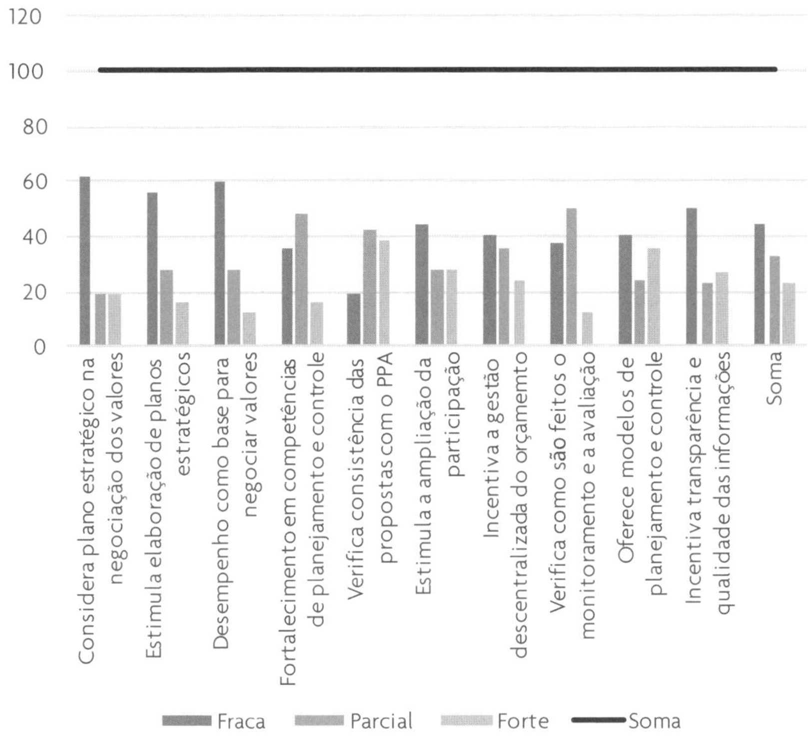

Fonte: Os autores.

De modo geral, as percepções consolidadas nos gráficos 17 e 18 sugerem um movimento de inflexão na agenda dos órgãos centrais no sentido da incorporação de "novos papéis" voltados para o fortalecimento do foco em desempenho e resultados no processo orçamentário das organizações do setor público estadual, para além das atribuições tradicionais de articuladores e controladores do processo orçamentário, especialmente a partir da visão de "atores" dos próprios OCPO.

Nesse sentido estão as indicações desses "atores" quanto às ações voltadas para: aproximar as propostas orçamentárias por parte dos órgãos executores do conteúdo do plano plurianual (PPA); maior envolvimento de gestores e profissionais nas diferentes fases do processo orçamentário; favorecer a inovação quanto a conceitos, métodos e práticas de planejamento e controle; e ampliar transparência e qualidade da informação.

Mesmo assim, conforme já mencionado, outros aspectos, de forma aparentemente contraditória, na visão de "atores" dos próprios OCPO, não se constituem em prática disseminada, ou com tendência a se ampliar. As informações coletadas apontam para a possível adoção desses mecanismos por alguns estados e a não incorporação dessas práticas por outros:

- Consideração dos planos estratégicos das organizações na negociação dos valores durante a etapa de elaboração da proposta orçamentária;
- Desenvolvimento de mecanismos de estímulo à elaboração de planos estratégicos pelas organizações;
- Uso das informações sobre o desempenho (custos, prestação de serviços, resultados e impactos) como base para negociação dos valores na proposta orçamentária;
- Estabelecimento de mecanismos que incentivem a gestão do orçamento nos órgãos executores de forma descentralizada, com ampliação da discricionariedade dos gestores; e
- Verificação sobre como se realiza o monitoramento e a avaliação das ações pelos órgãos executores.

Por outro lado, "atores" do controle externo confirmam as fragilidades reconhecidas por "atores" dos OCPO, no entanto de forma bem mais acentuada que a identificada por estes. Apontam o "incentivo à transparência e qualidade das informações" como item, também, de extrema fragilidade, em grande contraste com as indicações de "atores" dos próprios OCPO.

Uma acentuada segunda divergência entre as percepções dos dois grupos de "atores" dá-se em relação à consideração, por parte dos OCPO, do desempenho dos órgãos executores como base para a negociação anual de recursos orçamentários.

Levando-se em conta as experiências internacionais de reformas orçamentárias desde os anos 1990, nas quais a revisão de incentivos a gestores e profissionais tem sido considerada fator crucial para a promoção de maior qualidade dos gastos, essa realidade indicada por "atores" dos TCE é preocupante e merece especial atenção.

Assim, é de se supor que haja um movimento na direção da assunção dos "novos papéis" pelos OCPO cuja trajetória está iniciada. Entretanto, tal movimento está bem distante de uma prática que prepondere sobre as tradicionais atividades de planejamento, orçamento e controle.

Algumas entrevistas realizadas junto a "atores" experientes dos OCPO estaduais tiveram o objetivo de coletar informações adicionais ao inquérito submetido aos "atores" experientes dos órgãos executores. Serviram, outrossim, para validar as principais inferências derivadas dos dados obtidos pelos questionários.

Além da confirmação sobre os principais desafios já apontados, cabe destacar dois aspectos críticos, os quais, segundo os entrevistados, se constituem em fortes entraves, com base nas suas experiências.

Um primeiro aspecto refere-se à persistência, na prática, da separação entre a lógica do processo orçamentário e a do processo de planejamento, mesmo considerando-se como consolidada a prática de elaboração do PPA — fenômeno observável tanto no nível do macro-orçamento, quanto nas organizações executoras (micro-orçamento). Em muitos casos, a insistente separação começa no seio dos próprios OCPO, os articuladores dos processos.

Alguns atribuem essa dicotomia, também, à preponderância do caráter burocrático e ritualístico dos processos, os quais perdem força como instrumento de gestão à disposição dos gestores e profissionais das diversas organizações governamentais.

Outro aspecto marcante identificado nas entrevistas diz respeito à extrema dificuldade de os órgãos tomarem iniciativas para negociações com outros órgãos do próprio Poder Executivo visando à consideração de interdependências e complementaridades dos respectivos programas, na disputa pela partilha dos recursos orçamentários, como já foi comentado anteriormente.

Com relação aos outros poderes e esferas, nem se fala! A prevalência da lógica de unidades e órgãos sobre a de programas e prioridades persiste. Situação que, também, não é prerrogativa dos órgãos da "ponta" do sistema, e se alinha com o aspecto crítico anterior. Aliás, nada mais lógico nesta falta de lógica.

Naturalmente, as fragilidades observadas e exploradas para que a dinâmica orçamentária possa se constituir em poderoso instrumento de gestão nas organizações governamentais não se resumem aos dois aspectos anteriormente referidos.

O presente estudo identifica um vasto conjunto de debilidades e de combinações entre elas, as quais criam condições adversas ao potencial do orçamento governamental como processo que contribua para a qualidade do gasto público.

Isto, sem considerar, ainda, outras variáveis dos contextos político, econômico, social e institucional no país, as quais, por si só, já seriam suficientes para se especular sobre a dimensão astronômica do caminho a ser percorrido a fim de se alcançarem patamares mínimos de eficiência e eficácia da ação governamental.

4. Os "novos" papéis dos tribunais de contas visando à maior vitalidade do processo orçamentário no setor público estadual

A síntese das interpretações de "atores" dos tribunais de contas estaduais (TCE) e a análise que se seguem resultam da tentativa de responder à seguinte questão de pesquisa voltada para o universo da administração pública estadual: como esses "atores" avaliam o papel que o próprio controle externo tem desempenhado sobre o processo orçamentário, privilegiando-se a perspectiva do orçamento como instrumento de gestão no âmbito das organizações governamentais?

Gráfico 19[3]
A visão de "atores" experientes dos TCE sobre a verificação da qualidade do processo orçamentário estadual (%)

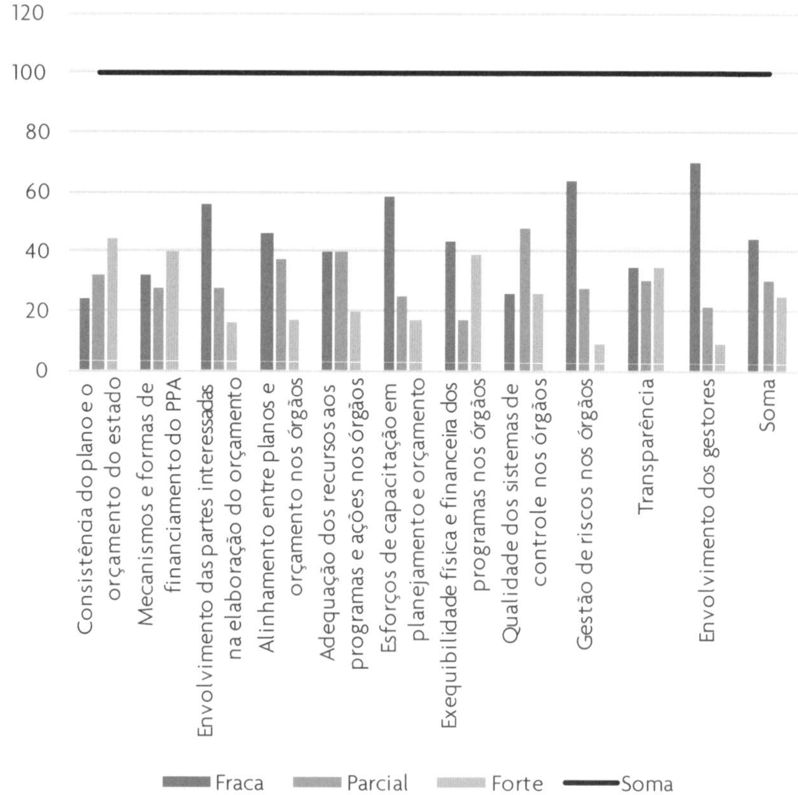

Fonte: Os autores.

[3] Categorias inspiradas e adaptadas, em grande parte, do Referencial para Avaliação de Governança em Políticas Públicas (TCU, 2014).

O gráfico 19 permite inferir da visão de "atores" dos TCE, que duas práticas, por parte das cortes estaduais, predominam com avaliação de "forte", ambas mais voltadas para o macro-orçamento: verificação da consistência do plano e orçamento do Estado; e verificação de mecanismos e formas de financiamento do PPA.

Mesmo assim, o predomínio referido é inferior, em ambos os casos, à soma das percepções de práticas "fracas" e "parciais". Portanto, isso parece revelar realidades bem diferenciadas quanto à atuação dos TCE nos estados.

Algumas práticas mais relacionadas com o micro-orçamento, mas não só, já gozam de determinado prestígio em alguns contextos estaduais, porém não na grande maioria: verificação da exequibilidade física e financeira dos programas nos órgãos; verificação da qualidade dos sistemas de controle nos órgãos; e verificação da transparência das informações.

As demais práticas relacionadas com "novos" papéis esperados dos TCE — associados ao orçamento como instrumento de gestão nas organizações do setor público — parecem não integrar a agenda de prioridades do controle externo, tal como visto por "atores" dos próprios tribunais de contas:

- Verificação do envolvimento das partes interessadas (*stakeholders*) e dos responsáveis na elaboração do orçamento;
- Verificação do alinhamento entre o planejamento estratégico e o orçamento nos órgãos;
- Verificação da adequação dos recursos aos programas e ações do orçamento nos órgãos;
- Verificação de esforços de capacitação em planejamento e orçamento nos órgãos;
- Verificação de mecanismos de gestão de riscos nos órgãos; e
- Verificação do envolvimento dos gestores e profissionais dos órgãos na dinâmica de elaboração, aprovação, execução e controle do orçamento.

Na consolidação das percepções de "atores" dos TCE sobre os "novos papéis", fica bem nítido o reconhecimento de fragilidades quanto às atuais práticas.

Esse quadro geral de percepções de diferentes "atores" contribui para a conclusão de que as fragilidades do orçamento como instrumento de gestão

— que predominam amplamente no setor público brasileiro, pelo menos em relação ao âmbito estadual, ora em exame — certamente não serão superadas somente a partir das iniciativas dos próprios órgãos executores, que entregam serviços à sociedade.

A necessária aceleração do processo de mudanças requer, igualmente, a atenção e o apoio dos órgãos centrais de planejamento e orçamento do Executivo e também do controle externo.

O problema é sistêmico, em que pesem iniciativas nos três segmentos envolvidos na busca de superação dos obstáculos, porém tímidas, muito tímidas, para o enfrentamento do problema na profundidade requerida.

Cabe resgatar, ainda, para efeito de confronto com o quadro retratado na consolidação das percepções de "atores" experientes, e conforme já mencionado, o trabalho de fiscalização sobre governança pública em nível nacional, realizado pelo TCU e a quase totalidade dos tribunais de contas do país, no âmbito do controle externo, iniciado em 4/8/2014 e encerrado em 23/5/2015.[4]

Alguns exemplos dos resultados obtidos, conforme relatado por Nardes e colaboradores (2016:327-334) e apresentados anteriormente no capítulo 4, ressaltam a constatação de que mais da metade das organizações investigadas no âmbito do trabalho citado situam-se em estágio de capacidade inicial em estratégia — com baixo potencial de executar um processo de planejamento estratégico e em monitorar e avaliar o desempenho organizacional.

Entre as organizações que realizam planejamento estratégico, 52% declaram que não executam a estratégia estabelecida ou o fazem de maneira inadequada. Finalmente, 54% das organizações encontram-se no estágio inicial da capacidade em controle — auditoria interna, gestão de riscos, transparência, responsabilização, prestação de contas.

Não obstante a pesquisa objeto deste capítulo 6 compreenda um universo muitíssimo mais restrito, visto seu caráter diferenciado e exploratório, é possível identificar convergências com os resultados do trabalho realizado pelos tribunais de contas, tal como anteriormente demonstrado.

Só para mencionar um exemplo adicional: na pesquisa ora relatada, 70% das percepções de "atores" dos TCE ressaltaram o alto grau de precariedade

---

[4] Acórdão nº 1.273/2015 — TCU — Plenário.

da gestão de riscos nas organizações governamentais. A pesquisa dos tribunais de contas citada registra que "70% das organizações encontram-se no estágio inicial de capacidade nessa prática". Por outro lado, para 64% das percepções de "atores" experientes dos TCE, nesta pesquisa, é igualmente frágil a atuação do próprio controle externo na verificação da prática da gestão de riscos nas organizações.

5. Considerações complementares

Com o propósito de se oferecer uma visão consolidada e comparada sobre as interpretações de cada grupo de "atores" experientes em organizações de executivos estaduais, de judiciários, bem como de órgãos "controladores" (OCPO e TCE) sobre práticas que caracterizam as funções exercidas atualmente pelo processo orçamentário na gestão de organizações do setor público estadual, apresenta-se o gráfico 20 com a distribuição das interpretações em termos percentuais por sua intensidade: fraca — parcial — forte.

Um Judiciário estadual ligeiramente à frente do Executivo estadual no que diz respeito às práticas do orçamento como instrumento de gestão. Eis a visão de "atores" de órgãos que implementam políticas públicas e fazem a provisão dos serviços públicos.

Os "controladores" internos e externos (OCPO e TCE) enxergando uma realidade menos favorável que os executores das políticas públicas. Fiéis ao seu papel de pressionar por mudanças?

Essa visão sobre a atual realidade do processo orçamentário no nível do micro-orçamento no âmbito estadual, ainda que restrita, e de forma exploratória, oferece elementos relevantes e preocupantes para se pensar e agir no sentido de promover reformas direcionadas ao alcance das quatro "qualidades" que deve ter o orçamento público, em uma ótica macro, de forma a sustentar o desenvolvimento econômico e social: o equilíbrio, a previsibilidade, a compreensão e a contribuição à vitalidade democrática (Rezende e Cunha, 2013: cap. 2).

Gráfico 20
Consolidação das interpretações de "atores" experientes no setor público estadual sobre o processo orçamentário

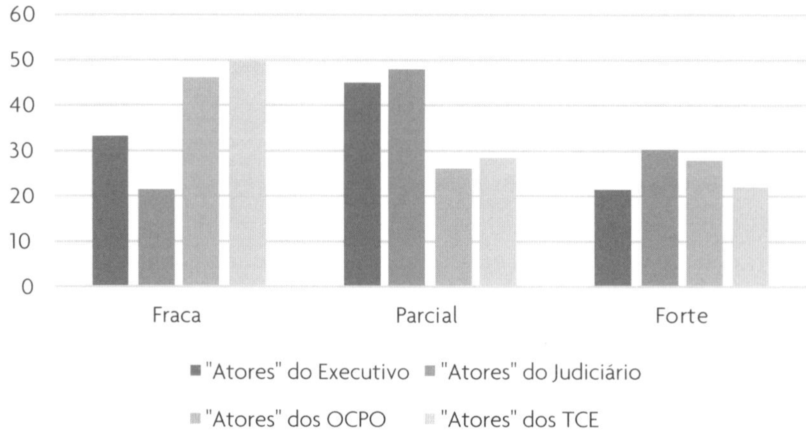

Fonte: Os autores.

Reafirma-se que o estudo ora relatado deve ser considerado teste-piloto, visando ao aprofundamento do conhecimento da realidade da dinâmica orçamentária no setor público brasileiro, tendo como foco as organizações (o micro-orçamento), por meio das quais são implementadas as políticas públicas e prestados os serviços à sociedade.

A análise centrada no orçamento como instrumento de gestão nas organizações governamentais — uma das perspectivas indispensáveis à adequada compreensão do processo orçamentário no setor público — não se isola das outras duas perspectivas. Ao contrário, parte-se da premissa de que é essencial observar as relações e mútuas influências com as perspectivas do orçamento como "expressão legal e de relações de poder", e como um "processo de escolhas" na ação governamental.

É notável, como se pôde confirmar no mapeamento realizado, a escassez de trabalhos, documentos e estudos, no contexto nacional, que tenham como foco o orçamento como instrumento de gestão no setor público, ainda mais ao se confrontar com a quantidade de estudos e trabalhos existentes que abordam as outras duas perspectivas do orçamento público.

Na realidade, chega a ser curioso, ou muito revelador, o fenômeno dessa escassez. Explica-se pelo recalcitrante viés macroscópico ao se focalizar o orçamento público? Acredita-se que a concentração de esforços e as tentativas de fortalecimento do macro-orçamento são suficientes para melhorar as decisões e sua implementação no âmbito do micro-orçamento, ainda que a realidade brasileira evidencie o contrário?

De qualquer forma, consideradas as transformações na sociedade brasileira em desenvolvimento nas últimas três décadas, nunca foi tão importante e oportuna a mobilização dos cidadãos, eleitores e contribuintes, e do governo, no âmbito dos poderes da República e dos entes da Federação, para o debate e a formulação de políticas de gestão pública que propiciem maior vitalidade no processo orçamentário.

As questões contidas no instrumento de levantamento de dados junto a "atores" experientes, aplicado em órgãos dos estados selecionados, foram formuladas com o intuito de explorar as diversas facetas relacionadas com o orçamento como instrumento de planejamento e controle organizacional.

Buscou-se, igualmente, conhecer as interdependências do processo orçamentário no nível organizacional com as outras perspectivas do orçamento público no nível macro (as dimensões legal, macroeconômica e política). Almejou-se, assim, obter-se adequada densidade analítica, elegendo-se os aspectos considerados mais relevantes, em cada uma das vertentes do modelo de análise apresentado no capítulo 5.

Das informações coletadas, foi possível extrair um conjunto de inferências — ainda que preliminares por se tratar de experiência-piloto — suscitando novas questões para aprofundamento. Nessa perspectiva, o estudo permite, também, o alinhamento de algumas considerações que subsidiem estudos adicionais sobre o tema do micro-orçamento.

Apesar de seu caráter de teste-piloto e com amostragem pequena do universo pesquisado, a frequência de respostas obtidas às questões apresentadas aponta para a confirmação de várias hipóteses levantadas noutros estudos sobre o assunto; alguns deles citados no capítulo 4.

O resultado do estudo-piloto ora relatado e o aporte dessas visões de distintas perspectivas sobre o tema, espera-se, poderão contribuir para as reformas necessárias.

A compreensão alargada sobre o processo orçamentário nas organizações do setor público é crucial para fazer emergir novos elementos que possam ser aproveitados a fim de subsidiar as decisões e a formulação de políticas de gestão pública, visando ao seu aperfeiçoamento.

Referências

NARDES, João Augusto Ribeiro; AUTOUNIAN, Cláudio Sarian; VIEIRA, Luis Afonso Gomes. *Governança pública*: o desafio do Brasil. 2. ed. Belo Horizonte: Fórum, 2016.

REZENDE, Fernando; CUNHA, Armando. *A reforma esquecida*. Orçamento, gestão pública e desenvolvimento. Rio de Janeiro: FGV Editora, 2013.

SCHICK, Allen. *The spirit of reform*: managing the New Zealand state sector in a time of change. Wellington, New Zealand: State Services Commission and the Treasury, 1996. Disponível em: <www.ssc.govt.nz>.

TRIBUNAL DE CONTAS DA UNIÃO (TCU). *Referencial para avaliação de governança em políticas públicas*. Brasília, DF: TCU, 2014.

Apêndice I

Questionário com questões estruturadas submetido a "atores" experientes em órgãos dos executivos estaduais

As questões estão propostas segundo as funções que o processo orçamentário desempenha na gestão organizacional, de acordo com o referencial explicitado no capítulo 5.

Conexão entre a organização e o sistema maior

Questão central

Em que medida o processo orçamentário — elaboração, aprovação, execução e controle — contribui para a negociação sustentada entre a organização e os "órgãos controladores" (p.ex.: órgão central de planejamento e orçamento, Fazenda, Tribunal de Contas), bem como para a exploração das interdependências externas relevantes (órgãos equivalentes da esfera federal ou municipal, outros órgãos do Executivo, Legislativo e Judiciário etc.) em face da missão institucional?

1. **Quanto à linguagem (*) usada no processo orçamentário pelo órgão, o orçamento é estruturado (formato dos programas e ações) de forma a favorecer a integração com o orçamento tal como consta na Lei Orçamentária Anual (LOA)?**
   (a) O órgão não tem um esquema próprio de categorias (internas) de programas e ações. Reproduz o que está na LOA.
   (b) O órgão tem um esquema próprio de categorias (internas) do orçamento, para efeito de sua distribuição às áreas, independentemente do formato que aparece na LOA.
   (c) O órgão tem um esquema próprio de categorias (internas) que detalha os programas e ações tal como aparecem na LOA, mantendo, portanto, uma convergência absoluta entre a linguagem orçamentária interna e a que consta da LOA.

2. **Quanto ao calendário para elaboração da proposta orçamentária anual:**
   (a) O órgão toma a iniciativa de preparação da proposta quando solicitado pelo sistema maior (órgão central de planejamento e orçamento).
   (b) O órgão estabelece calendário próprio, independentemente de quando solicitado pelo sistema maior.

3. **Na etapa de elaboração e aprovação da proposta orçamentária, o órgão toma iniciativas para negociações com os demais órgãos integrantes do Poder Executivo em torno de temas, programas e ações de interesse comum (interdependências e complementaridades).**
   (a) Discordo integralmente.
   (b) Concordo parcialmente.
   (c) Concordo integralmente.

(*) A forma como são apresentados e classificados os programas, as ações (projetos e atividades) e os recursos do orçamento.

▶

4. Na etapa de elaboração e aprovação da proposta orçamentária, o órgão toma iniciativas para negociações com órgãos de outros poderes (Legislativo e Judiciário) no que diz respeito a expectativas desses poderes associadas ao desempenho da missão do órgão.
   (a) Discordo integralmente.
   (b) Concordo parcialmente.
   (c) Concordo integralmente.

5. Na etapa de elaboração e aprovação da proposta orçamentária, o órgão toma iniciativas para negociações com outras esferas (federal e municipal) em torno de temas, programas e ações de interesse comum (interdependências e complementaridades).
   (a) Discordo integralmente.
   (b) Concordo parcialmente.
   (c) Concordo integralmente.

6. Pode-se afirmar que há uma preocupação e mecanismos correspondentes que garantam que a execução e o controle do orçamento do órgão guardem uma congruência com expectativas de atores externos (p.ex.: sociedade, público-alvo dos programas, outros órgãos do Executivo e dos demais poderes etc.) associadas ao desempenho do órgão.
   (a) Discordo integralmente.
   (b) Concordo parcialmente.
   (c) Concordo integralmente.

7. Como interpreta o atual espaço de negociação da proposta orçamentária anual com o órgão central de orçamento do governo estatual?
   (a) Ajustamento dos valores do orçamento a tetos preestabelecidos pelo órgão central.
   (b) Há algum espaço para negociação dos valores em torno de objetivos, programas e resultados.
   (c) Há um amplo espaço de negociação dos valores em torno de objetivos, programas e resultados.

▶

8. Afirmaria que o formato como aparecem os programas e as ações do Plano Plurianual (PPA):
   (a) É muito analítico (detalhado), significando, assim, pouco espaço de flexibilidade ao órgão para ajustar seus planos, ações e orçamento às prioridades governamentais.
   (b) É muito agregado, oferecendo pouca informação sobre os programas de governo para favorecer a discussão e a programação dos recursos e ações do órgão.
   (c) Atende às necessidades de informação no nível macro e deixa espaço para detalhamento de ações e recursos no âmbito do órgão para alinhamento com o nível macro.

9. **Como avalia a importância, a influência e o peso de transferência de recursos de programas federais na configuração do orçamento do órgão?**
   (a) Inexistente.
   (b) Há um peso relativo.
   (c) É um fator determinante para o orçamento do órgão.

Capacidade de antecipação

Questão central

O processo orçamentário contribui/reflete para o alargamento do horizonte temporal das ações organizacionais (o orçamento é anual, mas é formatado num quadro de previsões plurianuais)?

10. O órgão possui processo de planejamento estratégico sistematizado (ciclos de planejamento, metodologia e procedimentos definidos), que alcança todas as áreas/unidades orgânicas e atividades.
   (a) Discordo integralmente.
   (b) Concordo parcialmente.
   (c) Concordo integralmente.

▶

11. Os produtos do processo de planejamento estratégico (p.ex.: diagnóstico estratégico, mapa estratégico, plano de ação etc.) são de conhecimento e entendimento pelo corpo funcional.
   (a) Discordo integralmente.
   (b) Concordo parcialmente.
   (c) Concordo integralmente.

12. Os diversos níveis gerenciais participam ativamente do processo de planejamento estratégico.
   (a) Discordo integralmente.
   (b) Concordo parcialmente.
   (c) Concordo integralmente.

13. O planejamento estratégico do governo estadual (Plano de Governo, PPA) é considerado insumo de informação para a elaboração da estratégia do órgão.
   (a) Discordo integralmente.
   (b) Concordo parcialmente.
   (c) Concordo integralmente.

14. Como caracterizaria o alinhamento do orçamento (correspondência de programas/ações orçamentárias, metas, prioridades e recursos) com os objetivos estratégicos do órgão?
   (a) Inexistente.
   (b) Parcial.
   (c) Integral.

15. Em que medida o esforço de planejamento do órgão contempla uma análise do ambiente global de atuação (cenários futuros, expectativas de partes interessadas, conexão com políticas e programas de outros órgãos, poderes e esferas de governo)?
   (a) Não há evidências sobre a consideração dos elementos citados.
   (b) Contempla de forma parcial.
   (c) Todos os elementos citados são considerados.

▶

16. **Afirmaria que as decisões anuais sobre a alocação dos recursos do orçamento são influenciadas preponderantemente por:**
   (a) Reprodução do que se vem realizando e gastando nos anos anteriores.
   (b) Prioridades identificadas no plano estratégico.
   (c) Não consigo identificar um critério que explicite as decisões sobre a alocação dos recursos.

Transformar propósitos em objetivos e ações concretas

Questão central

O processo orçamentário reflete adequadamente os propósitos e objetivos organizacionais?

17. **No processo de elaboração do orçamento, as decisões sobre as despesas, no que concerne às ações a serem desenvolvidas (programas, projetos e atividades) pelo órgão, traduzem com clareza os propósitos e objetivos organizacionais constantes da estrutura regimental, da missão institucional e das políticas e planos em vigor.**
   (a) Discordo integralmente.
   (b) Concordo parcialmente.
   (c) Concordo integralmente.

18. **O órgão adota uma linguagem orçamentária (*) que favorece o entendimento, principalmente externo ao órgão, sobre quais sejam os macroprodutos que são entregues à sociedade.**
   (a) Discordo integralmente.
   (b) Concordo parcialmente.
   (c) Concordo integralmente.

(*) A forma como são apresentados e classificados os programas, as ações (projetos e atividades) e os recursos do orçamento.

▶

19. **O orçamento do órgão é detalhado em ações (projetos e atividades) com metas e recursos a elas associados.**
(a) Discordo integralmente.
(b) Concordo parcialmente.
(c) Concordo integralmente.

20. **O orçamento aprovado para o órgão é desmembrado entre as áreas ou unidades orgânicas com a correspondente identificação de valores, programas e ações. Ou seja, há um "orçamento interno" aberto por áreas e programas.**
(a) Discordo integralmente.
(b) Concordo parcialmente.
(c) Concordo integralmente.

Congruência organizacional

Questão central

Em que medida a dinâmica orçamentária promove a visão e a implementação das ações de uma perspectiva transversal no órgão, evitando excessiva compartimentalização decorrente da "força" e preponderância dos espaços definidos pela estrutura orgânica?

21. **Há processo de discussão, aprovação e execução do orçamento entre as áreas ou unidades orgânicas que evite ações dispersivas e que promova maior entrosamento interno, favorecendo o alcance das metas organizacionais.**
(a) Discordo integralmente.
(b) Concordo parcialmente.
(c) Concordo integralmente.

▶

22. O orçamento e seus desdobramentos internos são do conhecimento do corpo funcional do órgão.
(a) Discordo integralmente.
(b) Concordo parcialmente.
(c) Concordo integralmente.

23. O grau de transparência sobre as decisões e reformulações do orçamento e sua execução contribui para o alcance de maior interação entre as diversas áreas ou unidades orgânicas.
(a) Discordo integralmente.
(b) Concordo parcialmente.
(c) Concordo integralmente.

24. O órgão tem oferecido oportunidades de ampliar os conhecimentos e as competências dos gestores das áreas administrativas e finalísticas em planejamento e orçamento.
(a) Prática inexistente.
(b) Prática eventual.
(c) Prática frequente.

25. Há uma discussão e aprovação do "orçamento interno" que privilegie a dimensão dos programas, ao invés das áreas ou unidades orgânicas incumbidas pela execução dos mesmos?
(a) Não. O peso das áreas ou unidades orgânicas prepondera sobre a visão de programas que cortem várias áreas do órgão.
(b) Sim, porém de forma parcial.
(c) Sim. A dimensão de objetivos e programas prepondera sobre quaisquer outras.

26. Como identificaria o grau de autonomia das áreas ou unidades orgânicas quanto à gestão (execução e controle) do orçamento?
(a) Nenhuma autonomia.
(b) Pouca autonomia.
(c) Muita autonomia.

▶

27. **Arriscaria afirmar que o processo orçamentário promove a integração dos demais processos (p.ex.: gestão de pessoas, compras de bens e serviços, organização e métodos de trabalho, avaliação do desempenho) do órgão?**
   (a) Não identifico essa integração como uma das características do processo orçamentário.
   (b) Promove, mas de forma parcial.
   (c) O orçamento cumpre a função de integrar os demais processos do órgão.

Capacidade de reação

Questão central

Existem ou não métodos e procedimentos voltados para lidar com situações não previstas e que tenham impacto significativo na dinâmica orçamentária?

28. **Que peso atribuiria ao grau de incerteza (*) a que está sujeito o orçamento do órgão?**
   (a) Baixo grau de incerteza.
   (b) Relativo grau de incerteza.
   (c) Alto grau de incerteza.

29. **Como ordenaria (**) os fatores seguintes, considerando como critério o maior valor de impacto na previsibilidade e regularidade da execução do orçamento (as ações) do órgão?**
   ( ) Fatores de natureza econômica
   ( ) Fatores de natureza política
   ( ) Fatores de natureza legal
   ( ) Fatores de natureza social
   ( ) Fatores de natureza tecnológica

(*) Fatores que podem alterar o volume de recursos efetivamente disponibilizados e o tempo (quantidade de dias e meses) que o órgão enfrenta a incerteza.
(**) Ordenar os fatores apresentados de 1 (maior impacto) a 5 (menor impacto).

▶

30. **O órgão dispõe de planos de contingência para lidar com mudanças no contexto externo que possam afetar os serviços críticos.**
 (a) Não há planos de contingência.
 (b) Há em algumas áreas.
 (c) Há planos de contingência em todas as áreas críticas.

31. **Como avalia a regularidade de transferência de recursos do governo federal para a consecução das ações do órgão?**
 (a) Não se aplica.
 (b) Alto nível de imprevisibilidade.
 (c) Transferência regular dos recursos, conforme programação aprovada no orçamento.

32. **Como avalia os efeitos da prática de contingenciamento do orçamento no âmbito do órgão?**
 (a) Efeitos devastadores na programação e execução dos recursos e ações.
 (b) Efeitos danosos, mas o órgão já dispõe de mecanismos para atenuar parcialmente os prejuízos à programação e execução dos recursos e ações.
 (c) Os mecanismos desenvolvidos pelo órgão conseguem eliminar os efeitos do contingenciamento à programação e execução das ações.

33. **Os gestores dos programas ou de unidades orgânicas têm autonomia para decidir sobre realocação de recursos para lidar com as instabilidades, em nome do alcance dos objetivos acordados.**
 (a) Discordo integralmente.
 (b) Concordo parcialmente.
 (c) Concordo integralmente.

Avaliação do desempenho organizacional

Questão central

Em que medida o processo orçamentário gera elementos/evidências que são utilizadas para a avaliação do desempenho?

34. **O orçamento do órgão apresenta indicadores que permitam estabelecer metas de recursos, de produtos e de resultados ou efeitos das ações.**
    (a) Discordo integralmente.
    (b) Concordo parcialmente.
    (c) Concordo integralmente.

35. **Quando se calculam os recursos necessários aos projetos e atividades, são incluídos todos os custos pertinentes (p.ex.: gastos com pessoal, material, serviços etc.).**
    (a) Não.
    (b) Sim, porém de forma não muito acurada.
    (c) Sim, e mediante sistemática definida.

36. **Há monitoramento e avaliação sistemática da execução do orçamento que favoreça análise de questões sobre os resultados e impactos dos programas do órgão na sociedade.**
    (a) Discordo integralmente.
    (b) Concordo parcialmente.
    (c) Concordo integralmente.

37. **Na sua interpretação, o que prevalece no processo de controle do orçamento no âmbito do órgão?**
    (a) Ênfase absoluta na dimensão processualística e legal.
    (b) Preponderância da dimensão processualística e legal, mas com alguns aspectos que direcionam para o desempenho (alcance de metas, eficiência e resultados).
    (c) Preponderância da dimensão de desempenho (alcance de metas, eficiência e resultados), sem excluir a dimensão legal.

▶

38. **A preocupação e a assunção de responsabilidade sobre controles do emprego dos recursos orçamentários são essencialmente centralizadas em um órgão específico?**
   (a) Sim, exclusivamente.
   (b) Sim, mas ocorre relativo envolvimento dos gestores das áreas ou unidades orgânicas no exercício desses controles.
   (c) Não. Os controles orçamentários são exercidos tanto por uma unidade central como pelos gestores das áreas ou unidades orgânicas.

39. **Em relação à avaliação do desempenho (metas, eficiência e resultados), pode-se afirmar que há uma cultura de avaliação de desempenho ou a avaliação depende fundamentalmente da liderança?**
   (a) Há uma cultura disseminada de avaliação do desempenho.
   (b) Há uma cultura de avaliação do desempenho em certos setores do órgão.
   (c) Não há uma cultura disseminada de avaliação do desempenho; depende muito da liderança.

40. **Os gestores são incentivados e cobrados pelas lideranças políticas pelo alcance de metas físicas e financeiras de desempenho como parte do processo de planejamento e orçamento no órgão.**
   (a) Discordo integralmente.
   (b) Concordo parcialmente.
   (c) Concordo integralmente.

41. **O órgão trabalha com indicadores de custos, processos e resultados (acordos internos) como base para aferição do desempenho de gestores e profissionais de diferentes áreas ou unidades orgânicas.**
   (a) Discordo integralmente.
   (b) Concordo parcialmente.
   (c) Concordo integralmente.

▶

42. Há um sistema de informação que integra os dados sobre indicadores físicos e financeiros relativos ao programa de trabalho do órgão.
(a) Discordo integralmente.
(b) Concordo parcialmente.
(c) Concordo integralmente.

43. Considerando a gestão do órgão, o desempenho, entendido como aferição da eficiência, eficácia e efetividade das áreas ou unidades orgânicas, é tomado como base para a negociação de recursos orçamentários para os anos seguintes.
(a) Discordo integralmente.
(b) Concordo parcialmente.
(c) Concordo integralmente.

44. Os controles do orçamento no órgão são utilizados de fato pelos responsáveis pelo gerenciamento das ações das áreas ou unidades orgânicas.
(a) Discordo integralmente.
(b) Concordo parcialmente.
(c) Concordo integralmente.

45. Há alguma forma regular de retribuição aos gestores e ao corpo funcional pelo alcance de metas e resultados.
(a) Discordo integralmente.
(b) Concordo parcialmente.
(c) Concordo integralmente.

46. Como avalia a qualidade das informações e indicadores sobre o desempenho dos programas, recursos e resultados?
(a) Informações incompletas, precárias e defasadas no tempo.
(b) Informações em processo de aperfeiçoamento, porém ainda requerendo melhorias substantivas.
(c) Informações completas, críveis e tempestivas.

▶

47. **Como avalia a transparência das informações sobre o desempenho do órgão, considerando, fundamentalmente, a preocupação com o uso de uma linguagem orçamentária acessível ao público em geral?**

(a) Essa preocupação é a tônica do processo de prestação de contas à sociedade pelo órgão.

(b) Não há essa preocupação.

(c) Há alguma informação, porém ainda com um hermetismo técnico.

Apêndice II

Questionário com questões estruturadas submetido a "atores" experientes dos órgãos centrais de planejamento e orçamento dos estados (OCPO)

O referido questionário foi enviado, de forma personalizada, a todos os secretários "controladores" do orçamento dos estados. Em adição, optou-se por enviar o questionário a um conjunto de "atores" experientes, gestores e profissionais desses órgãos que integram a Rede Nacional de Órgãos de Planejamento (Renop).[1]

No primeiro bloco de questões, associado à avaliação efetuada pelos "atores" em órgãos centrais sobre a dinâmica orçamentária nos órgãos executores, as 47 indagações[2] do questionário utilizado junto aos órgãos do Poder Executivo estadual foram revistas e adequadas à perspectiva dos OCPO. Os principais critérios que nortearam as escolhas e os ajustamentos efetuados foram: (a)supressão de questões anteriores cujo detalhe e nível de análise significassem uma dificuldade de o respondente oferecer uma informação com um grau razoável de precisão, considerando-se que a interpretação solicitada será sobre que prática prepondera em todas as orga-

---

[1] Contou-se, para isso, com a colaboração do sr. Jorge Moisés Filho, então atuante na coordenação da Renop, que direcionou o questionário da pesquisa para 118 participantes da Rede.

[2] Ver elementos do referencial explicitado no capítulo 5.

nizações do estado; (b)revisão de algumas questões, a partir da avaliação da experiência-piloto anterior; e (c) adequação da linguagem ao interlocutor: "órgão central".

Optou-se por uma escala de 1 (não se pratica) a 5 (pratica-se fortemente e de maneira generalizada) como base para as respostas a todas as questões formuladas, objetivando-se, também, facilitar o trabalho dos respondentes para um conjunto final de 28 questões neste primeiro bloco associado à avaliação efetuada pelos "atores" em órgãos centrais sobre a dinâmica orçamentária nos órgãos executores.

O segundo bloco de questões, longe de pretender explorar todas as possíveis funções do órgão central de orçamento, teve o foco voltado para a interpretação sobre a prática de funções e papéis adicionais aos tradicionalmente exercidos por esses órgãos centrais, em consonância com a premissa que orientou a investigação realizada, qual seja, a de que o papel tradicional dos órgãos centrais de planejamento e orçamento é incompatível com as reformas de gestão pública voltadas para a construção de um Estado mais estratégico, com ênfase no compromisso e alcance de resultados, com alto grau de transparência pública, explorando mais intensamente o conceito/ideia de conexão na prestação dos serviços públicos.

Os principais critérios que nortearam as escolhas de temas que foram explorados no segundo bloco de questões foram: (a) temas centrais oriundos do esforço de avaliação dos rastreamentos realizados na pesquisa anterior, considerando-se o propósito específico desta etapa da pesquisa, com foco nos OCPO; e (b) seleção de aspectos que emergiram dos estudos adicionais mapeados na etapa da pesquisa ora relatada. Optou-se, também, por uma escala de 1 (não se pratica) a 5 (pratica-se fortemente) como base para as respostas a todas as 10 questões formuladas.

Bloco 1: A interpretação dos órgãos centrais de orçamento sobre o processo orçamentário nos órgãos do Executivo estadual

Considerando-se uma escala de 1 (um = não se pratica) a 5 (cinco = pratica-se fortemente e de maneira generalizada), que peso atribui ao que prepondera atualmente como prática do *orçamento como instrumento de gestão* no conjunto de órgãos estaduais?

	Prática na dinâmica orçamentária no âmbito dos órgãos executores de políticas públicas	1	2	3	4	5
1	O formato como aparecem os programas e as ações do Plano Plurianual (PPA) deixa espaço para detalhamento de ações e recursos no âmbito dos órgãos para alinhamento com o nível macro.					
2	Os órgãos têm um esquema próprio de categorias programáticas (internas) que detalha os programas e ações que aparecem na LOA, de modo a fortalecer o orçamento como instrumento de gestão.					
3	Os órgãos estabelecem calendário próprio para elaboração da proposta orçamentária anual, independentemente de quando solicitados pelo órgão central, como forma de melhor se prepararem para o cumprimento dos prazos fixados pelo órgão central.					
4	Na etapa de elaboração e aprovação da proposta orçamentária, os órgãos tomam iniciativas para negociações com os demais órgãos integrantes do Poder Executivo em torno de temas, programas e ações de interesse comum (interdependências e complementaridades).					
5	Na etapa de elaboração e aprovação da proposta orçamentária, os órgãos tomam iniciativas para negociações com órgãos de outros poderes (Legislativo e Judiciário) no que diz respeito a expectativas desses poderes associadas ao desempenho da missão.					
6	Na etapa de elaboração e aprovação da proposta orçamentária, os órgãos tomam iniciativas para negociações com outras esferas (federal e municipal) em torno de temas, programas e ações de interesse comum (interdependências e complementaridades).					
7	Há um amplo espaço de negociação dos valores com o órgão central de orçamento em torno de objetivos, programas e resultados na etapa de elaboração da proposta orçamentária.					
8	Os órgãos possuem processo de planejamento estratégico sistematizado (ciclos de planejamento, metodologia e procedimentos definidos), que alcança todas as áreas/unidades orgânicas e atividades.					
9	O planejamento estratégico do governo estadual (Plano de Governo, PPA etc.) é considerado insumo de informação para a elaboração das estratégias dos órgãos.					
10	Existe alinhamento do orçamento nos órgãos (correspondência de programas/ações orçamentárias, metas, prioridades e recursos) com os objetivos estratégicos deles.					
11	Os órgãos adotam uma linguagem orçamentária que favorece o entendimento, principalmente externo aos mesmos, sobre quais sejam os macroprodutos que são entregues à sociedade.					

▶

	Prática na dinâmica orçamentária no âmbito dos órgãos executores de políticas públicas	1	2	3	4	5
12	O orçamento dos órgãos é detalhado em ações (projetos e atividades) com metas e recursos associados a elas.					
13	O orçamento aprovado para os órgãos é desmembrado entre as unidades orgânicas com a correspondente identificação de valores, programas e ações. Ou seja, há uma descentralização orçamentária nos órgãos.					
14	Há, nos órgãos, processo interativo de discussão, aprovação e execução do orçamento entre as áreas ou unidades orgânicas que evite ações dispersivas e que promova maior entrosamento interno, favorecendo o alcance das metas organizacionais.					
15	Os órgãos têm oferecido oportunidades de ampliar os conhecimentos e as competências dos gestores e profissionais das áreas administrativas e finalísticas em planejamento e orçamento.					
16	O grau de autonomia das áreas ou unidades orgânicas quanto à gestão (execução e controle) do orçamento é muito forte nos órgãos.					
17	O processo orçamentário promove a integração dos demais processos (p.ex.: gestão de pessoas, compras de bens e serviços, organização e métodos de trabalho, avaliação do desempenho) dos órgãos.					
18	Os órgãos possuem mecanismos desenvolvidos que conseguem reduzir os efeitos do contingenciamento e de outros fatores que afetem programação e execução das ações.					
19	O orçamento dos órgãos apresenta indicadores que permitam estabelecer metas de recursos, de produtos e de resultados ou efeitos das ações.					
20	Quando se calculam nos órgãos os recursos necessários aos projetos e atividades, são incluídos todos os itens de gastos pertinentes (p.ex.: gastos com pessoal, material, serviços, equipamentos etc.).					
21	O que prevalece no processo de controle do orçamento no âmbito dos órgãos é a dimensão de resultados, eficiência e impactos dos programas e ações, ao invés da dimensão processualística e legal.					
22	A preocupação e a assunção de responsabilidade sobre controles do emprego dos recursos orçamentários são essencialmente centralizadas em uma unidade específica nos órgãos.					
23	Pode-se afirmar que há uma prática de avaliação de desempenho (metas, eficiência e resultados) disseminada nos órgãos.					

▶

	Prática na dinâmica orçamentária no âmbito dos órgãos executores de políticas públicas	1	2	3	4	5
24	Os controles do orçamento nos órgãos são utilizados de fato pelos responsáveis pelo gerenciamento das ações das áreas ou unidades orgânicas deles.					
25	O processo orçamentário contribui como base para aferição do desempenho de gestores e profissionais de diferentes áreas ou unidades orgânicas deles.					
26	Há uma forma regular nos órgãos de retribuição aos gestores e ao corpo funcional pelo alcance de metas e resultados.					
27	Há um sistema de informação nos órgãos que integra os dados sobre indicadores físicos e financeiros relativos ao programa de trabalho deles.					
28	As informações e indicadores sobre o desempenho dos programas, recursos e resultados nos órgãos são completas, críveis e tempestivas.					

Bloco 2: A interpretação sobre a atuação do próprio OCPO quanto ao papel que exerce em relação ao micro-orçamento

Considerando-se uma escala de 1 (um = não se pratica) a 5 (cinco = pratica-se fortemente), como você caracterizaria a atual prática do órgão central de orçamento quanto aos itens a seguir apresentados?

	O órgão central de orçamento:	1	2	3	4	5
1	Considera o plano estratégico dos órgãos na atribuição prévia de tetos ou na negociação de valores na etapa de elaboração da proposta orçamentária.					
2	Desenvolve mecanismos de estímulo à elaboração de planos estratégicos pelos órgãos.					
3	Usa as informações sobre o desempenho (custos, prestação de serviços, resultados e impactos) como base para negociação dos valores na proposta orçamentária.					
4	Oferece oportunidades de fortalecimento dos órgãos em competências relacionadas com planejamento e controle com foco em resultados (seminários, cursos, palestras, apoio técnico etc.).					
5	Verifica a proposta dos órgãos considerando a consistência do conteúdo das ações, produtos e indicadores com os programas do PPA.					
6	Institui mecanismos que estimulem a ampliação da participação de gestores e profissionais na discussão interna da proposta orçamentária no âmbito dos órgãos.					
7	Estabelece mecanismos que incentivem a gestão do orçamento nos órgãos de forma descentralizada, com ampliação da discricionariedade dos gestores.					
8	Solicita informações sobre a forma por meio da qual são feitos o monitoramento e a avaliação das ações pelos órgãos.					
9	Oferece modelos de planejamento, monitoramento e avaliação das ações que possam ser utilizados pelos órgãos.					
10	Desenvolve mecanismos que aprimorem a transparência e qualidade das informações orçamentárias prestadas pelos órgãos com foco em resultados e acesso pela sociedade.					

Apêndice III

Questionário com questões estruturadas submetido a "atores" experientes dos Tribunais de Justiça estaduais (TJ)

A pesquisa de campo se deu por meio de questionário estruturado (ver anexo) aplicado a "atores" experientes dos TJ de todas as unidades da federação. O questionário também foi enviado aos presidentes dos Tribunais de Justiça.

O inquérito efetuado junto a "atores" experientes dos TJ seguiu a mesma linha de abordagem à realizada na pesquisa junto a "atores" de órgãos executores de políticas públicas nos estados, ou seja, coletar sua visão sobre a atual realidade da função do orçamento como instrumento de gestão nos tribunais.

O conjunto de questões manteve semelhança com o que foi utilizado na pesquisa junto a "atores" experientes em órgãos dos executivos estaduais, o que permitiu confrontar diferentes visões sobre a dinâmica orçamentária no contexto estadual.

No entanto, foram feitas diversas adequações, que incluíram, fundamentalmente:

1. Uso de linguagem mais "palatável" a "atores" (magistrados e profissionais) do Judiciário, bem menos habituados a determinados termos de gestão;
2. Mudanças em questões específicas, originalmente concebidas para o Executivo e que não fazem sentido para o Judiciário;

3. Inclusão de questões de interesse específico para o Judiciário, não contempladas na primeira versão dos questionários submetidos a "atores" do Executivo.

O questionário foi estruturado em seis blocos de questões associados às seis funções do processo orçamentário (capítulo 5) e submetidos a "atores" experientes dos TJ, no formato apresentado a seguir.

Conexão entre a organização e o sistema maior

Questão central

Em que medida o processo orçamentário — elaboração, aprovação, execução e controle — contribui para a negociação sustentada entre a organização e os "órgãos controladores" (órgão central de planejamento e orçamento, fazenda, Tribunal de Contas), bem como para a exploração das interdependências externas relevantes (órgãos equivalentes da esfera federal ou municipal, outros órgãos do Judiciário, Executivo e Legislativo) em face da missão institucional?

1. Quanto à linguagem (*) usada no processo orçamentário interno no Tribunal, observa-se:

(a) O Tribunal não tem um esquema próprio de categorias (internas) de programas e ações. Reproduz o que está na Lei Orçamentária Anual (LOA).

(b) O Tribunal tem um esquema próprio de categorias (internas) do orçamento, para efeito de sua distribuição às áreas, independentemente do formato que aparece na LOA.

(c) O Tribunal tem um esquema próprio de categorias (internas) que detalha os programas e ações tal como aparecem na LOA, mantendo, portanto, uma convergência absoluta entre a linguagem orçamentária interna e a que consta da LOA.

(*) A forma como são apresentados e classificados os programas, as ações (projetos e atividades) e os recursos do orçamento.

▶

2. **Quanto ao calendário para elaboração da proposta orçamentária anual:**
   (a) O Tribunal toma a iniciativa de preparação da proposta quando solicitado pelo órgão central de planejamento e orçamento do estado.
   (b) O Tribunal estabelece calendário próprio, independentemente de quando solicitado pelo órgão central de planejamento e orçamento do estado.

3. **Na etapa de elaboração e aprovação da proposta orçamentária, o Tribunal toma iniciativas para negociações com os demais órgãos integrantes do Poder Judiciário em torno de temas, programas e ações de interesse comum (interdependências e complementaridades).**
   (a) Discordo integralmente.
   (b) Concordo parcialmente.
   (c) Concordo integralmente.

4. **Na etapa de elaboração e aprovação da proposta orçamentária, o Tribunal toma iniciativas para negociações com órgãos de outros poderes (Executivo e Legislativo) no que diz respeito a expectativas desses poderes associadas ao desempenho da missão do Tribunal.**
   (a) Discordo integralmente.
   (b) Concordo parcialmente.
   (c) Concordo integralmente.

5. **Na etapa de elaboração e aprovação da proposta orçamentária, o Tribunal toma iniciativas para negociações com outras esferas (federal e municipal) em torno de temas, programas e ações de interesse comum (interdependências e complementaridades).**
   (a) Discordo integralmente.
   (b) Concordo parcialmente.
   (c) Concordo integralmente.

▶

6. Pode-se afirmar que há uma preocupação e mecanismos correspondentes que garantam que a elaboração, a execução e o controle do orçamento do Tribunal guardem uma congruência com expectativas de atores externos (p.ex.: sociedade, público-alvo dos programas, outros órgãos do Judiciário e dos demais poderes etc.) associadas ao desempenho do Tribunal.
   (a) Discordo integralmente.
   (b) Concordo parcialmente.
   (c) Concordo integralmente.

7. Como você interpreta o atual espaço de negociação da proposta orçamentária anual com o órgão central de orçamento do governo estadual?
   (a) Ajustamento dos valores do orçamento a tetos preestabelecidos pela legislação/órgão central de orçamento.
   (b) Há algum espaço para negociação dos valores em torno de objetivos, programas e resultados.
   (c) Há um amplo espaço de negociação dos valores em torno de objetivos, programas e resultados.

8. Como você avalia a capacidade de monitoramento, pelo Tribunal, do processo de estimativa da receita orçamentária estadual, como ponto de partida para a definição do volume de recursos que estarão disponíveis para o Judiciário?
   (a) Inexistente.
   (b) Insuficiente.
   (c) Desenvolvida.

9. Como você avalia a importância, a influência e o peso do Conselho Nacional de Justiça (CNJ) no processo de elaboração, execução e controle do orçamento anual do Tribunal?
   (a) Pequena.
   (b) Relativa.
   (c) Determinante.

Capacidade de antecipação

Questão central

O processo orçamentário contribui/reflete para o alargamento do horizonte temporal das ações organizacionais (o orçamento é anual, mas é formatado num quadro de previsões plurianuais)?

10. O Tribunal possui processo de planejamento estratégico sistematizado (ciclos de planejamento, metodologia e procedimentos definidos), que alcança todas as unidades orgânicas e atividades.
    (a) Discordo integralmente.
    (b) Concordo parcialmente.
    (c) Concordo integralmente.

11. Os produtos do processo de planejamento estratégico (p.ex.: diagnóstico estratégico, mapa estratégico, plano de ação etc.) são de amplo conhecimento e entendimento dos magistrados e servidores.
    (a) Discordo integralmente.
    (b) Concordo parcialmente.
    (c) Concordo integralmente.

12. Os diversos níveis gerenciais e unidades do Tribunal participam ativamente do processo de planejamento estratégico.
    (a) Discordo integralmente.
    (b) Concordo parcialmente.
    (c) Concordo integralmente.

13. Os objetivos estratégicos do Executivo estadual são considerados insumo de informação para a elaboração da estratégia do Tribunal.
    (a) Discordo integralmente.
    (b) Concordo parcialmente.
    (c) Concordo integralmente.

▶

14. **Como você caracterizaria o alinhamento do orçamento (correspondência de programas/ações orçamentárias, metas, prioridades e recursos) com os objetivos estratégicos do Tribunal?**
    (a) Inexistente.
    (b) Parcial.
    (c) Integral.

15. **Em que medida o esforço de planejamento do Tribunal contempla uma análise do seu ambiente global de atuação: cenários futuros, expectativas da sociedade, conexão com políticas e programas de outros órgãos, poderes e esferas de governo?**
    (a) Não há evidências sobre a consideração dos elementos citados.
    (b) Contempla de forma parcial.
    (c) Todos os elementos citados são considerados.

16. **Você afirmaria que as decisões anuais sobre a alocação dos recursos do orçamento no Tribunal são influenciadas preponderantemente:**
    (a) Pelo que se vem realizando e gastando nos anos anteriores.
    (b) Pelas prioridades identificadas no plano estratégico.
    (c) Não consigo identificar uma lógica que explique as decisões sobre a alocação anual dos recursos.

Transformar propósitos em objetivos e ações concretas

Questão central

O processo orçamentário reflete adequadamente os propósitos e objetivos organizacionais?

17. No processo de elaboração do orçamento, as decisões sobre as receitas e as despesas, no que concerne às ações a serem desenvolvidas (programas, projetos e atividades) pelo Tribunal, traduzem com clareza os propósitos, objetivos e intenções da gestão em vigor.
    (a) Discordo integralmente.
    (b) Concordo parcialmente.
    (c) Concordo integralmente.

18. O Tribunal adota uma linguagem orçamentária (*) que favorece o entendimento, principalmente externo ao Tribunal, sobre quais sejam os macroprodutos que são entregues à sociedade.
    (a) Discordo integralmente.
    (b) Concordo parcialmente.
    (c) Concordo integralmente.

19. O orçamento do Tribunal é detalhado em ações (projetos e atividades) com metas e recursos associados a elas.
    (a) Discordo integralmente.
    (b) Concordo parcialmente.
    (c) Concordo integralmente.

20. O orçamento aprovado para o Tribunal, conforme aparece na LOA, é desmembrado entre as unidades orgânicas com a correspondente identificação de valores, programas e ações. Ou seja, há um "orçamento interno" aberto por unidades orgânicas e programas.
    (a) Discordo integralmente.
    (b) Concordo parcialmente.
    (c) Concordo integralmente.

(*) A forma como são apresentados e classificados os programas, as ações (projetos e atividades) e os recursos do orçamento.

Congruência organizacional

Questão central

Em que medida a dinâmica orçamentária promove a visão e a implementação das ações de uma perspectiva transversal no órgão, evitando excessiva compartimentalização decorrente da "força" e preponderância dos espaços definidos pela estrutura orgânica?

21. Há processo de discussão, aprovação e execução do orçamento entre as unidades orgânicas do Tribunal que evite ações dispersivas e que promova maior entrosamento interno, favorecendo o alcance das metas organizacionais.
    (a) Discordo integralmente.
    (b) Concordo parcialmente.
    (c) Concordo integralmente.

22. O orçamento aprovado, sua execução e controle são de amplo conhecimento dos magistrados e servidores do Tribunal.
    (a) Discordo integralmente.
    (b) Concordo parcialmente.
    (c) Concordo integralmente.

23. O grau de transparência sobre as decisões e reformulações do orçamento e sua execução contribui para o alcance de maior interação entre as diversas unidades orgânicas.
    (a) Discordo integralmente.
    (b) Concordo parcialmente.
    (c) Concordo integralmente.

24. O Tribunal tem oferecido oportunidades de ampliar os conhecimentos e as competências dos gestores e profissionais das unidades administrativas e finalísticas em planejamento e orçamento.
    (a) Prática inexistente.
    (b) Prática eventual.
    (c) Prática frequente.

▸

25. **Na discussão e aprovação anual do orçamento interno, privilegia-se a dimensão dos programas e ações, ao invés das unidades orgânicas incumbidas pela execução dos mesmos?**
   (a) Não. O peso das unidades orgânicas prepondera sobre a visão de programas que cortem várias unidades do Tribunal.
   (b) Sim, porém de forma parcial.
   (c) Sim. A dimensão de objetivos, programas e ações prepondera.

26. **Como você identificaria o grau de autonomia das unidades orgânicas quanto à execução e controle do orçamento?**
   (a) Nenhuma autonomia.
   (b) Pouca autonomia.
   (c) Muita autonomia.

27. **Você arriscaria afirmar que o processo orçamentário promove a integração dos demais processos de gestão: pessoal, compras de bens e serviços, organização e métodos de trabalho, avaliação do desempenho do Tribunal?**
   (a) Não identifico essa integração como uma das características do processo orçamentário.
   (b) Promove, mas de forma parcial.
   (c) O orçamento cumpre a função de integrar os demais processos do Tribunal.

Capacidade de reação

Questão central

Existem ou não métodos e procedimentos voltados para lidar com situações não previstas e que tenham impacto significativo na dinâmica orçamentária?

28. **Que peso você atribuiria ao grau de incerteza (*) a que está sujeito o orçamento do Tribunal?**
    (a) Baixo grau de incerteza.
    (b) Relativo grau de incerteza.
    (c) Alto grau de incerteza.

29. **Como você ordenaria (*) os fatores seguintes, considerando como critério o maior valor de impacto desses fatores na previsibilidade e regularidade da execução do orçamento (as ações) do Tribunal?**
    ( ) Fatores de natureza econômica
    ( ) Fatores de natureza política
    ( ) Fatores de natureza legal
    ( ) Fatores de natureza social
    ( ) Fatores de natureza tecnológica

30. **O Tribunal dispõe de planos de contingência para lidar com mudanças no contexto externo que possam vir a afetar os recursos orçamentários necessários à provisão dos serviços críticos.**
    (a) Não há planos de contingência.
    (b) Há em algumas áreas.
    (c) Há planos de contingência em todas as áreas críticas.

(*) Fatores que podem alterar o volume de recursos efetivamente disponibilizados e o tempo (quantidade de dias e meses) que o órgão enfrenta a incerteza.

▶

31. **Como você avalia a regularidade de transferência dos recursos orçamentários pelo governo estadual para a consecução das ações do Tribunal?**
   (a) Alto nível de imprevisibilidade.
   (b) Transferência regular dos recursos, conforme programação aprovada no orçamento.

32. **Como você avalia os efeitos da prática de contingenciamento do orçamento estadual no âmbito do Tribunal?**
   (a) Efeitos devastadores na programação e execução dos recursos e ações.
   (b) Efeitos danosos, mas o Tribunal já dispõe de mecanismos para atenuar parcialmente os prejuízos à programação e execução dos recursos e ações.
   (c) Os mecanismos desenvolvidos pelo Tribunal conseguem eliminar os efeitos do contingenciamento à programação e execução das ações.

33. **Os gestores dos programas ou de unidades orgânicas têm autonomia para decidir sobre realocação de recursos para lidar com as instabilidades, em nome do alcance dos objetivos acordados.**
   (a) Discordo integralmente.
   (b) Concordo parcialmente.
   (c) Concordo integralmente.

(*) Ordenar os fatores apresentados de 1 (maior impacto) a 5 (menor impacto).

Avaliação do desempenho organizacional

Questão central

Em que medida o processo orçamentário gera elementos/evidências que são utilizadas para a avaliação do desempenho?

34. **O orçamento do Tribunal apresenta indicadores que permitam estabelecer metas de recursos, de produtos e de resultados, ou efeitos desses produtos nos jurisdicionados ou na sociedade mais amplamente.**
    (a) Discordo integralmente.
    (b) Concordo parcialmente.
    (c) Concordo integralmente.

35. **Quando se calculam os recursos necessários aos projetos e atividades, são incluídos todos os gastos pertinentes: pessoal, material, serviços etc.**
    (a) Não.
    (b) Sim, porém de forma não muito acurada.
    (c) Sim, e mediante sistemática definida.

36. **Há monitoramento e avaliação sistemática da execução do orçamento que favoreça a análise dos impactos dos programas do Tribunal na sociedade.**
    (a) Discordo integralmente.
    (b) Concordo parcialmente.
    (c) Concordo integralmente.

37. **Na sua interpretação, o que prevalece no processo de controle do orçamento no âmbito do Tribunal?**
    (a) Ênfase absoluta na dimensão processualística e legal.
    (b) Preponderância da dimensão processualística e legal, mas com alguns aspectos que direcionam para o desempenho (alcance de metas, eficiência e resultados).
    (c) Preponderância da dimensão de desempenho (alcance de metas, eficiência e resultados), sem excluir a dimensão legal.

▶

38. **A preocupação e a assunção de responsabilidade sobre controles do emprego dos recursos orçamentários são essencialmente centralizadas em uma unidade orgânica específica do Tribunal?**
(a) Sim, exclusivamente.
(b) Sim, mas ocorre relativo envolvimento dos gestores das áreas ou unidades orgânicas no exercício desses controles.
(c) Não. Os controles orçamentários são exercidos tanto por uma unidade central como pelos gestores das áreas ou unidades orgânicas.

39. **Em relação à avaliação do desempenho (metas, eficiência e resultados), pode-se afirmar que há uma cultura de avaliação de desempenho ou a avaliação depende fundamentalmente das lideranças?**
(a) Há uma cultura disseminada de avaliação do desempenho.
(b) Há uma cultura de avaliação do desempenho em certos setores do Tribunal.
(c) Não há uma cultura disseminada de avaliação do desempenho; depende muito das lideranças.

40. **O Tribunal é incentivado e cobrado pelo CNJ quanto ao alcance de metas físicas e financeiras de desempenho orçamentário.**
(a) Discordo integralmente.
(b) Concordo parcialmente.
(c) Concordo integralmente.

41. **Utilizam-se indicadores de custos, processos e resultados (acordos internos) como base para aferição do desempenho de gestores e profissionais das diferentes áreas de ação do Tribunal.**
(a) Discordo integralmente.
(b) Concordo parcialmente.
(c) Concordo integralmente.

42. **Magistrados, gestores e servidores têm acesso a informações integradas sobre indicadores físicos e financeiros relativos ao programa de trabalho do Tribunal.**
(a) Discordo integralmente.
(b) Concordo parcialmente.
(c) Concordo integralmente.

▶

43. Considerando o momento da elaboração da proposta orçamentária anual, o desempenho das unidades orgânicas (eficiência, capacidade de alcançar metas) influencia significativamente a destinação dos recursos orçamentários.
(a) Discordo integralmente.
(b) Concordo parcialmente.
(c) Concordo integralmente.

44. Os gestores usam de fato o orçamento como instrumento de gerenciamento e controle das ações das respectivas unidades orgânicas.
(a) Discordo integralmente.
(b) Concordo parcialmente.
(c) Concordo integralmente.

45. Há uma forma regular de retribuição aos gestores e aos servidores do Tribunal pelo alcance de metas constantes do orçamento.
(a) Discordo integralmente.
(b) Concordo parcialmente.
(c) Concordo integralmente.
(d) Há, porém sem relação com o orçamento.

46. Como você avalia a qualidade das informações e indicadores sobre o desempenho dos programas, recursos e resultados?
(a) Informações incompletas, precárias e defasadas no tempo.
(b) Informações em processo de aperfeiçoamento, porém ainda requerendo melhorias substantivas.
(c) Informações completas, críveis e tempestivas.

47. Como você avalia a transparência das informações sobre o desempenho do Tribunal, considerando, fundamentalmente, a preocupação com o uso de uma linguagem orçamentária acessível ao público em geral?
(a) Essa preocupação é a tônica do processo de prestação de contas à sociedade pelo Tribunal.
(b) Não há essa preocupação.
(c) Há alguma informação, porém ainda com um hermetismo técnico.

Apêndice IV

Questionário com questões estruturadas submetido a "atores" experientes dos tribunais de contas dos estados (TCE)

A pesquisa de campo se deu por meio de questionário estruturado (ver anexo), aplicado a "atores" experientes dos tribunais de contas de todas as unidades da federação. O questionário foi enviado aos representantes das cortes de contas por meio de parceria, firmada em 2015, entre a Escola Brasileira de Administração Pública e de Empresas da Fundação Getulio Vargas (FGV/Ebape) e o Instituto Rui Barbosa (IRB), associação civil que congrega os tribunais de contas do país.

O inquérito foi orientado para que esses "atores" respondessem a três classes de indagações principais:

1. como avaliam as funções que o processo orçamentário exerce, de fato, nas organizações do setor público estadual? Esse bloco de questões guarda semelhança, feitas as devidas adaptações, com as questões submetidas a "atores" dos OCPO, conforme relatado no capítulo 6.
2. como avaliam o papel que os órgãos centrais de planejamento e orçamento do estado têm desempenhado na sustentação das relações entre o macro-orçamento e o micro-orçamento? Esse conjunto de questões reproduz aquelas originariamente submetidas a "atores" dos OCPO para que interpretassem o próprio papel exercido por esses

órgãos no processo orçamentário das organizações do setor público. Assim, com essas questões, pretendeu-se obter a visão de "atores" do controle externo sobre a atuação dos OCPO.

3. como avaliam o papel que o próprio controle externo tem desempenhado sobre o processo orçamentário no âmbito das organizações governamentais? Esse bloco de questões trata de autoanálise de "atores" dos TCE, privilegiando-se o orçamento como instrumento de gestão. Para esse bloco de questões, o Referencial para Avaliação de Governança em Políticas Públicas (TCU, 2014) foi importante fonte de inspiração.

Bloco 1: A interpretação de "atores" experientes dos tribunais de contas sobre o que acontece nos órgãos executores dos estados

Considerando-se uma escala de 1 (um = não se pratica) a 5 (cinco = pratica-se fortemente e de maneira generalizada), que peso você atribui ao que prepondera atualmente como prática do *orçamento como instrumento de gestão* no conjunto de órgãos estaduais?

	Prática na dinâmica orçamentária no âmbito dos órgãos executores de políticas públicas	1	2	3	4	5
1	O formato como aparecem os programas e as ações do Plano Plurianual (PPA) deixa espaço para detalhamento de ações e recursos no âmbito dos órgãos para alinhamento com o nível macro do orçamento.					
2	Os órgãos têm um esquema próprio de categorias programáticas (internas) que detalha os programas e ações que aparecem na LOA, de modo a fortalecer o orçamento como instrumento de gestão.					
3	Os órgãos estabelecem calendário próprio para elaboração da proposta orçamentária anual, independentemente de quando solicitados pelo órgão central de planejamento e orçamento, como forma de alcançar maior qualidade na formulação da proposta orçamentária.					
4	Na etapa de elaboração e aprovação da proposta orçamentária, os órgãos tomam iniciativas para negociações com os demais órgãos integrantes do Poder Executivo em torno de temas, programas e ações de interesse comum (interdependências e complementaridades).					

▶

	Prática na dinâmica orçamentária no âmbito dos órgãos executores de políticas públicas	1	2	3	4	5
5	Na etapa de elaboração e aprovação da proposta orçamentária, os órgãos tomam iniciativas para negociações com órgãos de outros poderes (Legislativo e Judiciário) no que diz respeito a expectativas desses poderes associadas ao desempenho da missão.					
6	Na etapa de elaboração e aprovação da proposta orçamentária, os órgãos tomam iniciativas para negociações com outras esferas (federal e municipal) em torno de temas, programas e ações de interesse comum (interdependências e complementaridades).					
7	Há um amplo espaço de negociação dos valores com o órgão central de orçamento em torno de objetivos, programas e resultados na etapa de elaboração da proposta orçamentária.					
8	Os órgãos possuem processo de planejamento estratégico sistematizado (ciclos de planejamento, metodologia e procedimentos definidos), que alcança todas as áreas/unidades orgânicas e atividades.					
9	O planejamento estratégico do governo estadual (Plano de Governo, PPA etc.) é considerado insumo de informação para a elaboração das estratégias dos órgãos.					
10	Existe alinhamento do orçamento nos órgãos (correspondência de programas/ações orçamentárias, metas, prioridades e recursos) com os objetivos estratégicos formulados.					
11	Os órgãos adotam uma linguagem orçamentária que favorece o amplo entendimento sobre quais sejam os macroprodutos que são entregues à sociedade.					
12	O orçamento dos órgãos é detalhado em ações (projetos e atividades) com metas e recursos correspondentes.					
13	O orçamento aprovado para os órgãos é desmembrado entre as unidades orgânicas com a correspondente identificação de valores, programas e ações. Ou seja, há uma descentralização orçamentária nos órgãos.					
14	Há, nos órgãos, processo interativo de discussão, aprovação e execução do orçamento entre as áreas ou unidades orgânicas que evite ações dispersivas e que promova maior entrosamento interno, favorecendo o alcance das metas organizacionais.					
15	Os órgãos têm oferecido oportunidades de ampliar os conhecimentos e as competências dos gestores e profissionais das áreas administrativas e finalísticas em planejamento e orçamento.					
16	Há autonomia das áreas ou unidades orgânicas quanto à execução e ao controle do orçamento nos órgãos.					

▶

	Prática na dinâmica orçamentária no âmbito dos órgãos executores de políticas públicas	1	2	3	4	5
17	O processo orçamentário nos órgãos promove a integração dos demais processos de gestão: pessoas, compras de bens e serviços, organização e métodos de trabalho, avaliação do desempenho.					
18	A prática de contingenciamento implica elevação acentuada do nível de incerteza na gestão dos órgãos.					
19	Os órgãos possuem mecanismos desenvolvidos que conseguem reduzir os efeitos do contingenciamento e de outros fatores que afetem programação e execução das ações.					
20	O orçamento dos órgãos apresenta indicadores que permitam estabelecer metas de recursos, de produtos e de resultados ou efeitos das ações.					
21	Quando se calculam nos órgãos os recursos necessários aos projetos e atividades, são incluídos todos os itens de gastos pertinentes: pessoal, material, serviços, equipamentos etc.					
22	O que prevalece no processo de controle do orçamento no âmbito dos órgãos são a dimensão de resultados, eficiência e alcance de metas dos programas e ações, ao invés da dimensão processualística e legal.					
23	A preocupação e a assunção de responsabilidade sobre controles do emprego dos recursos orçamentários são amplamente desconcentradas entre as várias unidades orgânicas que integram os órgãos.					
24	Pode-se afirmar que há uma prática de avaliação de desempenho (metas, eficiência e resultados) disseminada nos órgãos.					
25	Os gestores dos órgãos usam de fato o orçamento como instrumento de gerenciamento e controle das ações das respectivas unidades orgânicas.					
26	O processo orçamentário contribui como base para aferição do desempenho de gestores e profissionais de diferentes áreas ou unidades orgânicas deles.					
27	Há uma forma regular nos órgãos de retribuição aos gestores e aos servidores pelo alcance de metas e resultados orçamentários.					
28	Os gestores e os profissionais têm acesso a informações integradas sobre indicadores físicos e financeiros relativos ao programa de trabalho dos órgãos.					
29	As informações e indicadores sobre o desempenho dos programas, recursos e resultados nos órgãos são completas, críveis e tempestivas.					

Bloco 2: A interpretação de "atores" experientes dos Tribunais de Contas sobre a atuação dos órgãos centrais de planejamento e orçamento dos estados

Considerando-se uma escala de 1 (um = não se pratica) a 5 (cinco = pratica-se fortemente), como você caracterizaria o que prepondera na atual prática do *órgão central de planejamento e orçamento* quanto aos itens a seguir apresentados?

	Prática na dinâmica orçamentária pelo órgão central de planejamento e orçamento do estado. O órgão central de planejamento e orçamento:	1	2	3	4	5
1	Considera o plano estratégico dos órgãos na atribuição prévia de tetos ou na negociação de valores na etapa de elaboração da proposta orçamentária.					
2	Desenvolve mecanismos de estímulo à elaboração de planos estratégicos pelos órgãos.					
3	Usa as informações sobre o desempenho (custos, prestação de serviços, resultados e impactos) como base para negociação dos valores na proposta orçamentária.					
4	Oferece oportunidades de fortalecimento dos órgãos em competências relacionadas com planejamento e controle com foco em resultados (seminários, cursos, palestras, apoio técnico etc.).					
5	Verifica a proposta dos órgãos considerando a consistência do conteúdo das ações, produtos e indicadores com os programas do PPA.					
6	Institui mecanismos que estimulem a ampliação da participação de gestores e profissionais na discussão interna da proposta orçamentária no âmbito dos órgãos.					
7	Estabelece mecanismos que incentivem a gestão do orçamento nos órgãos de forma descentralizada, com ampliação da discricionariedade dos gestores.					
8	Solicita informações sobre a forma por meio da qual são feitos o monitoramento e a avaliação das ações pelos órgãos.					
9	Oferece modelos de planejamento, monitoramento e avaliação das ações que possam ser utilizados pelos órgãos.					
10	Desenvolve mecanismos que aprimorem a transparência e a qualidade das informações orçamentárias prestadas pelos órgãos com foco em resultados e acesso pela sociedade.					

Bloco 3: A interpretação de "atores" experientes do controle externo sobre a própria atuação dos Tribunais de Contas dos estados

Considerando-se uma escala de 1 (um = não se pratica) a 5 (cinco = pratica-se fortemente), como você caracterizaria a atual prática do *Tribunal de Contas* quanto aos itens a seguir apresentados?

	Prática do controle externo na dinâmica orçamentária do estado. O Tribunal de Contas:	1	2	3	4	5
1	Verifica se há consistência na lógica do processo de planejamento e orçamento do estado e possíveis fragilidades no encadeamento entre recursos, ações, produtos e efeitos.					
2	Verifica se são precisamente identificados no PPA os principais mecanismos necessários à realização dos planos e programas e formas de financiamento.					
3	Verifica se a elaboração de planos e dos orçamentos nos órgãos conta com o envolvimento das partes interessadas e dos atores responsáveis pela sua execução.					
4	Verifica se há planejamento estratégico e, em especial, o alinhamento entre os planos e orçamento à estratégia nos órgãos.					
5	Verifica o grau de adequação dos recursos alocados para cobrir todos os gastos necessários à implementação dos programas e ações aprovados no orçamento dos órgãos.					
6	Verifica se há esforços para assegurar a capacitação dos gestores e profissionais em competências de planejamento e orçamento nos órgãos.					
7	Verifica se os programas e ações são passíveis de mensuração, considerando aspectos como viabilidade física e financeira, bem como se as metas são exequíveis no horizonte temporal proposto nos planos e orçamentos.					
8	Verifica se existe sistema de controle nos órgãos, com monitoramento e avaliação de esforços e resultados, que assegure a disponibilização de informações confiáveis, tempestivas e necessárias para a tomada de decisão.					
9	Verifica se há identificação, avaliação, tratamento, comunicação e monitoramento sistemático dos riscos das ações do orçamento sujeitas a alto grau de incerteza.					
10	Verifica se são divulgadas à sociedade, de forma clara, ampla e periódica, informações sobre as ações, operações e resultados alcançados pelos órgãos na execução do orçamento aprovado.					
11	Verifica a existência e o grau de envolvimento de gestores e profissionais de todas as áreas no âmbito dos órgãos na dinâmica da elaboração, aprovação, execução e controle do orçamento.					

Agradecimentos

Entre as tarefas inerentes à organização desta obra coletiva, uma empreitada que consumiu mais de quatro anos de trabalhos ininterruptos, cabe-me a honra e a imensa satisfação de ressaltar os aportes que, desde 2015, foram imprescindíveis ao seu desenvolvimento.

Para isso, naturalmente, o ponto de partida é saudar o trabalho e o empenho de cada um dos demais autores, que, em duplas, reforçaram o caráter plural na abordagem do tema: Fernando Rezende, parceiro de várias jornadas intelectuais sobre o processo orçamentário no setor público desde o início dos anos 2000, de cujos imensos conhecimentos e vivência prática no campo das finanças públicas muito me tenho beneficiado; Ricardo Lopes e André Busanelli que, de sua trincheira contábil, sinalizam sobre uma das trilhas relevantes para o aperfeiçoamento do micro-orçamento como mecanismo para promover mudanças; e Roberto Bevilacqua, companheiro de muitos anos nas reflexões teórico-conceituais e no enfrentamento dos desafios no mundo real da gestão pública. Tê-lo como parceiro na concepção e realização da pesquisa de campo e dispor, a qualquer tempo, de seu apoio na organização do trabalho foi um privilégio.

A par dessas contribuições diretas, impõe-se ressaltar as indiretas, pontuais e inspiradoras, as quais, muito frequentemente, os que as fizeram sequer têm consciência de sua "doação" intelectual. Assim, para o propósito mais amplo do livro, o de revisitar o conceito do orçamento como instrumento de gestão organizacional, cabe assinalar, especialmente, as colaborações de Michael Barzelay, Paulo Roberto Motta, Bianor Cavalcanti e Flavio Nunes. Não cometerei a imprudência de tentar qualificá-las.

Com relação à pesquisa de campo realizada ao longo de três anos consecutivos, apresentamos calorosos agradecimentos a dirigentes, gestores e profissionais de organizações do Poder Executivo, de tribunais de justiça e de tribunais de contas nas seguintes unidades da Federação: AL, AM, AP, BA, CE, DF, ES, GO, MG, MS, MT, PA, PB, PE, PI, PR, RJ, RN, RO, RR, RS, SC, SE, SP e TO. Foi de inestimável valor o aporte que deram em termos pessoais, como "atores experientes" que são, ao doarem seu tempo para a interpretação da realidade do processo orçamentário no âmbito do micro-orçamento nos respectivos contextos institucionais e organizacionais em que atuam.

A parceria, firmada em 2015, entre a Escola Brasileira de Administração Pública e de Empresas da Fundação Getulio Vargas (FGV/Ebape) e o Instituto Rui Barbosa (IRB) foi fundamental para viabilizar o contato com "atores experientes" de tribunais de contas estaduais.

A Jorge Moisés Filho, então atuante na coordenação da Rede Nacional de Planejamento e Orçamento (ReNOP), deve-se importante colaboração para o direcionamento do questionário da pesquisa para dezenas de "atores experientes" em órgãos de planejamento e orçamento na administração pública estadual.

Para a formatação final do livro contribuíram as sugestões e ajudas sempre bem-vindas e atempadas da Ana Lucia Castro e da Regina Alencar. Especial agradecimento, igualmente, a Ronald Polito, na acurada revisão final do texto. Ressaltamos o apoio da Diretora da FGV Editora, Marieta de Moraes Ferreira, para a viabilização da publicação do presente trabalho.

Finalmente, apresentamos nossos profundos agradecimentos pelo suporte sequencial da Rede de Pesquisa e Conhecimento Aplicado da FGV, e à Presidência da FGV, que permitiram a produção e publicação deste estudo.

Sobre o organizador

Armando S. Moreira da Cunha

Professor do quadro da Escola Brasileira da Administração Pública e de Empresas (FGV/Ebape) desde 1972. Diretor da Ebape no período 1992-99. Primeiro presidente da Associação Nacional de Pós-Graduação e Pesquisa em Administração (Anpad) (1977-78). Professor colaborador do Instituto Nacional de Administração (INA), Portugal, de 1983 a 2009. Membro dos conselhos editoriais da *International Public Management Review*, e da *Revista de Administração e Emprego Público — Raep* (DGAEP — Administração Pública Portuguesa). Coordena o Curso de Pós-Graduação em Administração Pública, desde 1999, e é membro da coordenação e pesquisador do Programa de Estudos Fiscais da FGV/Ebape. Exerceu cargos de gestor nas áreas de administração e de planejamento nos setores da cultura e da assistência social do governo federal, nos anos 1980. Desde os anos 1970, tem participado de vários projetos de consultoria técnica prestados pela FGV a organizações dos três níveis de governo. Doutor em gestão (Instituto Superior de Ciências do Trabalho e da Empresa, Portugal). *Master in public administration* (University of Southern California, USA). Graduação em administração (FGV/Ebape). Autor e coautor de artigos, de capítulos e de livros sobre educação em administração pública e sobre o processo orçamentário no setor público.

Sobre os autores

André Carlos Busanelli de Aquino

Professor titular da Universidade de São Paulo, pesquisador associado ao Instituto de Estudos Avançados (IEA), também da Universidade de São Paulo. É *visiting researcher* na University of Birmingham (UK), e, desde 2013, pesquisador produtividade CNPq nível 2. Doutor em controladoria (2005) e mestre em engenharia de produção (2001), ministra disciplinas de controladoria, controladoria pública e filosofia da ciência nos cursos de graduação e doutorado na Faculdade de Economia, Administração e Contabilidade de Ribeirão Preto na USP. É coordenador do grupo de pesquisa "Public Sector Accounting & Governance in Brazil" (sites.usp.br/psag/). Editor-chefe da *Revista de Contabilidade e Organizações* e membro do conselho editorial do *Journal of Public Budgeting, Accounting and Financial Management*. Autor de artigos e capítulos de livros publicados em periódicos e livros internacionais.

Fernando Rezende

Economista (Universidade Federal Fluminense e Vanderbilt University). Professor da Escola Brasileira de Administração Pública e de Empresas

(FGV/Ebape). Consultor e ex-presidente do Instituto de Pesquisa Econômica Aplicada (Ipea). Autor de vários livros e artigos publicados no Brasil e no exterior, destacando-se entre os mais recentes: *Em busca do tempo perdido* (FGV, 2016); *A montanha mágica: uma breve história da formação e deformação de nosso orçamento* (FGV, 2015); *O federalismo brasileiro em seu labirinto: crise e necessidade de reformas* (FGV, 2013); *Reforma fiscal e equidade social* (FGV/BID, 2012); *A reforma tributária e a Federação* (FGV, 2009); *The Brazilian Federation, facts, challenges and perspectives* (Stanford University, 2000); *Finanças públicas* (Atlas, 2001). Atualmente dedica-se aos temas da reforma fiscal, do federalismo e das repercussões da revolução digital na tributação.

Ricardo Lopes Cardoso

Doutor (FEA/USP) e mestre (FAF/Uerj) em ciências contábeis, professor associado da FAF/Uerj, professor adjunto sênior (FGV/Ebape). Consultor independente do Banco Mundial. Em 2010 atuou como *academic fellow* da IFRS Foundation, em Londres. Entre 2008 e 2011, por intermédio da FGV, assessorou o Ministério da Fazenda em questões relativas ao sistema de custos do governo federal e coordenou o processo de tradução das International Public Sector Accounting Standards para o português. Coautor dos livros *Contabilidade geral* e *Contabilidade gerencial* (Atlas-Gen), *Contabilidade de ativos relevantes* (FGV) e *Contabilidade das pequenas e médias empresas* (Elsevier-Campus), e coautor de capítulos de livros publicados pela Palgrave e pela Emerald. Autor de diversos artigos publicados em relevantes periódicos acadêmicos: *AAAJ*, *PLOSone*, *Frontiers in Psychology*, *RAP*, *ASAA*, *BAR*, *BBR*, entre outros.

Roberto Bevilacqua Otero

Mestre e graduado em administração pública pela Escola Brasileira de Administração Pública e de Empresas (FGV/Ebape). Sua experiência profissional inclui cargos de direção em organizações públicas e privadas, coordenação e docência em cursos de administração, bem como consultoria a diversas organizações. Consultor na FGV, coordenou cursos de pós-

-graduação em auditoria, controle governamental e gestão do desempenho realizados junto a diversos tribunais de contas e órgãos de controle. Autor de artigos sobre orçamento e gestão. Realizou consultoria para introdução da prática de auditoria de natureza operacional no Tribunal de Contas da União e coordenou o projeto de desenvolvimento e implantação da Escola Nacional de Administração da República de Angola.

Esta obra foi produzida nas
oficinas da Imos Gráfica e Editora na
cidade do Rio de Janeiro